John C. Parkin
Fuck It!

John C. Parkin

FUCK IT!

Mach nur noch, was du gerne tust,
und es ist egal, welchen Job du hast

Aus dem Englischen von
Elisabeth Schmalen

Die Originalausgabe dieses Buches erschien 2016 unter dem Titel
F**K IT DO WHAT YOU LOVE bei Hay House (UK) Ltd.
Die Verlagsgruppe Random House weist ausdrücklich darauf hin, dass im Text
enthaltene externe Links vom Verlag nur bis zum Zeitpunkt der Buchveröffentlichung
eingesehen werden konnten. Auf spätere Veränderungen hat der Verlag keinerlei
Einfluss. Eine Haftung des Verlags für externe Links ist stets ausgeschlossen.

Bibliografische Information der Deutschen Bibliothek
Die Deutsche Bibliothek verzeichnet diese Publikation in der Deutschen
Nationalbibliografie; detaillierte bibliografische Daten sind im Internet
unter http://dnb.ddb.de abrufbar.

Aus dem Englischen von Elisabeth Schmalen
Copyright © 2016 by John C. Parkin. Published in 2016 by Hay House (UK) Ltd.
Copyright © der deutschsprachigen Ausgabe 2016 Ariston Verlag in der
Verlagsgruppe Random House GmbH, Neumarkter Straße 28, 81673 München
Alle Rechte vorbehalten

Redaktion: Isabella Kortz

Abbildungen Innenteil: © John Parkin S. 32, 33, 218, © Gaia Pollini S. 72,
Vernon Willey/istockphoto S. 280-81, Christian Wheatley/istockphoto S. 282-83,
Webeye/istockphoto S. 284-85

Umschlaggestaltung: Weiss Werkstatt, München,
unter Verwendung eines Motivs von © tomitom/Fotolia

*Wir haben uns bemüht, alle Rechteinhaber ausfindig zu machen, verlagsüblich zu
nennen und zu honorieren. Sollte uns dies im Einzelfall aufgrund der Quellenlage
bedauerlicherweise einmal nicht möglich gewesen sein, werden wir begründete
Ansprüche selbstverständlich erfüllen.*

Satz: Satzwerk Huber, Germering
Druck und Bindung: CPI books, Leck
Printed in Germany

ISBN: 978-3-424-20162-8

*»Schneide nicht den Menschen so zurecht,
dass er in die Kleidung passt.«*

Sufi-Sprichwort

*»Zum ersten Mal im Erleben der Menschheit
haben wir die Chance, unsere Arbeit entsprechend
unserer Lebensweise zu gestalten, statt unsere
Lebensweise an unsere Arbeit anzupassen ...
Wir müssten verrückt sein, ließen wir uns diese
Chance entgehen.«*

Charles Handy – irischer Autor und Philosoph

Inhalt

Der »Ja, aber ...«-Inhalt

Immer wenn ich jemandem davon erzählte, dass ich gerade ein Buch darüber schreibe, wie man es schafft, mit der *Fuck-It*-Methode nur noch das zu machen, was man gerne tut, erhielt ich eine von zwei Reaktionen:

1. »Wow, toll, das brauche ich unbedingt! Wann kommt das Buch raus?« (Antwort: *Jetzt.*)
2. »Ja, aber ...« (gefolgt von der Erklärung, warum derjenige seiner Ansicht nach unmöglich machen könnte, was er gerne tut).

Also sammelte ich diese Einwände und sorgte dafür, dass ich im Buch auf alle einging. Hier sind sie, gemeinsam mit dem Verweis, wo meine Antwort darauf zu finden ist:

»Ja, aber ich habe Angst zu scheitern.«
(*Den Mut aufbringen* in »4. Machen Sie nur noch, was Sie gerne tun«)

»Ja, aber ich möchte meinen Lebensstandard nicht aufgeben.«
(*Machen Sie weniger von dem, was Sie nicht gerne tun* in »4. Machen Sie nur noch, was Sie gerne tun«)

»Ja, aber ich trage doch Verantwortung – für meine Familie etc.«
(*Machen Sie weniger von dem, was Sie nicht gerne tun* in »4. Machen Sie nur noch, was Sie gerne tun«)

»Ja, aber ich habe Angst, mich lächerlich zu machen.«
(*Den Mut aufbringen* in »4. Machen Sie nur noch, was Sie gerne tun«)

»Ja, aber niemand kann einfach nur noch machen, was er oder sie gerne tut – werde endlich erwachsen.«
(*Zurück in die Zeit, als wir klein und unbehaart waren* in »5. Ausleben, was Sie gerne tun«)

»Ja, aber ich habe keine Ahnung, was ich gerne tue.«
(*Die Liste der Lieblingsbeschäftigungen* in »3. Finden Sie heraus, was Sie gerne tun«)

»Ja, aber was ist mit Geld? Meine Leidenschaft ist das Schauspielern, doch ich brauche ein regelmäßiges Einkommen, um die Raten des Hauskredits, die Rechnungen etc. zu zahlen.«
(*Das nötige Geld auftreiben* in »4. Machen Sie nur noch, was Sie gerne tun«)

»Ja, aber ich muss auch an alle anderen Menschen in meinem Leben denken.«
(*Das nötige Geld auftreiben* in »4. Machen Sie nur noch, was Sie gerne tun«)

»Ja, aber was ist, wenn mich das, was ich gerne tue, krank macht?«
(*Weil Sie gesünder sein werden* in »2. Warum das machen, was Sie gerne tun?«)

»Ja, aber was, wenn niemand das, was ich so gerne mache, haben will?«
(*Setzen Sie Ihre Idee um* in »6. Von dem leben, was Sie gerne tun«)

»Ja, aber was, wenn ich es mache und der Plan geht nicht auf? Dann habe ich nichts mehr, wovon ich träumen kann.«
(*»Sowohl/als auch« statt »entweder/oder«* in »4. Machen Sie nur noch, was Sie gerne tun«)

»Ja, aber meine Eltern wären dagegen.«
(*Den Mut aufbringen* in »4. Machen Sie nur noch, was Sie gerne tun«)

»Ja, aber es ist schwer, das, was ich gerne mache, kommerziell oder beruflich zu nutzen.«
(*Wie aus dem, was Sie gerne tun, eine Idee wird, die Ihnen Geld einbringen könnte* in »6. Von dem leben, was Sie gerne tun«)

»Ja, aber dafür bin ich schon zu alt.«
(*Es ist an der Zeit, einen oder zwei Briefe zu schreiben* in »2. Warum das machen, was Sie gerne tun?«)

»Ja, aber ich habe es nicht verdient, das zu machen, was ich gerne tue.«
(*Lassen Sie das, was Sie nicht gerne tun* in »4. Machen Sie nur noch, was Sie gerne tun«)

»Ja, aber was, wenn es nicht klappt, nachdem ich meine sichere, dauerhafte Stelle aufgegeben habe?«
(*Das nötige Geld auftreiben* in »4. Machen Sie nur noch, was Sie gerne tun«)

»Ja, aber was ich gerne tue, verändert und wandelt sich ständig – wie das Leben.«
(*Das Ziel bestimmen* in »4. Machen Sie nur noch, was Sie gerne tun«)

»Ja, aber was, wenn ich feststelle, dass ich es doch gar nicht so gerne tue?«
(*Wie aus dem Erfolg etwas wird, das Sie gerne tun* in »6. Von dem leben, was Sie gerne tun«)

»Ja, aber die Leute in meinem Umfeld fänden es nicht gut.«
(*Den Mut aufbringen* in »4. Machen Sie nur noch, was Sie gerne tun«)

»Ja, aber ich mache viele Dinge gerne, nicht nur eines.«
(*Das Ziel bestimmen* in »4. Machen Sie nur noch, was Sie gerne tun«)

»Ja, aber ich will nicht acht Stunden täglich mit dem verbringen, was ich gerne tue, denn dann macht es mir keinen Spaß mehr.«
(*Wollen Sie wirklich von dem leben, was Sie gerne tun?* In »6. Von dem leben, was Sie gerne tun«)

»Ja, aber es ist egoistisch, das zu machen, was man gerne tut.«
(*Geld mit dem verdienen, was Sie gerne tun* in »6. Von dem leben, was Sie gerne tun«)

»Ja, aber vielleicht finde ich heraus, dass ich das, was ich so gerne tue, gar nicht so gut kann.«
(*Wie aus dem, was Sie gerne tun, eine Idee wird, die Ihnen Geld einbringen könnte* in »6. Von dem leben, was Sie gerne tun«)

»Ja, aber ich könnte nie von dem leben, was ich am liebsten mache.«
(*Ich kann [gut] von dem leben, was ich gerne tue* in »6. Von dem leben, was Sie gerne tun«)

»Ja, aber Arbeit sollte sich anders anfühlen, sie ist kein Spiel.«
(*Spielerisch zu dem finden, was wir gerne tun* in »4. Machen Sie nur noch, was Sie gerne tun«)

»Ja, aber ich würde nie für mich selbst arbeiten wollen.«
(*Von den Freuden/Qualen, sein eigener Chef zu sein* in »6. Von dem leben, was Sie gerne tun«)

Meine »Ich mache, was ich gerne tue (oder auch nicht)«-Autobiografie

Ich habe auf mein Leben zurückgeschaut und die Augenblicke zusammengestellt, in denen ich machte, was ich gerne tat (und auch die, in denen das nicht der Fall war). Das war ziemlich erhellend, ein bisschen so, als würde man sein Leben vor dem inneren Auge vorbeiziehen sehen, aber mit einem Filter versehen: *Habe ich gemacht, was ich gerne tat?*

Schreiben auch Sie ruhig Ihre »Ich mache, was ich gerne tue (oder auch nicht)«-Autobiografie auf. Machen Sie sich ein Bild davon, wann in Ihrem Leben Sie genau das getan haben, was Sie wollten. Und wann nicht. Wann Sie *Fuck It* gesagt und es einfach getan haben. Und wann nicht.

Wenn Sie so über Ihr Leben nachdenken, werden ein paar klare Meilensteine herausragen. Sie müssen Ihr Leben und Ihre Entscheidungen nicht Jahr für Jahr durchgehen – es reicht, wenn Sie diese Meilensteine aufspüren.

Hier ist meine »Ich mache, was ich gerne tue (oder auch nicht)«-Autobiografie – damit Sie sehen, wie ich es gemacht habe.

1971. Ich war ein kleiner Junge, und eines Abends ließ ich auf der Straße, in der meine Familie lebte, Steine in einen Gully fallen. Immer wenn ich einen losgelassen hatte, sah ich zu, wie er ein Stück tiefer durch die Wasseroberfläche drang, und ahmte dann das Geräusch nach: »Plopp.« Plötzlich tauchte einer unserer Nachbarn – ein strenger, älterer Polizist – hinter mir auf. Er zeigte nur auf mich und ging dann wieder weg. Bis heute wache ich manchmal nachts auf und frage mich, was ich damals »falsch« gemacht hatte. Ich tat etwas, das mir Freude bereitete, und wurde dafür verurteilt (glaube ich). Kein guter Start in ein Leben, in dem man macht, was man gerne tut.

Lektion: Manchmal wird man dafür verurteilt, wenn man macht, was man gerne tut.

1983. Ich radelte jeden Tag gemeinsam mit meinem Freund Gareth zur Schule. Der Weg war weit und an einer Stelle gabelte er sich – eine Abzweigung führte Richtung Schule (Long Eaton), die andere in die »Stadt« (Nottingham). Jeden Tag nahmen wir die Abzweigung zur Schule. Doch eines Tages hielten wir an, nickten einander zu und fuhren stattdessen Richtung Nottingham.

Es war ein großes Abenteuer – ein Gefühl absoluter Freiheit, das man nur verspürt, wenn man vor einer gefängnisartigen Unterdrückung flieht. Das ist einer der wenigen Schultage, an die ich mich tatsächlich erinnere. Er bildet sogar das Highlight all meiner Schultage – der Tag, an dem ich nicht in die Schule ging.

Lektion: Zu machen, was man gerne tut, selbst wenn es gegen die Regeln verstößt, kann zum Highlight des Lebens werden.

1985. Ich entschied, das Gitarrenspiel (etwas, von dem ich glaubte, ich täte es gerne) aufzugeben, um Automechaniker zu werden (etwas, von dem ich glaubte, ich *würde* es gerne tun), obwohl ich keinerlei Erfahrung mit Motoren hatte – genauso wenig wie mit anderen praktischen Dingen übrigens. Während die anderen Schüler ein Praktikum in Anwaltskanzleien oder Buchprüfungsfirmen machten, kreuzte ich in der örtlichen Ford-Werkstatt auf.

Es war die Hölle. Während meiner Zeit dort scherzten die Mechaniker ständig, sie würden mich an meinem letzten Tag in den Kanal werfen (was sie angeblich mit allen Kurzzeitpraktikanten taten). Im Kanal schwammen Einkaufswagen, Balken, Ratten und wahrscheinlich die Leichen früherer Praktikanten, daher wuchs meine innere Anspannung, als meine Zeit in der Werkstatt dem Ende zuging. Am letzten Tag, eine Stunde vor Feierabend, ging ich zum Chef und erklärte ihm, ich habe einen Arzttermin und müsse gehen. Dann schlüpfte ich durch den Vordereingang hinaus (die Mechaniker nutzten die Hintertür) und sah niemanden von ihnen je wieder – und auch einen Ölwechsel habe ich seitdem nie wieder vorgenommen.

Lektion: Um herauszufinden, was man gerne tut, sind Experimente nötig.

1986. Ich beschloss, es sei eine bessere Idee, drei Jahre lang auf die Uni zu gehen und das zu tun, was mir Freude machte (nämlich große Literatur zu lesen), als mich für eine der Alternativen zu entscheiden (wie etwa in der örtlichen Ford-Werkstatt zu arbeiten), daher setzte ich mich endlich hin und lernte.

Lektion: Manchmal muss man hart arbeiten, um das machen zu können, was man gerne tut.

1987. Ich wurde Surflehrer. Das Windsurfen war eine Leidenschaft von mir – und einer der Gründe dafür, warum ich mir eine Uni nahe am Meer ausgesucht hatte – und ich zog in Betracht, nach dem Studienabschluss als Windsurflehrer zu arbeiten.

Lektion: Es ist in Ordnung, Pläne zu machen, wie man seinen Lebensunterhalt mit dem, was man gerne tut, bestreiten kann.

1989. Während meines letzten Jahres an der Uni bewarb ich mich bei mehreren Unternehmensberatungen. Sie zahlten Berufseinsteigern wahnsinnig hohe Gehälter, und ich hätte zur Ausbildung in die USA reisen dürfen. Ich redete mir ein, das sei genau der richtige Beruf für mich.

Lektion: Es ist in Ordnung, alle Optionen durchzuspielen.

Später im Jahr 1989. Ich lehnte hoch dotierte Jobangebote von Unternehmensberatungen ab. Eine Firma (Coopers-Anderson-Waterhouse-oder-so) rief meinen Vater an, um ihm mitzuteilen, ich sei verrückt, und fragte, ob er mich überzeugen könne, bei ihnen anzufangen. Auch mein Vater hielt mich für verrückt. Aber ich wollte nicht.

Lektion: Nein zu sagen, wenn alle meinen, man solle Ja sagen, verlangt Mut.

Noch später im Jahr 1989. Ich brauchte Geld, also half ich in der Buchprüfungsfirma meines Vaters aus. Er machte sich Hoffnungen, ich würde bleiben und den Betrieb übernehmen. Aber ich war absolut unfähig für den Job – ich konnte mich nicht lange genug auf Zahlenreihen konzentrieren. Also hörte ich auf, was meinen Vater ärgerte, doch ich wusste, dass es ein übles Ende genommen hätte. Diese Entscheidung fiel mir nicht schwer.

Lektion: Nicht zu machen, was man nicht gerne tut, ist genauso wichtig, wie zu machen, was man gerne tut. Und manchmal verletzt man dabei jemanden.

1990. Ich zog in Erwägung, als Englischlehrer und als Surflehrer in einem undefinierten, aber warmen Land zu arbeiten (es ging mir gesundheitlich nicht gut, wogegen ein sonniges Klima zu helfen schien). Doch dann wurde mir klar, dass das eine verrückte Idee war, und ich fing ein weiteres Studium an (während einer Rezession), dieses Mal, um zu lernen, wie man TV-Werbespots macht.

Lektion: Ich hätte meine Englisch-und-Surflehrer-Träume ernster nehmen sollen. Eine Stimme in meinem Kopf sagte: »Du musst sesshaft werden und dir eine richtige Arbeitsstelle suchen.« Dabei hätte ich so am gleichen Ort (das heißt, einem warmen Ort am Meer) enden und die Reise dorthin mehr genießen können. Andererseits – wer weiß?

1994. Mir gefiel die Vorstellung eines Jobs, bei dem man den ganzen Tag herumsitzt und Ideen ausbrütet, sehr gut. Und so bekam ich meine erste Stelle bei einer tollen Werbeagentur – BBH (Bartle Bogle Hegarty – damals verwendeten alle noch Akronyme) – aufgrund meines Textes für einen Werbespot von Häagen-Dazs.

Lektion: Ich wollte unbedingt als Kreativer arbeiten, aber es gab nur sehr wenige Stellen. Daher war das ein echter Erfolg. Er basierte darauf, dass ich den festen Glauben daran, das machen zu können, was ich gerne tat, trotz vieler Praktika, Enttäuschungen und so weiter nicht aufgegeben hatte.

Später im Jahr 1994. Doch mein Herzenswunsch war es, für die coolste Agentur in London/auf der ganzen Welt zu arbeiten – HHCL (Howell Henry Chaldecott Lury). Dort wurde mir kurz nach meinem Einstieg bei BBH eine Stelle angeboten. Und ich nahm sie an, obwohl der BBH-Chef und Werbeguru John Hegarty mir in einem persönlichen Gespräch erklärte, ich mache einen schlimmen Fehler, den ich ewig bereuen würde.

Lektion: Es fühlte sich richtig an. Es **war** *richtig: Ich verbrachte eine wunderbare Zeit bei HHCL, inmitten von lauter genialen Genies.*

1997. Ich lernte Gaia kennen. Wir machten viele Dinge, die wir gerne taten – zusammen. Streng genommen war das nicht »Mach, was du gerne tust«, sondern »Heirate, wen du liebst«.

Lektion: Vertrauen Sie der Liebe und vertrauen Sie Ihrem Instinkt. Gaia ist ein Engel und ich bin ein Glückspilz.

1999. Ich arbeitete weiter bei HHCL, beschäftigte mich aber nebenbei mit etwas, das mir viel Freude machte – mit Trance und schamanischen Techniken. Das fand großen Anklang und schon bald versetzte ich mehrmals pro Woche etwa 20 Leute in Trance.

Lektion: Manchmal kann man das, was man gerne tut, in sein aktuelles Leben integrieren. Es ist möglich.

2000. Ich reduzierte auf Teilzeit, damit ich Zeit hatte für etwas anderes, auf das ich Lust hatte – Drehbuchschreiben. Jeden Freitag wurde ich zum Autor und schrieb am Drehbuch.

Lektion: Man muss nicht unbedingt kündigen, um das zu machen, was man gerne tut.

2001. Das Drehbuch war fertig. Doch als ich mir ausmalte, wie viele Korrekturen und Qualen nötig wären, um meinen Film/meine Filme zu produzieren, erkannte ich, dass es noch mal ziemlich mühsam würde. Ich wollte mich einfach mit mir selbst wohlfühlen, daher beschloss ich, das Drehbuchschreiben an den Nagel zu hängen und mich auf die Kunst, mich mit mir selbst wohlzufühlen, zu konzentrieren: Qigong.

Lektion: Man sollte immer bereit sein, neu abzuwägen, ob man das macht, was man gerne tut. Selbst an einen ausgeklügelten Plan darf man sich nicht festklammern. Folgen Sie der Leidenschaft, nicht dem Plan.

2002. Gaia und ich räumten unsere Londoner Wohnung aus, stiegen mit den einjährigen Zwillingen ins Wohnmobil und machten uns auf nach Italien, um dort Ausschau zu halten nach einem passenden Grundstück für ein Zentrum für holistische Retreats.

Lektion: Der Zeitpunkt, den wir gewählt hatten, war irrsinnig. Schon ein paar Tage nach der Abfahrt saßen wir heulend auf Campingplätzen. Doch wir hatten das Gefühl, weitermachen zu müssen, also taten wir es. Manchmal kann man sich dem Sog, das zu machen, was man gerne tut, nicht entziehen.

2004. Wir eröffneten unser Retreat-Zentrum »The Hill That Breathes«. Anfangs war es hart, aber auch wunderbar. Schon bald machten wir genau das, was wir gerne taten – wir lebten an einem traumhaft schönen Ort, verbrachten die Zeit mit liebenswürdigen Menschen und tauschten mit ihnen in einem großen Tipi Ideen aus.

Lektion: Das machen zu können, was man gerne tut, verlangt oft harte Arbeit. Manchmal ist es nötig, Opfer zu bringen und die Hindernisse, die im Weg stehen, zu überwinden.

2005. Wir veranstalteten den ersten *Fuck-It*-Retreat – gegen den erheblichen Widerstand von Leuten, die es nicht für ein »spirituelles« Konzept hielten und uns für »vom Teufel gesandt«.

Lektion: Wenn man auf sich selbst vertraut und macht, was man gerne tut, kann man auf Gegenwehr stoßen. Doch wenn es sich richtig anfühlt, sollte man es durchziehen.

2008. Ich erkannte, dass ich gerne (wieder) Musik machen würde. Das bereitete mir in den folgenden Jahren viele Mühen und viel Vergnügen und noch mehr Mühen und noch mehr Vergnügen.

Lektion: Zu machen, was man gerne tut, ist meist kein Kinderspiel. Ich musste mich ständig Herausforderungen stellen und auch der Angst, mich lächerlich zu machen.

2012. Wir schlossen »The Hill That Breathes«, um uns ganz auf *Fuck-It*-Retreats an verschiedenen Orten in Italien und der ganzen Welt konzentrieren zu können. Obwohl der »Hill« ein Erfolg war, hatten wir erkannt, dass unsere wahre Leidenschaft das Lehren war.

Lektion: Man sollte nicht bei einer Sache bleiben, nur weil sie gut läuft. Erfolg kann es uns sogar erschweren, das zu machen, was wir gerne tun. Gaia und ich mussten das Risiko eingehen, den Neuanfang zu wagen, um weiterhin das zu machen, was wir gerne taten.

2014. Da ich weniger zu tun haben und mehr Zeit zu Hause mit den Jungs verbringen wollte, lehnte ich alle Anfragen und Angebote ab – für Vorträge, Interviews, Retreats und weitere Bücher. Mit der Zeit wird es leichter, Nein zu sagen.

Lektion: Um das zu machen, was man wirklich gerne tut, muss man manchmal zu vielen Dingen Nein sagen, die man eigentlich ganz okay fände.

Fuck It hilft

Wir lehren unsere *Fuck-It*-Philosophie jetzt seit zehn Jahren. Und mit der Zeit ist uns immer klarer geworden, auf welche Weise es hilft, diesen krassen Kraftausdruck zu verwenden. Er leistet etwas, das andere Philosophien und Techniken nicht schaffen – er erreicht die Bereiche, die andere Ansätze nicht erreichen können, wenn man so will.

Der Grund für diese Effektivität ist zum Teil das F-Wort selbst. Mittlerweile belegen viele Studien, wie mächtig Kraftausdrücke in verschiedenen Kontexten sind, auch zur Linderung von Schmerzen. Für eine Studie der britischen Keele-Universität beispielsweise setzten sich die Teilnehmer freiwillig (so hoffen wir) Schmerzen aus, indem sie die Hände in eiskaltes Wasser tauchten, und bekamen dann eine Auswahl von Methoden zur Verfügung gestellt, um den Schmerz besser aushalten zu können. Diejenigen, die sich dafür entschieden, immer wieder das Wort »Fuck« zu rufen, stellten fest, dass es wirklich etwas brachte, weil Fluchen die natürlichen, körpereigenen Schmerzmittel freisetzt.

Die *Fuck-It*-Philosophie hat zudem Tausenden Menschen dabei geholfen, sich zu entspannen und das Leben weniger ernst zu nehmen. Der zweite Grund für ihre Wirksamkeit ist nämlich ihre Flexibilität. Sie unterstützt uns sowohl dabei, »loszulassen« (wie in: »Ach, *Fuck It*, jetzt ist es genug.«), als auch beim Gegenteil, wenn wir etwas in Angriff nehmen wollen (wie in: »*Fuck It*, ich will das unbedingt.«).

Fuck It hilft uns, wenn wir feststecken – es versetzt uns den Ruck, den wir brauchen. Manchmal ist es ein Stoß in die eine Richtung (etwa, weniger zu tun), manchmal in die entgegengesetzte (etwa, mehr zu tun). Im Zusammenhang damit, das zu machen, was man gerne tut, handelt es sich bei *Fuck It* also um eine supereffektive Technik, da sie für einen notwendigen »Schubser« in genau die Richtung sorgen kann, die gerade nötig ist. Schließlich deutet das Gefühl, man könnte das, was man gerne tut, öfter oder mehr machen, meistens darauf hin, dass man irgendwie feststeckt (in dem, was man *nicht* gerne macht). Daher kann *Fuck It* Ihnen den Stoß versetzen, der Sie befreit.

Wie das funktioniert, wird im Buch detailliert beschrieben, doch besonders stark wirkt *Fuck It* in Form eines *Fuck-It*-Mantras. Wenn wir die Worte mit einem passenden Mantra verbinden – etwa »Ich schaffe das« –, sorgen sie für den nötigen Schub. Wenn Sie also Angst davor haben, ein neues Projekt anzugehen, kann Ihnen das *Fuck-It*-Mantra »*Fuck It*, ich schaffe das« eine große Hilfe sein.

Und ein Mantra, das wissen Sie sicherlich, wirkt durch Wiederholung: Wenn Sie es immer und immer wieder aussprechen, kann es gewaltige Auswirkungen haben (wie der Effekt, den das einfache Mantra »Fuck« auf die Eiswasser-Freiwilligen hatte).

Hier sind die *Fuck-It*-Mantras, die ich im Buch verwende:

»*Fuck It*, ich kann es ändern.«
»*Fuck It*, jetzt reicht's.«
»*Fuck It*, ich stelle mich den Tatsachen.«
»*Fuck It*, ich kann die anderen nicht hängen lassen.«
»*Fuck It*, nein danke.«
»*Fuck It*, es fühlt sich einfach richtig an.«
»*Fuck It*, es fühlt sich einfach falsch an.«
»*Fuck It*, das Leben ist kurz.«
»*Fuck It*, ich kann machen, was ich gerne tue.«
»*Fuck It*, ich habe es mir verdient.«
»*Fuck It*, ich schaffe das.«
»*Fuck It*, ich muss es tun.«
»*Fuck It*, jetzt oder nie.«
»*Fuck It*, keine Ausreden mehr.«
»*Fuck It*, ich brauche das nicht.«
»*Fuck It*, dann tanze ich eben auf zwei Hochzeiten.«
»*Fuck It*, ich nehme das an, wie es ist.«
»*Fuck It*, ich kann das genießen.«
»*Fuck It*, wen kümmert es, ob es falsch ist?«
»*Fuck It*, es stört mich nicht, Fehler zu machen.«
»*Fuck It*, es gibt nur das Hier und Heute.«
»*Fuck It*, ich bin damit zufrieden, nichts zu tun.«
»*Fuck It*, worauf habe ich Lust?«
»*Fuck It*, es spielt keine große Rolle.«

»*Fuck It*, das Geld wird schon kommen.«

»*Fuck It*, jetzt fang an zu rechnen.«

»*Fuck It*, ich scheiß auf die Regeln.«

»*Fuck It*, ich bin raus.«

»*Fuck It*, ich kriege das hin.«

»*Fuck It*, wen interessiert es, wie gut das hier ist?«

»*Fuck It*, wen interessiert es, wie gut ich bin?«

»*Fuck It*, es kann ganz leicht sein.«

»*Fuck It*, ich mache das für mich und niemand anderes.«

»*Fuck It*, ich schaffe das, Schritt für Schritt.«

»*Fuck It*, ich werde es tun.«

»*Fuck It*, ich brauche Hilfe.«

»*Fuck It*, ich bin gerne anders.«

»*Fuck It*, ich werde nichts tun, was ich nicht tun will.«

»*Fuck It*, ich werde mein Lied singen.«

Sie können diese *Fuck-It*-Mantras im Buch gar nicht übersehen, da sie deutlich hervorgehoben sind.

Einleitung
Ein Leben in stiller Verzweiflung

»Die meisten Männer führen ein Leben
in stiller Verzweiflung und gehen ins Grab,
ohne ihr Lied gesungen zu haben.«

Nach Henry David Thoreau,
Walden

Nur noch machen, was wir gerne tun. Klingt ganz einfach, oder? So einfach, wie ein Ei zu kochen? Eher nicht, denn wenn es so simpel wäre, täten wir doch sicher alle nichts anderes mehr, zumindest die meiste Zeit, oder? (Ein Satz mit vielen Kommata: Ich LIEBE Kommata.)

Doch das ist nicht der Fall, zumindest nicht bei uns Männern. Der amerikanische Schriftsteller und praktische Philosoph Henry David Thoreau legt nahe, dass es zumeist »Männer« sind, die »ein Leben in stiller Verzweiflung« führen. Heißt das, dass die Frauen, die Thoreau beobachten konnte, ihren alltäglichen Pflichten lebhaft und fröhlich, voller Freude und Elan nachkamen? Trällerten sie aus vollem Hals ein zu jener Zeit beliebtes Liedchen vor sich hin, während die Männer mürrisch und verzweifelt, aber immerhin »still« Trübsal bliesen?

Oder meinte er eigentlich Männer und Frauen? Ich gehe davon aus. Doch ich verstehe das Problem hier: »Die meisten Männer und Frauen« klingt ziemlich seltsam. Und es wirft die Frage auf, ob wir keinen Sammelbegriff für »Männer und Frauen« haben. Die Antwort lautet: Doch, »Menschen«.

Aber »Die meisten Menschen führen ein Leben in stiller Verzweiflung« leitet uns in eine ganz andere Richtung, oder? Hat der alte Henry die Tiere auf dem Feld beobachtet, wie sie lebhaft und fröhlich, voller Freude und Elan ihre Tage verbrachten, während die

Menschen mürrisch und verzweifelt, aber immerhin »still« Trübsal bliesen?

Möglich – denn viele von uns führen *tatsächlich* »ein Leben in stiller Verzweiflung«. Wir sprechen vielleicht nicht darüber und geben es nicht zu (daher »still«), eventuell noch nicht einmal uns selbst gegenüber (dann kann man auch »gestört« sagen), doch viele von uns sind ziemlich verzweifelt. Denn das passiert eben mit jenen, die nicht ausleben, was sie gerne tun: Es geht ihnen schlecht.

Außerdem gibt es viele unter uns, die zwar nicht unbedingt verzweifelt sind, aber doch wissen, dass sie im Grunde die meiste Zeit ihres Lebens nicht mit dem verbringen, was sie gerne tun. Sie kommen zurecht. Sie begnügen sich mit dem, was sie haben. Sie tun ihre Pflicht. Das passt schon. Doch wo bleibt die Freude, die Leidenschaft? Toll kann man die Situation nicht gerade nennen, oder? *Fuck It.* Ändern wir sie.

FUCK IT,
ICH KANN ES ÄNDERN.

Obwohl wir oft dazu neigen, Muster zu wiederholen
und gewohnten Pfaden zu folgen, sind unsere Gehirne
»formbar«, und das Leben kann es auch sein.
Wenn Sie eine Veränderung benötigen (oder wollen),
kann dieses Mantra gewaltige Auswirkungen haben.

Vor einem Jahr stand ich kurz vor der Verzweiflung, daher schuf ich ein schnelles Notverfahren, das rasch half. In dieser Einleitung erkläre ich Ihnen, wie ich mich fühlte und wie ich dagegenvorging, aber Sie werden auch sehen, dass intensive Arbeit und tief greifende Veränderungen ihre Zeit brauchen – weshalb Sie ja auch ein ganzes Buch in den Händen halten, nicht nur diese Einleitung.

Ich schreibe das hier im März 2015, springe jetzt aber zu den Notizen zurück, die ich mir vor einem Jahr gemacht habe, im März 2014.

Wie bin ich hierhergekommen?

Mittlerweile gehen mir dieses Buch und das Thema seit mehr als einem Jahr durch den Kopf. Doch vor Kurzem fiel mir auf, dass es mehr beinhalten muss als nur meine Überlegungen zur Frage, wie wir alle machen können, was wir gerne tun. Klar, ich bin insgesamt ziemlich gut darin, das zu machen, was ich gerne tue, und davon auch zu leben – schließlich sitze ich an einem Sonntagnachmittag hier und schaue auf die italienische Hügellandschaft hinaus, während ich einer meiner Lieblingsbeschäftigungen nachgehe, nämlich meinen Lebensunterhalt mit Schreiben und ein paar anderen Dingen zu verdienen.

Aber ... aber ... verdammtes Aber.

Aus verschiedenen Gründen, von denen ich einige verstehe und erklären werde, und andere zwar noch nicht verstehe, aber ebenfalls irgendwann erklären können werde, lässt sich sagen ...
Fuck It: Ich versinke im Chaos.

Fuck It: Ich versinke im Chaos.

Und warum? Ich bin todmüde, ich habe viel zu viel zu tun, ich bin mir nicht sicher, wie es um unsere Finanzen steht, vieles von dem, was ich tue, macht mir keinen großen Spaß, mir ist heute Mittag den Jungs gegenüber der Kragen geplatzt, und das fast grundlos, ich habe einfach zu viele Ideen und es fällt mir schwer, einzelne davon aufzugeben, ich erhalte ständig Einladungen zu weiteren Veranstaltungen und bin bisher noch nicht gut darin, Nein zu sagen, ich kümmere mich nicht so sehr um meine Fitness, wie ich könnte, ich mache nicht so viel Qigong, wie es mir lieb wäre, und achte auch nicht so konsequent auf meine Ernährung, wie ich sollte. Und all das, weil ich so schrecklich beschäftigt bin.

Ich habe versucht, eine Lösung zu finden, Prioritäten zu setzen, mir täglich eine große Aufgabe vorzunehmen, mehr Zeit mit meiner Familie zu verbringen – aber es funktioniert nicht ... Ich habe den heutigen Sonntagvormittag mit dem Versuch verbracht, mich durch die 130 E-Mails zu fressen, die sich in den letzten zwei Tagen angesammelt haben, als ich nicht in mein Postfach geschaut habe (weil wir einen Reporter und einen Fotografen hier hatten, die eine Story über uns und unser Zuhause bringen wollen).

Und das ist nur die Kurzfassung. Nicht, dass ich mein Leben nicht genießen würde. Das tue ich. Die meiste Zeit stürze ich mich sogar ganz aufgeregt auf all die Dinge, die ich machen will. Wie ein Kind, das high ist von zu vielen M&M's' und versucht, aus LEGO maßstabsgetreu eine Stadt nachzubauen. Hinter diesem Word-Dokument lade ich gerade zwei Videos aus einem Onlinearchiv herunter, für das Video zu einem Song – *It's Only Love* – auf meiner EP, die ich hoffentlich in zehn Tagen herausbringen werde. Dabei ist »hoffentlich« das Schlüsselwort, denn ich habe ja noch einen Haufen anderer Dinge zu tun.

In meinem Büro herrscht Chaos. In meinem Kopf herrscht Chaos. Doch die Prioritätenlisten in meinem Notizbuch versuchen, in diesem Chaos für Orientierung zu sorgen, daher weiß ich, was ich an jedem einzelnen Tag dieser Woche WIRKLICH UNBEDINGT TUN MUSS. Zusätzlich dazu, dass ich eine Flut von eingehenden E-Mails bearbeiten und für die aktualisierte Fassung unseres ersten *Fuck-It*-Buchs werben muss – die morgen erscheint. Oh, und ich muss *Fuck It ist die Antwort* schreiben – die Abgabefrist ist Ende Mai.

FUCK IT, JETZT REICHT'S.

Wenn Sie am Ende sind, sind Sie am Ende.
Sehen Sie es ein. Geben Sie es zu.
Und schauen Sie, wie sich plötzlich Freiräume öffnen,
in denen Bewegung möglich ist.

Oh ja, und ich muss dafür sorgen, dass bei unserem Hauptgeschäft, den *Fuck-It*-Retreats, alles glattläuft. Was mich daran erinnert, dass ich einen neuen Film für sie erstellen muss, aus dem Video-Feedback unserer Teilnehmer aus dem letzten Jahr. Oh, und da fällt mir wieder ein, dass wir letztes Jahr ja auch alles, was wir getan haben, mitgeschnitten haben, sodass sich daraus eine tolle Onlinekurs-Serie machen ließe.

Sehen Sie es? Mein Kopf ist entweder komplett im Kreativ-modus, dann sieht eine typische Minute so aus:

Kreativmodus

Warum tragen Frauen eigentlich in letzter Zeit so gerne ihr Make-up in der U-Bahn auf? Eigentlich ist es doch ein bisschen zu intim, um so etwas in der Bahn zu machen, oder? Fänden sie es gut, wenn ich mich dort rasieren würde? Aber es ist nun mal so, also sollten wir uns wohl daran gewöhnen.

In den U-Bahn-Waggons sollten Spiegel hängen, um das Auftragen von Make-up zu erleichtern. Das wäre auch eine tolle Werbemöglich-keit: für Kosmetikfirmen, für Hersteller von Haarprodukten oder Feuchtig-keitscremes … für alle.

Vielleicht würden wir uns alle wohler fühlen, wenn wir morgens mehr Zeit zu Hause hätten, um zu schlafen und fernzusehen und das ätzende Sich-fertig-Machen auf dem Weg zur Arbeit erledigen könnten, statt ein-fach dazusitzen oder dazustehen, ins Leere zu starren und zu lesen.

Ich persönlich würde in der U-Bahn am liebsten frühstücken, wenn es dort nicht so eng wäre. Man könnte ganze Waggons mit Frühstücksbuf-fets ausstatten und dort frisch gepressten Orangensaft, Croissants und Müsli anbieten. Auch dafür ließen sich Werbepartner an Bord holen, die einen Riesenreibach machen könnten. Sie lassen sich echt einige Chan-cen durch die Lappen gehen, die Leute von der London Underground.

Jeder Zug könnte über einen Speisewagen verfügen (mit Frühstück und später am Tag anderen Mahlzeiten), und über einen weiteren mit Spiegeln, Make-up-Spendern, Waschbecken und Rasierzeug, in dem man sich für den Tag fertig machen kann.

Außerdem könnte es Abteile nur zum Lesen geben, mit gemütlicheren Sesseln. Und solche ausschließlich für Leute, die zu laut über ihre Kopf-hörer Musik hören und dabei dämlich nicken und gelegentlich die Lip-pen zum Text bewegen. Auch andere Themenwagen wären denkbar, etwa solche, in denen man sich niederlassen könnte, wenn man Lust auf Meckern hat – dort würden dann viele Leute sitzen, die über Dinge me-ckern wollen, unter anderem darüber, dass es zu wenige Meckerwagen gibt.

Und wie wäre es mit Abteilen, in denen man vom Urlaub träumt, mit Sand auf dem Boden und Liegestühlen statt Sitzen (gesponsert von Reise-agenturen natürlich)? Oh, und … Oh, die Minute ist rum.

Oder mein Kopf ist komplett im Organisationsmodus, dann sieht eine typische Minute so aus:

Organisationsmodus

Ich habe echt keine Lust, mich um die Abrechnung meiner Reise nach London zu kümmern, aber ich muss. Also mache ich es so: Ich arbeite erst eine Stunde lang die dringenden E-Mails ab, gehe dann eine Stun-de lang die Reisekosten durch und nehme mir dann eine Stunde für das, worauf ich wirklich Lust habe, also das Musikvideo … Aber ich weiß, dass es einfach zu viele E-Mails sind, warum ändere ich nicht einfach die automatische Antwort im E-Mail-Programm?

Ich könnte die jetzige – »John braucht normalerweise ein paar Tage, um zu antworten, bitte haben Sie Geduld« in Folgendes ändern: »John antwortet nur einmal in der Woche auf E-Mails, und an unterschiedli-chen Tagen. Es könnte also morgen sein, es könnte aber auch gestern gewesen sein – dann müssten Sie jetzt etwa sechs Tage warten. Doch wenn es wirklich dringend ist, antworten Sie einfach auf diese E-Mail und schreiben Sie ›Es ist verdammt dringend‹ in die Betreffzeile. Dann werden wir uns bemühen, John eine Nachricht zukommen zu lassen. Dabei könnte eine Taube ins Spiel kommen, oder wir greifen auf das gute, alte Telefon zurück. Man weiß es nie.«

Mist, ist es möglich, irgendetwas davon zu genießen? Was, wenn ich jede einzelne E-Mail herzlich und aufrichtig beantworte und somit ein Gefühl von Frieden und Sinnhaftigkeit vermittele? Stopp, passen die zwei Wörter zusammen – »Frieden« und »Sinnhaftigkeit«? Totaler Blöd-sinn, wenn man mich fragt. Jetzt setz dich einfach an die Arbeit – fang an, und das mit dem Frieden klären wir dann später.

So ist der Stand der Dinge. Ich habe zu viel zu tun. Und ein be-deutender Teil davon bereitet mir nicht allzu viel Freude, auch wenn es sicher noch schlimmer wäre, wenn ich ein typischer

Großraumbürosklave wäre. Und eine Sache macht mir wirklich Spaß: ziemlich laut deadmau5 (einen kanadischen DJ) zu hören, während die Jungs unten sitzen – und wahrscheinlich Horrorfilme gucken. Und so langsam wird es dunkel, und die Worte fließen auf den Bildschirm. Aber ideal ist es nicht, oder? Ich muss eine Lösung finden. Und dieses Mal, meine lieben Leser, werde ich eine Lösung finden, während Sie neben mir sitzen und zuschauen.

Normalerweise schreibe ich diese Bücher so: Ich verbringe Ewigkeiten damit, meine Gedanken und Ideen zu sortieren, und erstelle dann eine Struktur – bis hin zu einer Liste der Kapitelüberschriften. Dann ziehe ich mich eine Weile in Hotels oder Höhlen oder so etwas zurück, um das Ding zu schreiben. So kann ich mich voll und ganz darauf konzentrieren und in kurzer Zeit relativ viele Wörter zu Papier bringen. In sinnvollen Zusammenhängen, weil ich ganz bei der Sache bin. Ich werde nicht vom normalen Alltagsquatsch abgelenkt (siehe oben).

Doch bei diesem Buch habe ich mich irgendwie in eine verfahrene Lage manövriert. Viele von Ihnen kennen das bestimmt. Und ich will einen Ausweg finden, während Sie neben mir sitzen und mir dabei zusehen.

Das hier wird ein »*Fuck It* live«-Programm, das ich über den Zeitraum eines Jahres hinweg mit Ihnen durchführen werde (ja, ich muss dieses Buch genau in einem Jahr abliefern – ich habe die Abgabefrist verschoben, weil ich wusste, dass es Zeit braucht, mein Leben derart grundlegend zu verändern). Natürlich besteht die Gefahr, dass ich es nicht schaffe, dann ist es eher unwahrscheinlich, dass Sie dieses Buch lesen werden. Denn dann bin ich zu meinem Verlag gegangen und habe gesagt: »Ich kriege es nicht hin, ist blöd gelaufen. Hier habt ihr euer Geld zurück. Tschüss.«

> Das hier wird ein »**Fuck It** live«-Programm.

Aber *da* Sie das hier lesen, muss ich es wohl doch geschafft und daraus eine angenehme Reise für uns beide gemacht haben ... eine Entdeckungsreise, wie man das macht, was man gerne tut, und nicht wieder damit aufhört, während man weiterhin genügend Geld für Essen und anständige Kleidung für die Kinder verdient.

Wo genau ist »hier« überhaupt?

Während des Spaziergangs, den ich heute Nachmittag gemacht habe, fiel es mir schwer, die richtige Metapher für meine momentane Lage zu finden. Die offensichtlichste ist, dass ich mich in einem überfluteten Zimmer befinde und mich bemühe, die Möbel in Sicherheit zu bringen, meinen Kopf über der Oberfläche zu halten und dazu noch versuche, zu genießen, wie sich mein Körper im Wasser bewegt.

Dieses Bild kam mir in den Sinn, als mir klar wurde, dass es im Augenblick am wichtigsten ist, mir nicht noch mehr aufzubürden. Ich versinke ohnehin schon in dem, was anliegt. Daher lautet der erste Schritt, nicht noch mehr Wasser eindringen zu lassen, und dann kann ich damit anfangen, Wasser ablaufen zu lassen, Gegenstände abzutrocknen etc.

Doch diese Metapher funktioniert nicht so ganz, weil es kein positives Bild ist, mein Leben in irgendeiner Hinsicht als überflutet zu betrachten. Und es spiegelt die Realität nicht korrekt wider, da ich ja vieles von dem, was ich mache, gerne tue. Es ist einfach nur zu viel, meine Freude an den einzelnen Dingen verpufft aufgrund der Menge.

Eine kurze Randbemerkung, bevor ich auf die Metapher zu sprechen komme, die sich schließlich als die richtige für mich (und vielleicht ja auch für Sie) herausstellte: Mir fallen Sachen oft viel leichter, wenn ich ein visuelles Bild vor Augen habe. Vielleicht liegt das an mir, aber das glaube ich nicht. Schließlich arbeitet unser Unterbewusstsein sehr stark mit dem Visuellen – schauen Sie sich nur an, wie sich die Themen, die uns beschäftigen, in unseren Träumen zu Bildern und Filmen fügen.

Ein Bild ist greifbarer als reine Worte, man kann besser mit ihm arbeiten. Ich kann schreiben, dass ich zu viele Dinge im Kopf habe, ich kann diese Dinge auflisten, aber wenn Sie die Metapher sehen, auf die ich letztendlich kam, werden Sie verstehen, wie viel effektiver sie ist.

Diese bildliche Darstellung – fast schon ein Theaterstück – meines aktuellen Problems ist nicht weit hergeholt. Denken Sie daran, ich suche nach einem Weg, das Chaos, in dem ich mich befinde, zu durchdringen. Denn nur, wenn wir Dinge vollständig verstehen, können wir darauf vertrauen, Lösungen zu finden.

Und so sieht die Metapher aus: Ich stelle mir vor, ich sitze in meinem Büro hinter meinem Schreibtisch (so verbringe ich immer noch einen Großteil meiner Arbeitstage, auch wenn es sich nicht immer buchstäblich um einen Schreibtisch handelt), und alle Dinge, die Zeit kosten, treten als Figuren auf. Dann zeichne ich diese Figuren und lasse sie nacheinander vor mir Platz nehmen.

Die Metapher bevölkern

Fangen wir ganz einfach an – heute Vormittag sitze ich in meinem Büro hinter meinem Schreibtisch und habe drei »Figuren« zu Besuch. Ich habe sie in der ersten Zeichnung skizziert (die Zeichnungen füge ich für Sie mit ein – so sehen Sie gleich, dass man für diese Methode kein Künstler sein muss).

Schauen wir uns einmal an, wer diese drei Figuren sind. Von links nach rechts kommt als Erstes dieses Buch, dargestellt durch den Mann, der mit den brennenden Fackeln jongliert (das ist im Moment meine Idee für das Cover, aber wer weiß, wie es am Ende aussehen wird). In der Mitte steht der vielköpfige E-Mail-Mann. Und die dritte Figur, die mit dem Fernsehkopf, ist der Videomann. Nun kann ich mich einzeln mit ihnen befassen.

Obwohl der E-Mail-Mann heute Morgen eigentlich gar nicht auf meiner Liste stand, hatte er derart viele Köpfe und schlug so einen Krach, dass ich beschloss, mich mit ihm zusammenzusetzen. Ich befürchtete, dass ihm sonst bis morgen Vormittag eine Menge weiterer Köpfe gewachsen wären, wenn ich mich erst dann mit ihm befasste, und dann hätte ich sicherlich nicht genügend Zeit für alle gehabt. Sobald ich ein paar Stunden mit ihm verbracht hatte, war er ruhiger und zog sich widerspruchslos in den Hintergrund des Büros zurück, setzte sich hin und entspannte sich.

Als Nächstes wandte ich mich voller Begeisterung für kurze Zeit dem Videomann zu. Ich klickte mich durch eine Seite mit Videoarchiven, auf der Suche nach Videos, die das Konzept »Hinter allem steht Liebe« untermalen könnten ... mir schwebte eine geschäftige,

urbane Szene voller Menschen vor, die gleichzeitig auch wunderschön und bunt war – was den Grundgedanken vermitteln sollte, dass eine gehetzte und viel beschäftigte Umgebung immer auch Schönheit und Liebe birgt.

Ich fand zwei Videos, die mir gefielen, und lud sie herunter. Sie liegen nun für mich bereit. Auch den Videomann wies ich dann an, sich hinten ins Büro zu setzen, aber ich kann es kaum erwarten, ihn wieder zu mir zu rufen. Vielleicht komme ich später am Abend dazu, wenn die Jungs im Bett liegen.

Wie Sie sehen, sitze ich mit dem Videomann liebend gerne bis spät in die Nacht zusammen, anders als mit dem vielköpfigen E-Mail-Mann.

Nun ist der fackelwerfende Machen-Sie-was-Sie-gerne-tun-Mann an der Reihe. Jetzt verbringe ich sehr gerne Zeit mit ihm. Es ist genau der richtige Zeitpunkt dafür. Ich empfinde es als aufregend und wohltuend. Im kommenden Jahr das »*Fuck It* – Mach nur noch, was du gerne tust, und es ist egal, welchen Job du hast«-Buch zu schreiben, fühlt sich nicht nur wie ein Arbeitsauftrag an, sondern löst eine ENORME Anspannung in mir: die Tatsache, dass mir dieses Problem über den Kopf wächst und ich nicht weiß, was ich tun soll.

Maßnahmen rund um das Problem zu ergreifen, in diesem Fall, indem ich mich mit dem Fackelmann beschäftige, sorgt tatsächlich für Entspannung.

So, versuchen Sie es selbst: Verwandeln Sie all das, was bei Ihnen ansteht, in Figuren. Sie können auch private Angelegenheiten miteinbeziehen, wenn Sie wollen. Ich beschränke mich im Moment

auf die Arbeitsaufgaben, aber natürlich buhlen eine ganze Reihe weiterer Figuren – wie auch echte Menschen – jeden Tag um unsere Zeit. Schnappen Sie sich daher ein Notizbuch oder schalten Sie die Zeichenfunktion Ihres Tablets ein und füllen Sie den Raum mit Ihren eigenen Gestalten.

Sie können sie so zeichnen, wie Sie wollen – schauen Sie, wie elegant meine geraten sind –, aber vielleicht möchten Sie ein Symbol einarbeiten, das zeigt, wofür sie stehen. Wenn Sie beispielsweise heute viel Zeit darauf verwenden müssen, die Geburtstagsfeier für eines Ihrer Kinder zu planen, malen Sie ein Kind, das einen Kuchen vor sich her trägt. Je stärker die Bilder an sich wirken – ohne dass Sie etwas erklären müssen – desto besser und desto wahrscheinlicher ist es, dass Sie es schaffen, Ihr Arbeitspensum zu reduzieren.

Sobald Sie Ihre täglichen Aufgaben in solche Figuren verwandelt haben, können Sie sich mit ihnen befassen. Wenn Sie sich zum Beispiel der Vorbereitung der Geburtstagsparty zuwenden, überlegen Sie, ob Sie jemanden um Unterstützung bitten können. Beim Kuchenbacken vielleicht?

Okay, jetzt werde ich versuchen, all die anderen Leute und Dinge zu visualisieren, die im Zusammenhang mit meiner Arbeit momentan – in diesen ersten Monaten des Jahres – meine Aufmerksamkeit verlangen. Das Büro muss groß sein, damit alle hineinpassen. (Ja, ich mache das jetzt gerade live: Ich habe Ihnen ja gesagt, dass Sie bei diesem Verfahren direkt neben mir sitzen dürfen ... es ist tatsächlich so, dass ich abwechselnd tippe und etwas in mein »Mach, was du gerne tust«-Notizbuch male.)

Ach Mist, jetzt habe ich zwanzig Minuten damit verbracht, die Figuren zu zeichnen, und schon ist das Büro voll. Obwohl ich es extra groß angelegt hatte. Oh Mann, kein Wunder, dass ich müde bin.

Hier ist die Erklärung, wofür die Figuren auf dem zweiten Bild stehen. (Denken Sie daran, wir verwandeln hier sowohl Aufgaben als auch Menschen in Figuren, daher tauchen in der Zeichnung Darstellungen von Aufgaben oder Projekten auf, die ich angehen muss.)

Hintere Reihe, von links nach rechts

Verlagsveranstaltungen. Normalerweise nehme ich jedes Jahr an mehreren dieser Veranstaltungen teil, und sie verlangen viel Vorbereitung. Auf der letzten hielt ich eine halbstündige Präsentation, für die ich die Videos selbst erstellt hatte. Die Vorbereitung und die Veranstaltung selbst kosten mich insgesamt etwa eine volle Woche. Wie gesagt, kein Wunder, dass ich müde bin.

Radiointerviews. Sie machen Spaß, aber auch auf sie muss ich mich vorbereiten. Und auf meinen täglichen Zeitplan wirken sie sich aus wie eine kleine Granate.

Mind-Body-Spirit-Veranstaltungen, holistische Veranstaltungen. Ich halte jedes Jahr bei verschiedenen Veranstaltungen Vorträge, überall auf der Welt.

Audio-Mitschnitte. Ich nehme viele Dinge für bestimmte Zwecke auf – zur Nutzung in Onlinekursen, aber auch einfach, um Ideen aufzuzeichnen, die mir im Kopf herumgeistern.

Mittlere Reihe, von links nach rechts

Neue Musik. Auch wenn man das auf der Zeichnung nicht erkennt: Das bin ich mit meiner neuen Gitarre im Studio, am Mischpult mein Produzent. Ich habe in den letzten Jahren viel Zeit – *wirklich* viel Zeit – in diesem Studio verbracht. Und jeden Augenblick genossen.

Nahtod-Buch. Eine absolut wundervolle Idee für einen Roman, die ich hatte. Nein, ich verrate nichts darüber.

Robotertherapie. Eine absolut wundervolle Idee für etwas anderes. Kein Wort darüber.

Zugidee. Das ist eine Idee für einen Roman, die ich schon seit ein paar Jahren mit mir herumtrage. Tendenziell ein Zehn-Jahres-Projekt.

»Fuck It für Unternehmen«. Ich will mich schon seit einer Weile damit auseinandersetzen, wie man *Fuck It* in Unternehmen anwenden könnte. Eines Tages wird es sicher so weit sein.

Das liebe Geld. Der Kerl mit den Währungssymbolen im Gesicht steht für alles, was mit Geld zu tun hat – vor allem dafür, dass ich mich um die Buchhaltung kümmern müsste.

Der Detektiv. Eine weitere Romanidee. Na ja, im Grunde gleich zwei. Die Ideen sind toll, aber vielleicht werden sie in einer dunklen Ecke meines Gehirns verborgen bleiben und nur gelegentlich ans Licht geholt werden – wahrscheinlich dann, wenn ich jemand anderem davon erzähle. Sollte dieser »andere« ein aufstrebender Filmproduzent sein, bin ich sofort dabei.

Vordere Reihe, von links nach rechts

Sehen Sie das Haus? Das ist »The Hill That Breathes«, und was wir damit machen sollen, beschäftigt mich sehr.

Der vielköpfige E-Mail-Mann. Da ist er schon wieder, der freche Kerl, direkt vor mir.

Onlinekurse. Diese Figur trägt einen Astronautenhelm, weil ich den im Augenblick als Symbol für alles verwende, was mit Internetkursen zu tun hat. Ich habe viele, viele Ideen in diese Richtung. Mal schauen, wie viele Astronauten ich ins Weltall befördern kann.

Retreats. Wow, der sieht glücklich aus mit seinem Glas Wein in der Hand. Retreats sind unsere Hauptbeschäftigung. Und ich mache sie wirklich gerne.

Das »Engel«-Buch. Was? Ich will ein Buch über Engel schreiben? Psst.

EP. Der Typ mit den Kopfhörern hört meine EP ... Ja, die EP, die ich aufgenommen, für die ich aber noch keine Videos erstellt habe und die es auch noch nicht zu kaufen gibt.

Gaias magische Projekte. Das ist Gaia – ahhhh –, und sie ist eine magische Therapeutin, Heilerin und Lehrerin. Mit ihrer Magie könnten wir so viele Dinge machen.

Also – WAS TUN?

(Büro-)Tür zu!

Das ist das Äquivalent zu den Bemühungen, kein weiteres Wasser in das ohnehin schon überflutete Büro hereinfließen zu lassen. Ich muss *Fuck It* sagen und die zwei Gruppen, die sich Einlass verschaffen wollen, wegschicken:

Gruppe A
Sie umfasst die Menschen, die von außerhalb mit Angeboten, Aufträgen und Aufgaben an mich herantreten. Zumindest fürs Erste werde ich höflich Nein zu allen sagen, die etwas von mir wollen: Vorträge, Radiointerviews, Zeitschriftenartikel. Das ist schwierig, weil ich natürlich Angst habe, mir dadurch Gelegenheiten entgehen zu lassen.

Gruppe B
Das sind die inneren Figuren, die mein Büro in Form von Ideen und Projekten füllen, die mir jeden Tag durch den Kopf gehen. Einige von ihnen kenne ich schon eine Weile (ein paar der Romanideen existieren beispielsweise schon seit Jahren), doch jeden Tag tauchen viele davon in meinem Büro auf, wollen sich setzen und einen mit

mir trinken. Die ganze Aufregung rund um ihre Vorschläge führt dazu, dass ich mich ganz beschwipst fühle.

Gestern beispielsweise hatte ich eine Idee, die mit Musik zu tun hat und sehr interessant für meinen Verlag Hay House sein könnte. Für ihn könnte es ein großes Ding werden. Und in gewisser Weise vielleicht auch für die Welt. Aber es würde enorm viel Zeit kosten. Und im Moment ist es einfach nicht machbar, alle »Leute« aus Gruppe B, die in meinem Büro sitzen, zu bewerten – es ist unmöglich, sich einen Eindruck von Einzelnen zu verschaffen, abgesehen von der Frage, wer am lautesten brüllt.

Daher muss ich vorerst auch zu ihnen Nein sagen. Das ist noch schwieriger als bei Gruppe A, weil ich dafür die wilde Kreativität, die in meinem Kopf tobt, eindämmen muss. Aber ich habe einen Plan, einen schlauen Plan. Und so geht es weiter ...

Das Wartezimmer

Das ist mein schlauer Plan. Ich werde ein »Wartezimmer« direkt vor meinem »Büro« erschaffen. Und statt zu sagen: »Dieses Projekt werde ich nie umsetzen – ich schmeiße dich raus«, heißt es nun: »Im Augenblick habe ich nicht die Zeit, um deinem Projekt die Aufmerksamkeit zu widmen, die es verdient. Wenn du daher bitte dort drüben warten könntest? Lies einfach eine Zeitschrift über ein Thema, das dich nicht interessiert. Ich rufe dich auf, wenn deine Zeit gekommen ist.«

Nachdem ich die Tür geschlossen habe, um keine weiteren Menschen und Dinge ins Büro zu lassen, möchte ich jetzt die meisten derjenigen, die schon drinnen sind, sanft in mein gemütliches Wartezimmer bugsieren. Wahrscheinlich wiederholen wir das später noch einmal mit mehr Sorgfalt – dann wählen wir bewusst aus, wen wir im Büro behalten und wer ins Wartezimmer muss (und wen wir ganz vor die Tür setzen). Doch im Augenblick ist das Büro so überfüllt, dass ich mich selbst nicht denken hören kann, also muss es schnell gehen. Sie können das Gleiche mit den Figuren in Ihrem Raum machen.

Ich zeichne also ein Wartezimmer und bitte einige Menschen und Dinge hinein.

Und hier habe ich an jenem Tag mit dem Schreiben (und dem Malen) aufgehört. Wie Sie anhand der dritten Zeichnung sehen können, bin ich nicht weit damit gekommen, das Wartezimmer mit Figuren zu füllen.

Die nächsten Notizen, die ich fand, waren eine Woche später entstanden ...

Und so hat das neue System in der letzten Woche funktioniert: Ich würde gerne sagen, ich sei deutlich weniger gestresst und beschäftigt gewesen, aber in Wahrheit war ich sehr beschäftigt und zwischenzeitlich auch sehr gestresst. Aber ich war auch extrem produktiv.

Schauen wir uns einmal genauer an, was passiert ist. Die gute Nachricht ist, dass ich fokussierter war – dadurch, dass ich so viele Figuren ins Wartezimmer geschickt hatte, habe ich diese Woche eine Menge geschafft. Ich habe die Videos erstellt und sie bei YouTube hochgeladen – ja, DREI in einer Woche. Jetzt ist es also fast so weit, dass ich die EP rausbringen kann. Außerdem habe ich auch bei einem anderen Projekt, an dem ich arbeite, große Fortschritte gemacht. In Bezug auf die Produktivität erhält das neue System also zehn von zehn Punkten.

ABER ich war sehr beschäftigt – und zwischenzeitlich auch sehr gestresst. Und ich bin total erschöpft nach dieser Turbowoche. Warum? Na ja, die Energie, die die Beschäftigung mit den Videos in mir freigesetzt hat, führte dazu, dass ich jeden freien Augenblick mit ihnen verbracht habe – oft bis spät in die Nacht. Es hat Spaß gemacht und ich habe es genossen, aber dem E-Mail-Mann sind ständig mehr Köpfe gewachsen. Ja, der E-Mail-Mann war also sehr aktiv – wenn ich an einem Tag meine Mails bearbeitet habe, trafen in den folgenden 24 Stunden 60 bis 70 neue ein (und das, obwohl unser Büro schon vorsortiert, um welche ich mich persönlich kümmern muss).

Ich lehnte vier unterschiedliche Anfragen ab: für ein Radiointerview, für einen Gastbeitrag in einem Blog, für ein Empfehlungsschreiben und für einen Artikel in einer bekannten Zeitschrift. (*Wie man Nein sagt, erkläre ich später im Buch.*) Ich wendete auch mein dreistufiges Mailsystem an, das mir ermöglicht, schnell zwischen dringenden und weniger dringenden Nachrichten zu unterscheiden.

Doch ein paar unerwartete Dinge warfen mich aus der Bahn. Ich musste ganz eilig eine neue *Fuck-It*-Werbung für die Londoner U-Bahn freigeben, weil ich die Deadline nicht im Kopf gehabt hatte. Zwei Stunden lang flogen die E-Mails nur so hin und her, während alle daran arbeiteten. Aber je mehr Leute involviert waren, desto schlimmer wurde es.

Außerdem gab es einen Personalausfall. Eine unserer Angestellten kam an einem Tag, an dem sie dringend gebraucht wurde, nicht zur Arbeit. Daher war es nötig, einen Teil meiner Energie darauf zu verlagern. Freitagabend konnte ich nicht anders, als mein E-Mail-Programm zu schließen und 90 Minuten lang spazieren zu gehen, um den Kopf freizubekommen und den angesammelten Stress abzuschütteln.

Ah, und noch etwas: Ein Nebeneffekt des leer geräumten »Büros« war es, dass mir ein paar tolle neue Ideen kamen. Eine davon lautet: »*Fuck It*, es spielt keine große Rolle«. Mir wurde klar, dass es sich dabei um ein echtes Kernthema der *Fuck-It*-Philosophie handelt, ergiebig genug für ein kurzes Buch. Dienstag las ich keine einzige E-Mail, sondern schrieb stattdessen mit dem Frühstück in der Hand wild drauflos, bis das Buch fertig war. Dann las ich es noch einmal durch, und es ist gut. Ich treffe mich nächste Woche mit dem Designer, um ein kleines PDF-E-Book-Ding daraus zu machen.

> »**Fuck It**, es spielt keine große Rolle«. Mir wurde klar, dass es sich dabei um ein echtes Kernthema der **Fuck-It**-Philosophie handelt.

Ich habe sogar der Versuchung widerstanden, es zu redigieren – manchmal ist das, was rasch und voller Energie aufs Papier fließt, das Beste. (*Später hinzugefügt: Sie können das Buch jetzt lesen – gehen Sie einfach auf* www.thefuckitlife.com/dowhatyoulove)

Fazit nach einer Woche mit dem neuen System: Sehr effektiv, aber immer noch ermüdend und stressig. Es sind noch Anpassungen notwendig.

Zurück in die Gegenwart

Und da sind wir wieder, ein Jahr später. Na ja, etwas mehr als ein Jahr, wenn man es genau nimmt. Ich höre jetzt auf, alles kursiv zu setzen, aber Sie wissen Bescheid, hier spricht das Ein-Jahr-später-Ich.

Es ist echt toll, jetzt hier zu sitzen und diese Notizen zu lesen, die verzweifelte Person zu hören, die ich vor einem Jahr war, und festzustellen, wie sehr sich die Dinge geändert haben. Und wie anders ich mich fühle. Ich sage das nicht einfach nur so – wie in: »Oh, da sehen Sie, wie effektiv das Verfahren ist, und dieses Buch ebenso!« Hätte ich diese Notizen nicht noch einmal gelesen, hätte ich mich wohl nicht mehr daran erinnert, wie es mir damals ging.

Daher ist das wahrscheinlich auch eine gute Idee für Sie – einfach rauszulassen, wie es Ihnen gerade geht. Schreiben Sie alles auf, ohne sich groß Gedanken über Zeichensetzung, Grammatik oder die Bedeutung zu machen – schreiben Sie einfach nur so schnell Sie können, damit die Wahrheit ans Licht kommt.

Mein grundsätzliches Problem damals war offensichtlich, dass ich zu viel zu tun hatte. Und die überwältigende Menge der Aufgaben überschattete alles, was ich tat, selbst die Beschäftigungen, die mir eigentlich Freude machten.

Ich habe im vergangenen Jahr einige drastische Veränderungen vorgenommen, wie Sie sehen werden, wenn Sie den Rest des Buchs lesen. Ich bin sehr gut darin geworden, Nein zu sagen. So hat sich mein »Büro« tatsächlich geleert, und was das Wartezimmer angeht – ich habe noch keine der Figuren, die dort sitzen, wieder zu mir gerufen. Außerdem habe ich meine Tendenz zur übermäßigen Kreativität eingedämmt, damit sich weder das Büro noch das Wartezimmer wieder füllen.

Als ich mir vor Kurzem die »Mach, was du gerne tust«-Übungen vornahm, die auch vor Ihnen liegen, ergab sich ein ganz anderes Bild als ein Jahr zuvor. Der Anblick war überraschend. Plötzlich gab es viel mehr Dinge in der *Gegenwart*, die ich gerne tat, und es fiel mir schwer, neue Dinge zu finden, die ich in der Zukunft gerne machen könnte. Ich habe den Schwerpunkt verlagert, statt hauptsächlich zu arbeiten, habe ich nun ein Gleichgewicht zwischen

Arbeit und dem Leben zu Hause erreicht (da ich allerdings von zu Hause aus arbeite, geht es im Grunde darum, wie viel Zeit ich in welchem Teil des Hauses verbringe).

Ich bin mittlerweile kaum noch unterwegs, weil ich jede Einladung, etwas irgendwo anders zu machen, abgelehnt habe. Ich veranstalte dieses Jahr sogar nur noch halb so viele *Fuck-It*-Retreats wie sonst (und die finden ganz in der Nähe von unserem Zuhause statt, daher muss ich nicht groß verreisen).

Ich bin also insgesamt, wie mir jetzt auffällt (sonderbarerweise in dieser »Einleitung«, bitte entschuldigen Sie die wilden Sprünge), viel glücklicher und sicherlich deutlich weniger verzweifelt als zuvor. Ich habe ein gutes Gleichgewicht gefunden. Und ich habe ein paar tolle Methoden entdeckt und entwickelt, wie ich die Zeit, die ich mit ungeliebten Tätigkeiten verbringe, reduzieren und die Zeit, in der ich tue, was ich gerne mache, ausbauen kann. Es funktioniert.

Klar, manches ist noch in Arbeit. Ich habe gelernt, dass wahre Veränderungen Zeit brauchen. Man muss einen Schritt nach dem anderen machen. Ich habe für die nächsten sechs Monate noch einiges geplant, was weiter in die richtige Richtung führt (wir ziehen an die Küste, ich stelle einen Projektmanager ein, der dafür sorgt, dass einige schwierige Projekte umgesetzt werden, ich spiele mit der Idee, mein festes Büro aufzugeben, und so weiter).

Und auch das möchte ich erwähnen: Einer der ersten Punkte, die letztes Jahr in meinen Notizen auftauchten, war: »Ich bin mir nicht sicher, wie es um unsere Finanzen steht.« Das hat mich sehr gestresst. Zwei Jahre zuvor hatten wir uns aus dem einträglichen Retreat-Geschäft zurückgezogen (das heißt, wir hatten unser Retreat-Zentrum »The Hill That Breathes« geschlossen, wo wir viele Angestellte hatten und einen Retreat nach dem anderen abhielten. Wir veranstalten weiterhin Retreats, aber an anderen Orten), und ich hatte die Übersicht über die Finanzen verloren.

Das war eine Reaktion auf die gewissenhafte und fast schon zwanghaft genaue Art, mit der ich die Bücher des Zentrums geführt hatte. Bei einem kleineren Unternehmen, so glaubte ich, sei so viel Akribie nicht nötig. Doch ich ließ das Pendel zu weit in die andere

Richtung ausschlagen. Und wie den Notizen zu entnehmen ist, machte es mir vor einem Jahr sehr zu schaffen, dass ich nicht genau wusste, wie wir in dieser Hinsicht dastanden.

Im weiteren Verlauf des letzten Jahres schaffte ich es endlich, mich mit unserer finanziellen Situation auseinanderzusetzen. Es war nicht schön und sah auch nicht gerade gut aus. Doch ich war extrem erleichtert, endlich einen *Überblick* zu haben, und dieser Überblick über die Probleme half mir auch dabei, sie zu lösen. Schnell.

> Ich sitze direkt neben Ihnen, durchlebe die gleichen Qualen und arbeite daran, eine Lösung zu finden, auf die **Fuck-It**-Art.

Ich möchte Sie also auf dieser Reise willkommen heißen. Und ich möchte, dass Sie eines wissen: Ich verkünde Ihnen diese Überlegungen darüber, wie man das macht, was man gerne tut, nicht aus weiter Ferne. Ich sitze direkt neben Ihnen, durchlebe die gleichen Qualen und arbeite daran, eine Lösung zu finden, auf die *Fuck-It*-Art, Tag für Tag.

Und bei diesem Buch habe ich noch stärker als bei meinen vorherigen das Gefühl, ein *wichtiges* Thema zu behandeln. Ich habe den Eindruck, eine große Verantwortung zu tragen – dafür, Ihnen Ideen an die Hand zu geben, die funktionieren, und ebenso dafür, Ihnen klarzumachen, wie dringlich es ist, dieses Thema anzugehen: Wir müssen zu einem Leben finden, in dem das, was wir gerne tun, so viel Raum wie möglich einnimmt.

1. Machen Sie, was Sie gerne tun?

»Musiker müssen Musik machen,
Maler müssen malen, Dichter müssen schreiben,
wenn sie ihren Frieden finden wollen.
Was ein Mensch sein kann, muss er sein.«

Abraham Maslow,
US-amerikanischer Psychologe

Als Teenager spielte ich in einer Band wie so viele Teenager. So auch Paul, und er fand es toll. Aber er war mit 18 von der Schule abgegangen, und die Band würde nicht genug einbringen, um seine Rechnungen zu zahlen. Sein Vater Jim setzte ihn unter Druck und sagte ständig: »Müßiggang ist aller Laster Anfang.« Er wies Paul an, sich eine Arbeit zu suchen. »Ich habe schon einen Job, ich spiele in einer Band«, sagte Paul. Aber sein Vater meinte: »Nein, du brauchst eine richtige Stelle.«

Also ging Paul zum Arbeitsamt, das ihn zu einem Unternehmen namens Massey Coggins Limited schickte. Dort wurde jemand gebraucht, der den Hof fegte. Paul nahm den Job an, doch es dauerte nicht lange, bis einer der Manager zu ihm sagte: »Du solltest hier nicht den Hof fegen, du hast Führungspotenzial.« Und so bekam Paul eine feste Stelle mit Aufstiegschancen.

Doch eines Tages kamen zwei Mitglieder von Pauls Band in der Firma vorbei und teilten ihm mit, dass sie einen Auftritt hätten. Paul sagte, er habe keine Zeit, da er jetzt einen festen Job habe. Er verdiente ganz gut und wurde für höhere Aufgaben ausgebildet, daher konnte er sich nicht beklagen.

Paul meinte die Absage an die Bandkollegen durchaus ernst, doch dann dachte er: »Ach Mist, ich kann die anderen nicht hängenlassen.« Er sprang über die Mauer und fuhr zum Auftritt. Dieser Auftritt fand im The Cavern in Liverpool statt, und Paul McCartney kehrte nie wieder zu Massey Coggins Limited zurück.

FUCK IT,
ICH KANN DIE ANDEREN NICHT
HÄNGEN LASSEN

Denken Sie an Ihren Lieblingssong
von den Beatles, wenn Sie es aussprechen.
Oder natürlich an »Mull of Kintyre« von den Wings.

Und wäre Paul bei Massey & Coggins geblieben und Manager geworden – hätte er ein bequemes Leben mit einer glücklichen Familie und Kindern und Enkeln geführt – und hätten wir ihn interviewen können (sagen wir mal, mit 64, wie im berühmten Beatles-Song) und ihn gefragt, ob er glücklich sei und ob er immer das gemacht habe, was er gerne tat, hätte er vielleicht Ja gesagt. Und es auch gemeint.

Er kommt mir vor wie ein von Natur aus positiver und zufriedener Mensch. Vielleicht wäre er genauso glücklich gewesen, vielleicht nicht. Aber ich weiß nicht, wie es dem Rest der Welt dann in den letzten 50 Jahren ergangen wäre. Außerdem finde ich es bemerkenswert, dass Paul McCartney bei seiner Entscheidung, den Job zu schmeißen, seine Variante von *Fuck It* verwendet hat: »Ach Mist.«

Fuck It, seien Sie ehrlich – machen Sie, was Sie gerne tun?

Sie müssen niemandem die Antwort auf diese Frage verraten. Sie müssen sie nicht laut aussprechen. Sie müssen sie ganz sicher nicht mir mitteilen. Und auch nicht Paul McCartney. Aber – machen Sie, was Sie gerne tun? Wirklich?

Ich frage das, weil die meisten Leute es nicht tun (und sie daher wahrscheinlich »in stiller Verzweiflung« leben, wie wir gesehen haben). Aber kaum jemand gibt es zu, weder anderen noch sich selbst gegenüber. Und das ist ein Problem.

Das Bekenntnis, dass Sie den Großteil Ihrer wertvollen Zeit auf Erden dazu nutzen, Dinge zu tun, die Ihnen keine Freude bereiten, fühlt sich an wie ein Eingeständnis, dass Sie im Leben gescheitert sind, oder? Und die meisten von uns wollen keine Versager sein, oder? Wir wollen Erfolgsgeschichten sein, auf die eine oder andere Art. Also fühlen wir uns erfolgreich, wenn es beruflich gut läuft (auch wenn wir unseren Job hassen), wenn wir ein schönes Haus haben (auch wenn wir nur zum Schlafen dort sind) und ein schickes Auto (auch wenn wir damit nur zur Arbeit fahren) oder wenn wir eine Familie haben (auch wenn wir sie kaum sehen).

Nun ja, zumindest können wir einen Titel vorweisen oder hohe Beträge auf dem Konto oder ein paar Zeilen mehr im Lebenslauf ... aber wie es uns geht, spielt dort überall keine große Rolle. Ja, die meisten von uns verbringen wirklich nicht viel Zeit mit **Fuck It**, seien Sie ehrlich. dem, was sie gerne tun. Ein Hoch auf unsere weit entwickelte Gesellschaft.

FUCK IT, ICH STELLE MICH DEN TATSACHEN.

Wenn Sie auch nur ein kleines bisschen das Gefühl haben, dass Sie die Realität leugnen – wenn Sie dazu neigen, »sich zu betäuben« (dazu zählen auch endlose Stunden vor dem Fernseher und übermäßig viele Snacks zwischendurch) – nutzen Sie dieses Mantra als Riechsalz und beschließen Sie, sich den Tatsachen zu stellen, egal wie unangenehm sie sind.

Halten Sie sich nicht für einen Versager, wenn das auf Sie zutrifft. Aber bitte, *Fuck It,* seien Sie ehrlich zu sich. Niemand muss es wissen. Niemand hört zu. Und wenn Sie es doch jemandem erzählten, würde die Antwort ohnehin lauten: »Nein, du bist doch kein Versager – du hast einen tollen Job, eine tolle Familie« und so weiter und so fort. Denn die anderen haben selbst Angst davor, Versager zu sein und ihr Leben nicht zu genießen.

Wenn Sie ehrlich zu sich sind – wenn *wir* ehrlich zu *uns* sind (denn das gilt natürlich genauso für mich) –, ist das der erste große

Schritt, um den momentanen Zustand zu verändern. Und das ist nicht leicht, das sage ich lieber gleich. Klar, einzelne Schritte *sind* einfach, aber den Großteil der Zeit mit Dingen zu füllen, die man wirklich gerne tut, ist es nicht. Und selbst wenn Sie das schaffen, besteht die Gefahr, dass Sie nach einiger Zeit trotzdem die Freude daran verlieren.

Erkennen, dass etwas nicht stimmt

Wie Sie wissen, wurde mir vor etwas mehr als einem Jahr klar, dass ich eine Sache, in die ich viel Zeit investiert hatte – Vorträge und Veranstaltungen –, gar nicht mehr so gerne machte. Es war nicht einmal so, dass ich Hunderte davon abhielt, aber die, die ich zusagte, kosteten einfach viel Zeit – Vorbereitung, Fahrzeit und so weiter.

Ich redete mir ein, ich würde es gerne machen. Oder genauer gesagt: Ich redete mir ein, dass der letzte Teil – wenn ich vorn stand und die Menschen berührte (nicht in dem Sinne), wenn ich spürte, dass es ihnen gefiel, und ich den Applaus hörte, und dann die Erleichterung, wenn ich ins Hotelzimmer zurückkehrte und mich hinlegte – die ganze Arbeit wert war (die wochenlange Vorbereitung, das tagelange Probereden, das Lampenfieber vor dem Auftritt). Und ich war der Meinung, dass die zusätzliche Werbung für *Fuck It* und das Zusammensein mit vielen Menschen sich ebenfalls lohnten.

Doch tief in meinem Inneren wusste ich, dass etwas nicht stimmte. Und dann passierten einige Dinge, die mich den Entschluss fassen ließen, die Bühne zu verlassen und mehr Zeit zu Hause zu verbringen, um das zu machen, was ich gerne tue (auf die Tastatur einzuhämmern wie jetzt gerade, und dann mit meiner Familie unten zusammen Filme zu gucken, Gesellschaftsspiele zu spielen und so weiter).

Zu diesen Ereignissen zählte eine E-Mail von einer Organisation, für die ich einen Vortrag halten sollte. Hier ist sie – ich habe die Stellen geschwärzt, die Hinweise darauf enthalten, um welche Organisation es sich handelt.

Betreff: WAS ZU TUN IST – DANKE :-)
An: The F**k It Life

Hi John,
dein Vortrag bei uns steht bald an, yay :-)
Könntest du deinen Vortrag über ███████████████ *in den*
sozialen Medien und auf deiner Homepage ankündigen?
Es wäre super, wenn du zwei – oder auch mehr :-) – Nachrichten
über deinen E-Mail-Verteiler schicken könntest. Wie viele Leute
sind da drin?
Hier ein paar Banner, die du in den sozialen Medien und auf
deiner Homepage verwenden kannst: ██████████████████
███████████████

Und bitte besuch unsere Facebook-Seite und »like« sie, ja? :-)
Könntest du mir Bescheid geben, wenn all das erledigt ist, damit
wir deinen Vortrag über █████████████████ *weiter bewerben*
können?

Ich freue mich darauf, dich bald zu sehen!

Herzliche Grüße
████████████ *:-) xxxxx*

Ganz egal, wie viele Smileys und Küsse diese Mail enthielt, ich fühlte mich genötigt, und das kann ich absolut nicht ausstehen. Ich ziehe
gerne mein eigenes Ding durch, in meinem Tempo und mit meinen
Leuten. Und die Tatsache, dass ich irgendwie in eine Lage geraten
war, in der jemand glaubte, er könne mich fröhlich (Smiley, Smiley)
zu etwas nötigen, führte mir vor Augen, dass ich fehl am Platz war.
   Es war schon in Ordnung, wenn mich Leute umschmeichelten
(und mich auch gut bezahlten), aber der Grat zwischen erträglich
und unerträglich war schmal. Wenn man etwas macht, das man gerne tut, nimmt man eine Menge Mist hin, um es weitermachen zu
können. Doch sobald es an Begeisterung mangelt, steigt man schneller aus dem Spiel aus.

Also setzte ich mich nach mehreren Erfahrungen dieser Art mit einer Tasse Tee in den Händen hin und fragte (mich):

- *Machst du das wirklich so gerne?* Nein, eigentlich nicht – einige Teile davon schon, aber die sind es nicht wert. Außerdem wäre ich lieber öfter zu Hause.
- *Gibt es eine Möglichkeit, die Teile zu machen, die dir Freude bereiten, ohne die, die du nicht magst, machen zu müssen?* Äh, ja, schon, wenn ich nur noch an Veranstaltungen teilnehme, die ich selbst organisiere. Die mag ich ohnehin lieber, und da kann mir niemand Vorschriften machen.
- *Was würdest du verlieren, wenn du auf solche Veranstaltungen verzichtest?* Vielleicht ein bisschen Aufmerksamkeit, die Werbung ... aber *Fuck It*, ich will das einfach nicht.

Also hörte ich damit auf. Daraufhin trafen, nur um mich auf die Probe zu stellen, mehr Auftrittseinladungen bei mir ein als je zuvor – aus der ganzen Welt. Und ich lehnte

Ich dachte: Fuck It, ich will das einfach nicht.

alle freundlich ab. Selbst die, die mich reizten (Südafrika und Istanbul, da Sie fragen). Die Folge war, dass es mir im folgenden Jahr viel besser ging, aber das ist nur ein Teil des Ganzen – mehr dazu später. Ich war also ehrlich zu mir, und ich lade Sie dazu ein, es mir gleichzutun.

FUCK IT, NEIN DANKE.

Wiederholen Sie es immer wieder,
damit Sie sich daran gewöhnen.
Machen Sie das Universum mit der Vorstellung vertraut,
dass Sie – höflich – Nein sagen können.

Ah, interessant. Was für ein Timing ... ich habe gerade eine kurze Pause gemacht, um einen Blick in meine E-Mails zu werfen, und sah einen Newsletter von meinem Freund David Hamilton, dessen Bücher ebenfalls von Hay House verlegt werden. Er schreibt über die anstehende Verlagsveranstaltung zum Thema »Ich schaffe das« und zählt einige der Autoren auf, die dort Vorträge halten. Doch dieses Jahr steht mein Name nicht auf dieser Liste, wie es sonst der Fall war, da diese Veranstaltung zu den vielen Dingen gehört, zu denen ich Nein gesagt habe.

Komisches Gefühl. Das ist die Folge des Nein-Sagens, damit muss man rechnen. Nein zu sagen hat Nachteile. Die Frage lautet: Überwiegen die Vorteile die Nachteile? Und wenn ich an meine Jungs denke, die unten gerade Hausaufgaben machen, und an die Zeit, die wir später gemeinsam vor dem Fernseher oder miteinander ringend oder auf dem Trampolin verbringen werden, lautet die Antwort ... JA.

Es ist an der Zeit, dass Sie Ihren Ehrlichkeitsmodus aktivieren und den folgenden Fragebogen ausfüllen. So finden Sie heraus, in welchem Ausmaß Sie das machen, was Sie gerne tun.

Der »Machen Sie, was Sie gerne tun?«-Fragebogen

1

Wie gerne machen Sie Ihre Arbeit, generell betrachtet?

(Sind Sie schon beim Aufwachen ganz heiß darauf, endlich anzufangen, oder betrachten Sie Ihren Job nur als Geldquelle?)

1   2   3   4   5   6   7   8   9   10

○   ○   ○   ○   ○   ○   ∅   ○   ○   ○

ungerne   liebend
                                                  gerne

2

Kommen Sie außerhalb Ihrer
Arbeitszeit dazu, das zu machen,
was Ihnen am Herzen liegt?

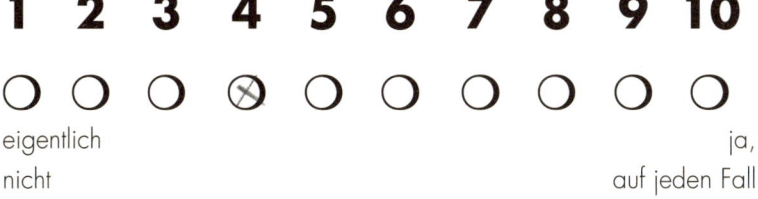

1   2   3   4   5   6   7   8   9   10

eigentlich   ja,
nicht   auf jeden Fall

3
Wie viele Dinge gibt es, die Sie gerne täten, aber nicht machen?

1 2 3 4 5 6 7 8 9 10
O O O O O O O O O O

4

Haben Sie das, was Sie gerne tun, in jungen Jahren mehr oder weniger gemacht?

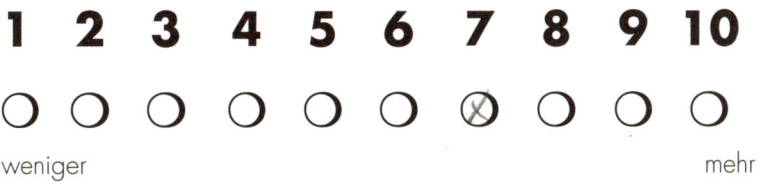

1 2 3 4 5 6 7 8 9 10

weniger   mehr

5

Können Sie sich ein Szenario vorstellen, in dem das, was Sie gerne machen, bedeutend mehr Raum in Ihrem Leben einnimmt als jetzt?

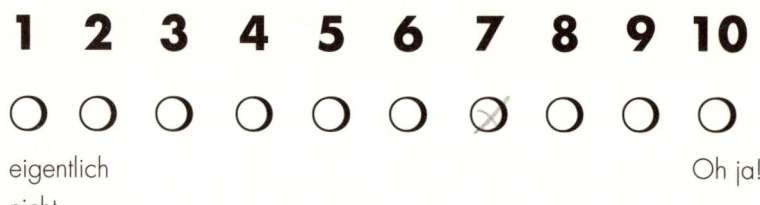

eigentlich
nicht

Oh ja!

2. Warum das machen, was Sie gerne tun?

Ah, was für ein wunderbarer Zufall: Während ich das hier an einem Sonntagmorgen schreibe und die Jungs unten Hausaufgaben machen (okay, wahrscheinlich spielen sie eher auf der Playstation), höre ich gleichzeitig *The Archers*. Für diejenigen von Ihnen, die das nicht kennen: *The Archers* ist eine seit Ewigkeiten laufende Radio-Seifenoper auf BBC, die in einem Dorf auf dem Land spielt, und heute unterhalten sich zwei der Figuren über unser Thema. Ich weiß, *The Archers* ist nicht gerade eine *Fuck-It*-mäßige Sendung, aber lesen Sie weiter ...

> Ich weiß, *The Archers* ist nicht gerade eine **Fuck-It**-mäßige Sendung.

Hier ein ganz kurzer Überblick über das bisherige Geschehen, damit Sie den Teil verstehen, den ich nacherzähle:

Das Ehepaar David und Ruth betreibt einen Bauernhof namens Brookfield, der schon seit Generationen im Besitz von Davids Familie ist. Nun soll eine neue Straße quer durch die Ländereien verlaufen, und nach Monaten erbitterter Diskussion hat sich das Paar entschieden, zu verkaufen und in einen anderen Teil Englands zu ziehen, in die Nähe von Ruths erkrankter Mutter. Sie haben einen Käufer gefunden, der viel Geld für den Hof bietet, und wollen in ihrer neuen Heimat einen neuen übernehmen.

Doch als schon fast alles geklärt ist, zweifelt David plötzlich an der Entscheidung. Er hat einen Spielzeugbauernhof wiedergefunden, mit dem er als Kind gespielt hat und der ihn an die tief reichenden Verbindungen seiner Familie zum Hof erinnert. Mit einem Schlag wird ihm klar, dass Ruth und er den Hof nicht verlassen können, er *weiß* es einfach. Doch das muss er Ruth nun beibringen (und das höre ich jetzt live).

Ruth hat David gerade gefragt, warum er seine Meinung geändert hat. Und Davids Antwort lautet, es sei »aus dem Bauch heraus« passiert. Er sagt, das Land und der Hof seien, wer er ist, wer sie beide sind, und so sei es immer gewesen, in guten und in schlechten Zeiten. Ruth fragt, ob sie das gemeinsam durchsprechen könnten, doch David besteht darauf, dass sie bleiben. Sein Gefühl sei eindeutig und er wisse, dass es schlicht falsch wäre, Brookfield zu verlassen.

Ruth ist nicht glücklich damit, aber David teilt dem Käufer mit, dass sie den Hof nun doch nicht verkaufen werden. Interessanterweise hatte David sich kränklich und ausgelaugt gefühlt, als der Zeitpunkt des Verkaufs näher rückte (das war auch seiner Mutter aufgefallen, die später sagte, es hätte David vermutlich umgebracht, wäre das Paar tatsächlich umgezogen).

In diesem Handlungsstrang der *Archers* tauchen also einige Elemente auf, die für das Kapitel, warum wir das machen sollten, was wir gerne tun, relevant sind:

- David fühlte sich krank und kraftlos, nachdem er einen schwierigen Entschluss gefasst hatte. Das ist oft ein deutliches Anzeichen dafür, dass eine Entscheidung – oder eine Richtung, die wir eingeschlagen haben – die nicht richtige für uns ist und nicht mit dem im Einklang steht, was wir gerne tun.
- David sagt, sein Entschluss sei »aus dem Bauch heraus« entstanden. Das Paar hat das Für und Wider des Umzugs erwogen und sich monatelang mit den rationalen Argumenten auseinandergesetzt, doch David wusste schließlich, dass es sich hierbei nicht um eine Sache des Verstands handelte – es ging um das Bauchgefühl. Das Gespür dafür, ob etwas das Richtige für uns ist, geht nicht vom Kopf aus. Oft dauert es eine Weile (wie bei David), bis wir erkennen und verstehen, was wir wirklich wollen und brauchen.
- Was »auf dem Papier« gut aussieht, kann sich letzten Endes einfach »falsch« anfühlen (David beschrieb es ja auch als »schlicht ... falsch«).

Und das erinnert mich an all die Menschen, die ihre Situation so oder so ähnlich beschreiben: »Auf dem Papier sieht alles gut aus. Ich habe einen tollen Job – er ist gut bezahlt und genau das, was ich immer machen wollte. Aber ... es fühlt sich einfach falsch an.«

Leider leben wir unser Leben jedoch nicht auf dem Papier. Das wäre deutlich einfacher (aber auch langweiliger).

FUCK IT, ES FÜHLT SICH EINFACH FALSCH AN.

Wenn Ihre Gefühle mit dem Verstand kämpfen,
können Sie dieses Mantra als Schlagring einsetzen.

Ah, noch ein Zufall. Leonard Nimoy ist vor ein paar Tagen gestorben. Er spielte Mr Spock in *Star Trek*, und als »Vulkanier« betrachtete er alles rein rational. Aber wir sind keine Vulkanier, auch wenn wir manchmal so tun. *Wir sind keine Vulkanier, wissen Sie* – ist das nicht eine tolle Aufforderung dazu, ein Gleichgewicht zwischen unserer emotionalen und unserer rationalen Seite herzustellen?

Los geht es also mit diesem Kapitel, das mit einem brillanten Zitat beginnen sollte.

Warum wir alle machen sollten, was wir gerne tun

> »Der Mensch ist nur dann wahrhaft groß,
> wenn er aus Leidenschaft handelt.«[1]
>
> Benjamin Disraeli,
> *Coningsby oder die neue Generation*

Warum also sollten Sie machen, was Sie gerne tun? Warum etwas Leckeres essen? Warum über einen guten Witz lachen? Warum diejenigen, die Sie lieben, umarmen? Warum an sonnigen Orten mit Stränden Urlaub machen? Warum so viel trinken, dass Sie ein kleines bisschen beschwipst sind? Warum dieses traumhafte Paar Schuhe kaufen? Warum diesen schönen Menschen in der Bar begehren? Warum ins Kino gehen und mit einem Eimer Popcorn auf dem Schoß im Sessel sitzen? Warum barfuß im Park umherlaufen?

Warum die Sonnenbrille tragen, mit der Sie sich cool fühlen? Warum in der Badewanne liegen, bis die Fingerkuppen schrumpelig werden? Warum bis weit nach der Schlafenszeit ein Buch lesen?

Warum den Kindern Gutenachtgeschichten vorlesen? Warum durch Kunstgalerien spazieren und Bilder betrachten? Warum die Lieblingsmusik hören? Warum im Dorfpub am Kaminfeuer sitzen? Warum Schlitten fahren, wenn es schneit? Warum im Fluss schwimmen gehen, wenn es warm ist? Warum ins beste Restaurant gehen, das Sie sich leisten können? Warum (schon wieder) Essen beim China-Imbiss bestellen? Warum vor dem Keksregal des Supermarkts herumtrödeln? Warum den Teller ablecken? Warum am Sonntagmorgen ausschlafen? Warum mit den Freunden lästern?

Warum sollten Sie das machen, was Sie gerne tun? Weil es das ist, was Sie gerne tun, Sie Dummkopf. Und …

Weil das Leben kurz ist

Fuck It, das Leben ist kurz. Kaum jemand von uns weiß, wie viele Stunden ihm verbleiben. Und ganz egal, ob unsere Lebensspanne relativ knapp bemessen oder ziemlich lang ist, die meisten von uns kommen zu dem Schluss, die Zeit auf Erden sei eher »zu kurz«.

Diese Einschätzung ist natürlich subjektiv. Im Vergleich zu einigen anderen Geschöpfen leben wir sehr lang. Das Leben der Eintagsfliege beispielsweise dauert zwischen 30 Minuten und einem Tag. Aber Eintagsfliegen machen den Mangel an Langlebigkeit durch Quantität und Intensität wett, da ihre Hauptfunktion darin besteht, Eier zu legen und sich zu vermehren.

Wenn wir Menschen die Lebensspanne einer Eintagsfliege hätten, würden wir früh am Morgen in einem (ziemlich großen und überfüllten) Krankenhaus geboren, vormittags aufwachsen, nachmittags Sex haben und abends langsam dahinsiechen, bevor um Mitternacht der Tod einträte. »Kein schlechtes Leben«, höre ich jemanden im Publikum murmeln. Du meine Güte.

FUCK IT,
DAS LEBEN IST KURZ.

Im Waffenschrank der *Fuck-It*-Mantras,
der Ihnen zur Verfügung steht, wenn Sie Mut brauchen,
um Ihre Komfortzone zu verlassen,
ist das hier die Kalaschnikow.

Natürlich gibt es Menschen, denen es anders ergeht, die das Leben für langweilig und vielleicht sogar für zu lang halten. Sicher, wenn man stark leidet, mag sich das Leben zu lang anfühlen. Doch die meisten Leute empfinden es als kurz. Vor allem, wenn schon ein Stück davon hinter ihnen liegt. Die Zeit scheint mit dem Alter immer schneller zu vergehen.

》 Ich sagte *Fuck It* und verließ meine Komfortzone – meinen Arbeitsplatz, meinen Mann und mein Haus – und zog in eine andere Stadt, wo ich das wurde, was ich immer sein wollte: Schriftstellerin und Coach. Obwohl es zwischendurch nicht immer leicht war, ist es bisher das Beste, was ich je erlebt habe. Ich weiß jetzt zum ersten Mal, wie sich Freiheit anfühlt. **《**

Vera Münch – Heilbronn

Unsere Jungs, die jetzt fast 14 sind, reden im Augenblick viel über die Zeit, als sie »klein« waren: Sie erwähnen Lieder, die sie damals gehört haben, erinnern sich an Familienurlaube und daran, wie sie vor unseren Gästen im »Hill That Breathes« zu Michael Jackson getanzt haben. Für sie ist das Ewigkeiten her, und sie sagen: »Weißt du noch, Papa, wie wir damals, als wir klein waren, ...?«

Und ich *weiß* es noch, aber mir kommt es vor, als wäre es gestern gewesen. Nein, das stimmt nicht: Das ist nur eine Redensart, oder? Aber es scheint noch gar nicht lange her zu sein. Meine Oma sagte immer: »Es fühlt sich an, als wäre es gestern gewesen.« Und als sie die 80 und auch die 90 überschritten hatte und ihre Kräfte nachließen, verstand sie einfach nicht, wie sie sich innerlich _hlen konnte, obwohl sich äußerlich alles verändert

e »Das Leben ist kurz« spiegelt also das wider, was
_mpfinden: Angesichts unserer begrenzten Zeit hier
_llten wir wirklich das Beste daraus machen, richtig?
Wir sollten jeden Augenblick auskosten, denn das ist alles, was
wir haben, oder? Eine lange (aber nicht unendliche) Aneinanderreihung von Augenblicken – auch bekannt unter dem Namen »Gegenwart«.

Stattdessen füllen wir unsere Zeit mit Dingen, die wir abarbeiten müssen: mit Aufgaben, die zu erledigen sind, Hindernissen, die ausgeräumt werden müssen, Problemen, die gelöst werden wollen ... aber zu welchem Zweck? Um endlich irgendeine weit entfernte Vorstellung von Glück zu erreichen? Um endlich diesen einen Urlaub machen zu können? Oder um an Weihnachten vor dem Fernseher zusammenzubrechen?

> Wir füllen unsere Zeit mit Dingen, die wir abarbeiten müssen ... aber zu welchem Zweck?

Wie zu erwarten war, hat Eckhart Tolle (der Autor von *Jetzt! Die Kraft der Gegenwart),* etwas Gutes zu diesem Thema gesagt: »Die meisten Menschen behandeln den gegenwärtigen Augenblick wie ein Hindernis, das überwunden werden muss. Da der gegenwärtige Augenblick das Leben selbst ist, ist das eine irrsinnige Art zu leben.«

Schön formuliert, Eckhart. Wir sind zum Großteil alle völlig durchgeknallt. Aber das wissen Sie auch ohne mich und Eckhart, oder? Und um es zu beweisen, möchte ich gerne eine kleine Übung mit Ihnen machen. Kommen Sie ... das könnte zu den wirksamsten Dingen gehören, die Sie hier machen.

Es ist an der Zeit, einen oder zwei Briefe zu schreiben

Schnappen Sie sich einen Stift und Papier – idealerweise sogar klassisches Briefpapier. Wenn Sie so etwas nicht mehr besitzen, reicht auch normales Papier. Sie werden jetzt zwei Briefe schreiben.

Der erste ist von Ihrem 17-jährigen Ich an Ihr jetziges Ich. Ja, stellen Sie sich vor, Sie hätten sich als 17-Jähriger hingesetzt und Ratschläge für Ihr zukünftiges (das heutige) Ich notiert. Das kann gerne in Richtung »Denk immer daran, wie es sich anfühlt, ...« oder »Bitte vergiss nie ...« gehen. Das sind aber nur Vorschläge. Am besten ist es, Sie versetzen sich zurück in Ihren 17-jährigen Kopf und schreiben drauflos. Tun Sie es einfach.

Ich schreibe jetzt meinen Brief, von meinem 17-jährigen Ich an mein 47-jähriges Ich. Aber lesen Sie ihn noch nicht, sondern erst, wenn Ihr eigener fertig ist.

Lieber (älterer) John,
ich sitze hier im Studienraum unserer Schule, eine dampfende Tasse Kaffee in der Hand, im Hintergrund läuft das Radio. Du erinnerst dich an diesen Raum, oder? An die Augenblicke des Friedens und der Freiheit? Ich hoffe, es ist dir gelungen, in deinem/unserem Leben Frieden und Freiheit zu finden. Die Plackerei hier in der Schule hat mir nicht gefallen – der lange, erzwungene Marsch des Schulsystems. Und ich kann mir nicht vorstellen, dass wir (ist es in Ordnung, dass ich »wir« sage?) eines Tages das tun werden, was alle voraussagen – dass wir Anwalt oder Buchhalter werden. Gott sei Dank gibt es die Uni.
Ich will nicht zu viel darüber nachdenken, was als Nächstes kommt – ich werde einfach auf die Uni gehen und schauen, was passiert. Ich hoffe, dort können wir machen, worauf wir Lust haben. Und ich hoffe auch, dass wir danach noch öfter das machen können, worauf wir Lust haben.
Im Augenblick konzentriere ich mich nur darauf durchzukommen ... aber englische Literatur finde ich echt toll (kaum zu glauben, dass ich sie früher nicht »verstanden« habe) ... genauso wie Gitarre spielen ... und windsurfen ... und in meinem kleinen Auto herumfahren. Meine Hoffnung ist, während des Studiums viel Zeit dafür zu haben.
John, ich bin leicht nervös, während ich das hier schreibe. Ich hoffe wirklich, dass es uns gut ergeht. Ich hoffe, wir sind glück-

lich. Ich hoffe, wir sind nicht gezwungen, Dinge zu tun, die wir eigentlich nicht tun wollen, so wie hier in der Schule. Der Gedanke, dir/uns eine Botschaft zukommen zu lassen, ist irgendwie lustig, aber wenn schon, dann lautet sie: »Versuche, niemals in eine ausweglose Situation zu geraten, und versuche, das zu machen, was du gerne tust.«
Alles Gute, John – ich hoffe, es geht uns gut.

John x

Formulieren Sie als Nächstes einen Brief von Ihrem 77-jährigen Ich an Ihr jetziges Ich. (Ich hatte übrigens 17 gewählt, weil es ein kritisches Alter ist – die »Fast erwachsen«-Zeit. Und 77, weil man dann schon alt ist, aber nicht so uralt, dass man sich vorstellen muss, wie man den Brief vom Krankenbett aus hervorkrächzt. Es war keine Absicht, aber ich befinde mich mit 47 genau zwischen diesen beiden Altersstufen. Was für ein amüsanter Gedanke: 77 liegt genauso weit in der Zukunft wie 17 in der Vergangenheit.)

Okay, alter Mann, jetzt schreibe bitte deinen Brief an den heutigen John.

Lieber (jüngerer) John,
und du glaubst, dass du langsam alt wirst? Betrachte es mal von meiner Warte aus. Neeeiin, schlimm ist es nicht, wirklich. Es fühlt sich an, als sitze man auf einem Hügel, während die Sonne untergeht – ganz sanft und leise. Ich vermute mal, du bist froh, das zu hören.
Nun, die gute Nachricht ist, dass alles gut geklappt hat. Klar, dir stehen auch schwere Zeiten bevor – die Details behalte ich für mich –, denn du weißt ja, es ist nicht immer leicht. Aber du hast (wir haben) sie überstanden und daraus gelernt. Und aus heutiger Sicht erkenne ich: Die Dinge sind in Wahrheit nie so schlimm, wie du glaubst. Du kannst dich also wirklich entspannen – alles wird gut.

Heute weiß ich (erinnere ich mich), dass du von Lebensfreude er-
füllt und von vielen Dingen begeistert warst, aber auch manchmal
Frust empfunden hast und durch Phasen hindurchgehetzt bist.
Meine Botschaft an dich lautet, alles auszukosten, zu versuchen,
immer in der Gegenwart präsent zu sein ... nichts ist je perfekt
und nichts ist je vollständig im Gleichgewicht.
Außerdem kommt nichts je so, wie du es geplant hast – bei wem
ist das schon so? Plane und träume also, so viel du willst (und
passe die Pläne an, wenn nötig) – ich weiß, dass ich dich davon
nicht abhalten kann. Aber vergiss dabei nicht, ALLES ZU GE-
NIESSEN.
Ich weiß, dass du das kannst. Ich weiß, dass du es bereits getan
hast. Und während du jeden einzelnen Augenblick erlebst – von
dort, wo du gerade bist, bis hierher, wo wir jetzt sitzen –, lehn
dich noch ein bisschen mehr zurück und genieße die Fahrt. Auch
wenn sie holprig ist, genieße sie. Denn es ist ein Wahnsinnsritt,
den wir da hinlegen, Junge (es stört dich doch nicht, wenn ich
dich »Junge« nenne, oder? Das ist so ein Opa-Ausdruck.) Viel-
leicht kannst du es jetzt noch nicht in vollem Umfang erkennen,
aber es war wirklich überwältigend.

Alles Liebe, John x

Ich bat auch unsere Jungs, Briefe an ihr jeweiliges uraltes, 47-
jähriges Ich zu schreiben. (Witzig: Ich habe gerade das genaue Alter
der Jungs ausgerechnet, sie sind 13 ¾, ein Alter, das mir aus meiner
Kindheit – und einigen von Ihnen sicher auch – durch die fiktive
Figur Adrian Mole geläufig ist, der seinen ersten Auftritt im Buch
Das Intimleben des Adrian Mole, 13 ¾ Jahre in genau diesem Alter
hatte. Ich habe es gerade nachgeschlagen: Adrian ist ungefähr genauso alt wie ich ... er wäre heute also ebenfalls 47.)
Okay, Leone, 13 ¾ Jahre, du hast das Wort:

Liebes älteres Ich,
(ich meine: »Liebes noch cooleres älteres Ich«)

ich hoffe, du denkst daran, dass Geld nicht das Wichtigste im Leben ist, und hast eine Arbeit, die dir Spaß macht.
Ich hoffe wirklich, dass du nicht so viel Stress hast.
Ich hoffe, du bist nicht so pummelig wie mein Vater.
Ich hoffe, du hast eine Familie und Kinder ... und dass du glücklich bist.

Liebe Grüße
Leone

Und jetzt du, Arco, 13 ¾ Jahre:

Liebes älteres Ich,

ich hoffe, du bist total genial und kreativ.
Ich hoffe, du bist Produzent oder Fotograf – obwohl ich vor allem hoffe, du bist glücklich.
Bitte denk daran, wie viel Fantasie ich immer hatte.
Denk daran, wie viele Ideen mir jeden Tag gekommen sind ... und denk daran, nie mit dem Träumen aufzuhören.
Ich hoffe, du hast ein ganz tolles Leben.

Liebe Grüße
Arco

Danke, Jungs. Hoffentlich verdeutlicht Ihnen diese Übung (ebenso sehr wie uns), warum es sich lohnt, das zu machen, was man gerne tut.

» Mein *Fuck-It*-Augenblick trat vor zwei Jahren ein, nachdem meine wunderbare Mutter ganz plötzlich an einer seltenen Hirnkrankheit, der Creutzfeldt-Jakob-Krankheit, gestorben war. Ich sagte mir einfach: »*Fuck It*, das Leben ist verdammt kurz, daher werde ich jeden einzelnen Tag in vollen Zügen genießen. Das hier ist kein Probedurchlauf!« Genau das mache ich jetzt, und meine Mutter hätte das voll und ganz befürwortet. **«**

Lucy Coote – Monaco

Weil Sie glücklicher sein werden

Ich hatte vor, hier ein Zitat des Mannes anzuführen, den ich gerne zitiere, dessen komplizierten Namen ich mir aber nicht merken und den ich auch nicht aussprechen kann – Mihály Csíkszentmihályi (*Fuck It*, das habe ich jetzt einfach aus einem Artikel über ihn herauskopiert) –, also habe ich mich gerade (mal wieder) ein bisschen über ihn informiert.

Und dabei stieß ich auf einen weiteren Zufall – nach den *Archers* und Adrian Mole, das hier ist eindeutig das Kapitel der Zufälle –, was normalerweise ein Anzeichen dafür ist, dass ich ganz im Flow bin und die Dinge einfach dahinfließen. Und damit bin ich auch schon beim Thema: »Flow« ...

Also, der Psychologe (*kopieren/einfügen*) Mihály Csíkszentmihályi ist bekannt für sein Konzept des Flows. In den 1980er-Jahren führte er an der Universität von Illinois in den USA eine ziemlich innovative Untersuchung zum Thema Glücklichsein durch, die »Stichprobenstudie zur Erhebung von Erfahrungen«, auch »Pieper-Studie« genannt.

In vorausgegangenen Studien hatten Personen in Gesprächen oder per Fragebögen beschrieben, wann sie wie glücklich waren. Doch in der Pieper-Studie verteilten die Wissenschaftler elektronische Funkmeldegeräte an 480 Jugendliche und baten sie, immer dann ihre Gedanken und Gefühle zu notieren, wenn der Pieper losging – etwa alle zwei Stunden.

Ich fand einen Zeitungsartikel aus jener Zeit, der in der *Idahonian Daily News* veröffentlicht worden war und in dem es um diese bahnbrechende Studie ging. Sie hatte ans Licht gebracht, dass die Teenager weniger Musik hörten als erwartet (überraschend), weniger gerne vorm Fernseher saßen als erwartet (überraschend) und es ihnen am wenigsten Spaß machte, Hausaufgaben zu machen (nicht überraschend). Außerdem ging es den Kindern beim Sport besser als bei fast allen anderen Aktivitäten (vielleicht überraschend, vielleicht auch nicht – je nachdem, wie Ihre eigenen Erfahrungen und Ansichten zum Thema Sport sind). Und die Studie zeigte, dass die Jugendlichen einer stereotypen Rollenverteilung folgten, die Jungen verbrachten mehr Zeit mit »Gartenarbeit«, die Mädchen mit »Kochen und Putzen«. Auch machten sich die Mädchen viel mehr Gedanken über ihr Gewicht.

Und das war's. Dieser Artikel über die Studie (in dem [*kopieren/ einfügen*] Mihály Csíkszentmihályi übrigens nicht erwähnt wurde – wahrscheinlich weil irgendein Korrektor zu faul war, die Schreibweise des Namens nachzuschlagen ... Es ist wirklich erstaunlich, dass der Mann es geschafft hat, mit diesem Namen so berühmt zu werden, oder?) ließ die Schlussfolgerung zu, dass wir die Kinder zu mehr Sport animieren sollten. Und auch, dass wir alle mehr Sport treiben sollten, weil es uns glücklicher macht.

Doch was (*kopieren/einfügen*) Mihály Csíkszentmihályi durch die Untersuchung erkannte – und wofür er berühmt wurde –, ist, dass wir am glücklichsten sind, wenn wir ganz in einer Beschäftigung aufgehen. Wenn wir völlig vertieft sind – sei es beim Sport oder bei einer kreativen Tätigkeit –, erreichen wir einen Bewusstseinszustand, den er Flow nennt. Während dieser »optimalen Erfahrung« fühlen wir uns »stark, wach, als Herr der Lage, unbefangen und auf dem Höhepunkt unserer Fähigkeiten«.

Mein Flow-Erlebnis

Diese Untersuchung – schon wieder ein Zufall! – fand im Jahr 1985 statt, als ich als 17-Jähriger im Studienraum meiner Schule saß und (auf gewisse Weise) einen Brief an mein heutiges Ich schrieb. Sie erinnern sich bestimmt noch daran, dass ich darin das Windsurfen erwähnte, und es war auch beim Windsurfen, dass ich ein paar Jahre später das Flow-Konzept am eigenen Leib erfuhr. Zu der Zeit besuchte ich die Uni, wo ich viel freier war und öfter das machte, was ich gerne tat – zum Beispiel ging ich mehrmals in der Woche in einem nahe gelegenen Küstenort zum Windsurfen.

Ich erinnere mich noch genau an den Augenblick (ich glitt gerade auf meinem Board übers Wasser), in dem mir klar wurde, dass ich absolut uneingeschränkt glücklich war (es kommt nicht oft vor, dass wir uns an einzelne Gedanken erinnern, oder?). Aber es war eine besondere Art Glückseligkeit. Keine bewusste Überlegung (»Oh, wie ich das Windsurfen genieße – ich bin so glücklich«), sondern ein Gefühl, das sich einstellte – während ich eigentlich völlig ins Surfen vertieft war.

Ich war schon seit ein paar Stunden auf dem Wasser und wurde mir plötzlich dessen bewusst, dass ich mich gänzlich auf eine Reihe von Anforderungen konzentrierte: darauf, das Segel mit den Armen in die richtige Stellung zum Wind zu bringen und es dort zu halten, das Brett mit den Füßen zu stabilisieren, während es über kleine, unruhige Wellen glitt, vorauszusehen, wann ich umkehren musste, mich auf das schwierige Wendemanöver vorzubereiten und schließlich meinen Körper zu entspannen, um an Tempo zuzulegen.

Bei all dem verspürte ich unterschwellig ein brodelndes Hochgefühl, ausgelöst durch die rasende Fahrt übers Wasser – die Gischt spritzte mir ins Gesicht und die Sonne schien mir auf den ... (Okay, ich kann nicht mehr mit Sicherheit sagen, ob damals die Sonne schien – ich gebe zu, es ist eher unwahrscheinlich, aber gestehen Sie mir ein paar Freiheiten bei den Details zu.)

Ich weiß noch, wie ich dachte, dieses »Glücksempfinden« sei wirklich außergewöhnlich – vor allem die Tatsache, dass es nicht auf eine bewusste Überlegung zurückging –, es war schlicht daraus entstanden, dass ich voll und ganz im Windsurfen aufging. In der Zeit, die ich auf dem Wasser verbrachte, gab es einfach nichts anderes.

Hätte mich bis dahin jemand gefragt, hätte ich wahrscheinlich gesagt, dass zum Glücklichsein immer auch das *Bewusstsein* gehört, dass man gerade glücklich ist – beispielsweise wenn man auf einem tollen Konzert ist, die Show genießt und sich dessen bewusst ist, dass es sich um einen besonderen Augenblick handelt, dass man auf einem tollen Konzert ist und die Show genießt.

Wahrscheinlich hätte ich geglaubt, dass es mich auch glücklich gemacht hätte, friedlich dazusitzen und eine schöne Aussicht zu genießen, aber eben im vollen Bewusstsein: *Wow, was für eine Aussicht, bin ich ein Glückspilz!* Daher erinnere ich mich an den leichten Schock, den mir die Erkenntnis versetzte, dass ich anscheinend am glücklichsten war, wenn ich mich irgendwie in einer Aktivität *auflöste.*

Und dieser Zustand der Auflösung, des völligen Versinkens, ist das, was (*kopieren/einfügen*) Mihály Csíkszentmihályi Flow nannte. Er schrieb darüber – ziemlich genau zu der Zeit, als ich gerade auf dem Wasser war (ich stelle mir gerne vor, dass es am gleichen Tag geschah, in einem Augenblick elektrisierender Synchronizität): »Die besten Augenblicke unseres Lebens sind nicht die passiven, empfangenden, entspannten Zeiten … Die besten Augenblicke treten normalerweise dann ein, wenn der Körper oder Geist eines Menschen im freiwilligen Bemühen, um etwas Schwieriges und Lohnenswertes zu erreichen, bis an seine Grenzen beansprucht wird.«[2]

Das ist eine perfekte Beschreibung meines Surferlebnisses an jenem Tag. Mein Körper *und* mein Geist wurden bis an ihre Grenzen beansprucht (ja, wirklich, es war ein windiger Tag und das Surfen harte Arbeit), im freiwilligen Bemühen, etwas Schwieriges und Lohnenswertes zu erreichen. Als »lohnenswert« empfand ich es aus einer Reihe von Gründen: Das Surfen hielt mich fit und gesund, es machte mir riesigen Spaß und ich überlegte, beruflich diese Richtung einzuschlagen (ich war zu der Zeit schon Windsurflehrer).

Zu der Zeit war diese Erkenntnis wichtig für mich. Und ich lernte auf dem Wasser auch noch weitere bedeutende Dinge, etwa dass ich umso schneller war, je mehr ich mich entspannte. Ich verstand nie ganz, warum, doch wenn ich mich bemühte, völlig locker zu sein und »loszulassen«, schoss das Brett deutlich schneller über das Wasser. Und ich war *wirklich* schnell damals – ich surfte zu der Zeit zusammen mit dem

> Je mehr ich mich entspannte, umso schneller war ich.

damaligen englischen Geschwindigkeitsrekordhalter. Außerdem erkannte ich, welch einen Unterschied die kleinen Veränderungen, die ich vornahm, ausmachten.

Sehen Sie, wie diese Erkenntnis – je mehr man sich entspannt, desto schneller ist man – mein Leben beeinflusst hat?

Das zu tun, was uns Freude bereitet, macht uns also glücklicher. In diesem speziellen Bereich gilt: etwas zu machen, das uns Freude bereitet und das uns voll und ganz in Beschlag nimmt. Behalten Sie diesen Aspekt im Hinterkopf, wenn wir uns später anschauen, was Sie in Ihrem Leben wirklich gerne tun: Überlegen Sie, wann und wobei Sie ganz in etwas *aufgehen*. (Es lohnt sich auch, sich daran zu erinnern, was Mr Kopieren/Einfügen über die »Beanspruchung« von Körper und Geist gesagt hat. Wenn wir auflisten, was wir gerne tun, sollten wir die Aktivitäten, die uns extrem beanspruchen, nicht ausklammern.)

Wie lustig, ich habe gerade auf die Uhr geschaut und es ist fast Zeit fürs Mittagessen. Was mich echt überrascht. Ich habe heute Vormittag gar nicht auf die Zeit geachtet. Ich war ins Schreiben vertieft. Und es hat mir wirklich Spaß gemacht. Ich befand mich offensichtlich im Flow. Meine Damen und Herren, Sie sind in guten Händen.

》 Ich habe *Fuck It* gesagt und das Leben einfach seinen Lauf nehmen lassen, auch wenn das manchmal echt schwierig und verwirrend war. Ein Jahr später hatte ich mein Haus verkauft, meine Stelle gekündigt, einen VW-Bulli gekauft und eine Kurzgeschichte geschrieben, die nun veröffentlicht wird. Bald ziehe ich nach Südfrankreich um und schaue, was als Nächstes passiert. 《

Jake Middleton – Leeds, Großbritannien

Weil Sie gesünder sein werden

Ende 2012 – kurz nachdem wir bemerkt hatten, dass wir wohl nicht in den apokalyptischen Szenarien, welche die Maya vorausgesagt hatten, ums Leben kommen würden – las ich einen Artikel über eine

Amerikanerin, die tatsächlich kurz zuvor gestorben war. Allerdings nicht an der Pest oder durch einen Meteoriteneinschlag, sondern einfach an Altersschwäche. Ihr Name lautete Midge Turk Richardson.

Eine außergewöhnliche Frau – sie war erst Kinderdarstellerin in Hollywood, dann Nonne und später ein Mitglied der feinen New Yorker Gesellschaft gewesen und sprühte nur so vor Leben (bis sie starb, natürlich). Außerdem handelte sie ganz offensichtlich immer aus Leidenschaft. (Das erinnert mich wieder an Disraelis Worte: »Der Mensch ist nur dann wahrhaft groß, wenn er aus Leidenschaft handelt.«)

Agnes Theresa Turk (die wegen ihrer geringen Körpergröße »Midge« – Mücke – genannt wurde) kam 1930 in Los Angeles zur Welt. Als Mädchen trat sie als Statistin in über 100 Filmen auf, gelegentlich an der Seite von Shirley Temple. Doch mit 18 beschloss sie, diesem aufregenden Leben und ihrem Freund den Rücken zu kehren und schloss sich dem Orden Sisters, Servants of the Immaculate Heart of Mary an.

Allem Anschein nach ging Schwester Agnes Marie, wie sie sich nannte, ganz im Leben für Gott auf. Doch als sie Mitte 30 war, wuchs ihr Frust über die Unfähigkeit der Kirchenführer, sich um die Bedürfnisse der verarmten Gemeinde, in der sie tätig war, zu kümmern. Schwester Agnes Marie litt an Depressionen und Erschöpfung und erblindete schließlich sogar.

Daher wagte sie 1966 einen ungewöhnlichen Schritt und bat darum, von ihrem Gelübde entbunden zu werden. Und als sie die Entscheidung, den Orden zu verlassen, getroffen hatte, geschah es ... sie erlangte das Augenlicht zurück. Von da an führte sie ein sehr erfülltes Leben – sie war sogar von 1975 bis zu ihrem Renteneintritt 1993 Chefredakteurin des Jugendmagazins *Seventeen* (schon wieder diese Zahl und das Alter!). Unter ihrer Leitung stieß die Zeitschrift ernsthafte Diskussionen über Sex (eine Titelschlagzeile lautete »Was man über Genitalherpes wissen *muss*«), Magersucht und Selbstmord an.

Midge Turk Richardson ist ein extremes Beispiel für die schädlichen Auswirkungen, die es haben kann, *nicht* das zu machen, was man gerne tut. Sie war offenkundig eine lebhafte (im Sinne von

»voller Leben«), starke Frau, die, als sie nicht das machen konnte, was sie gerne tat (das heißt, ihrer Gemeinde helfen), sogar erblindete.

Ihr Körper weiß, wann Sie etwas machen, das Sie gerne tun, genauso wie Ihr Geist. Und manchmal wird Ihnen Ihr Körper mitteilen, wann das *nicht* der Fall ist. Ab und zu können Sie die Auswirkungen direkt körperlich spüren: Wenn Sie etwas machen, vor dem Sie Angst haben, nehmen Sie ein Ziehen im Bauch wahr. Doch wenn Sie einfach nicht machen, was Sie gerne tun – ganz allgemein im Leben –, hat das nicht unbedingt sofort physische Folgen.

> Ihr Körper weiß, wann Sie etwas machen, das Sie gerne tun, genauso wie Ihr Geist.

Wie Sie testen, wie gerne Sie etwas machen

Ihr Körper reagiert direkt darauf, wie gerne Sie das tun, was Sie gerade machen. Es gibt eine Methode, das zu testen; sie nennt sich »angewandte Kinesiologie« oder »Muskeltest«. Wir nutzen sie sehr häufig bei unseren *Fuck-It*-Retreats, weil sie eine tolle Möglichkeit bietet, in die Tiefen dessen vorzudringen, was wir wirklich fühlen – oder die Auswirkung bestimmter Gedanken auf unseren Körper zu verstehen.

Um den Muskeltest durchzuführen, benötigen Sie allerdings einen Partner. Nicht für irgendetwas Versautes – es geht darum, die Kraft im Arm zu testen, während man bestimmte Behauptungen ausspricht, und das kann nur eine zweite Person übernehmen. Wenn Sie es zu Hause ausprobieren wollen – es ist absolut ungefährlich –, tun Sie Folgendes:

● Stellen Sie sich aufrecht hin und strecken Sie einen Arm zur Seite aus. Bitten Sie Ihren Partner, sich direkt hinter Sie zu stellen. Beginnen Sie den Test, indem Sie Ihren Namen wiederholt laut aussprechen, zum Beispiel: »Ich bin John, ich bin John, ich bin John.« Ihr Partner drückt währenddessen auf Höhe des Handgelenks sanft auf Ihren Arm (siehe Zeichnung).

Muskeltest

- Versuchen Sie, während Sie weiterhin Ihren Namen sagen und Ihr Partner auf Ihren Arm drückt, diesem Druck entgegenzuwirken, und halten Sie den Arm oben. Legen Sie dann eine kurze Pause ein.
- Fragen Sie Ihren Partner, wie schwer oder leicht es war, Ihren Arm nach unten zu drücken, während Sie Ihren Namen sagten.
- Wählen Sie als Nächstes einen Namen aus, der keine besondere Bedeutung für Sie hat, und wiederholen Sie das Ganze, zum Beispiel: »Ich bin Fred, ich bin Fred, ich bin Fred.« Versuchen Sie erneut, gegenzuhalten, während Ihr Partner auf Ihren Arm drückt.
- Fragen Sie Ihren Partner dann, wann der Widerstand am größten war. Das sollte der Fall gewesen sein, als Sie Ihren eigenen Namen aussprachen.

Diesen Test können Sie auch mit anderen »Wahrheiten« durchführen, wenn Sie wollen, nur um sicherzustellen, dass er tatsächlich funktioniert. Schon bald werden Sie feststellen, dass in Ihrem Arm ein eingebauter Lügendetektor steckt. Ihre Fähigkeit, dem Druck standzuhalten – das heißt, die Stärke Ihres Armes –, ist ein sehr guter Indikator dafür, ob das, was Sie sagen, (Ihrer Wahrnehmung nach) wahr ist. (Wenn Sie jetzt zu Ihrem Lebenspartner/Ihrem Mann/Ihrer Frau laufen und ihn/sie dazu bringen, den Arm auszustrecken, und dann fragen: »Stehst du auf Cynthia/Fred aus dem Büro?«, sollten Sie sich einen ermahnenden Klaps auf die Hand geben – und den Arm nach unten drücken.)

Noch mehr Muskeltests

Und da wir gerade beim Thema »Warum das machen, was Sie gerne tun?« sind, nutzen Sie die Methode doch auch, um das zu testen. Überlegen Sie sich zwei Tätigkeiten – eine, die Sie gerne tun, und eine, die Ihnen keine Freude bereitet, von der Sie aber glauben, es sollte eigentlich so sein. Formulieren Sie zwei entsprechende Behauptungen. Hier sind ein paar Beispiele:

Behauptung 1: »Ich sitze total gerne allein vor dem Fernseher und esse Schokolade.«
Behauptung 2: » Ich koche total gerne gesunde Mahlzeiten für meine Familie.«

(Randbemerkung: Auch wenn es naheliegend ist, mir hier die Verwendung von Geschlechterklischees vorzuwerfen, da es aussieht, als hätte ich mit Behauptung 2 auf eine Hausfrau aus den 1970er-Jahren anspielen wollen, beruht dieser Satz in Wahrheit auf meiner persönlichen, tagesaktuellen Erfahrung. Ich bin meiner Mutter eben sehr ähnlich.)

Versuchen Sie es mit anderen Beispielen, wenn Sie möchten. Sie können diese Methode dazu benutzen, herauszufinden, ob Sie etwas *wirklich* gerne tun oder sich (und anderen) nur etwas vormachen. Hier ein paar Beispiele dafür:

»Ich kümmere mich liebend gerne um den Haushalt, echt.«
Ja, klar.

»Ich finde es ganz wunderbar, Grundschullehrer zu sein.«
Ja, klar.

»Ich liebe es, ein Großindustrieller zu sein.«
Ja, klar.

»Ich helfe so gerne anderen Menschen – dann bin ich am glücklichsten.«
Ja, klar.

»Ich liebe meinen Mann/meine Frau.«
Ja, klar.

»Ich liebe den Geruch von Napalm am Morgen.«
Ja, klar.

Ziemlich cool, dieser Muskeltest, oder? Sie verfügen wirklich über einen körpereigenen Lügendetektor. Genau genommen unterscheidet sich die Methode nicht einmal so sehr von einem echten Lügendetektortest.

Hier ist die Erklärung:

Ein klassischer Lügendetektor – also so einer, wie ihn der pensionierte CIA-Agent und angehende Schwiegervater Robert De Niro in *Meine Braut, ihr Vater und ich* bei Ben Stillers Figur Gaylord Focker anwendet – prüft, wie »gestresst« jemand ist. Der Polygraf (das Fachwort für »Lügendetektor«) misst die elektrodermale Aktivität (EDA) – ein Oberbegriff für autonom stattfindende Veränderungen der Hautleitfähigkeit.

Der Muskeltest zeigt, dass Sie Ihren Körper als Lügendetektor nutzen können.

Die Theorie besagt, dass beim Lügen der Stresslevel steigt. Wenn man die Wahrheit sagt, ändert er sich nicht. Daher ist es unmöglich, zu lügen und dabei entspannt zu bleiben. Auch beim Muskeltest wird der Stresslevel gemessen. Wenn wir angespannt sind, sind wir schwächer. Wenn wir die Wahrheit sagen, sind wir stärker.

Wenn diese Beobachtungen und Schlussfolgerungen stimmen (und machen Sie einfach weiter den Muskeltest, wenn Sie noch Zweifel hegen – Sie könnten mich jetzt testen und sehen, dass ich die Wahrheit sage), hat das bedeutende Auswirkungen auf Ihr Leben. Ich erkläre Ihnen, warum – es ist großartig:

- Immer wenn Sie etwas tun, das sich nicht ganz richtig anfühlt – das sich nicht nach »Ihnen selbst« anfühlt, das sie geradezu ätzend finden – tritt diese »Lüge«, diese Unstimmigkeit auf.
- In diesem Zustand der Lüge und Unstimmigkeit können Sie sich nicht entspannen – wie beim Lügendetektortest. Sie werden bewusst oder unbewusst gestresst sein (und das Gerät oder der heruntergedrückte Arm wissen das).
- Wenn Ihr Körper gestresst ist, kann das zu Krankheiten führen (umgekehrt trägt Entspannung zur Gesundung bei). Das haben die westliche Wissenschaft und Medizin nun erkannt, und es ist ein Grundpfeiler der östlichen Medizin, wo beispielsweise die traditionelle chinesische Medizin darauf basiert, dass die Gesundheit vom harmonischen Fluss der Energie durch den Körper abhängt und dass (unter anderem) Entspannung zu diesem Fluss beiträgt.
- Das bedeutet, dass der Flow von (*kopieren/einfügen*) Mihály Csíkszentmihályi – ein Zustand der »Wahrheit« – direkt zu Entspannung führt, was direkt zum Energiefluss der östlichen Medizin führt, was direkt zu Heilung und Gesundheit führt. Demzufolge gilt: Das zu machen, was man gerne tut, ist gesund.

Es kann sein, dass Sie gerne Sport treiben – wie die Jugendlichen in der Studie –, dann tut Ihnen das gut. Aber es ist genauso möglich, dass Sie gerne Ihren stressigen Job in der Stadt kündigen würden, der Ihnen zwar jedes Jahr einen Lastwagen voll Geld einbringt, aber sonst nicht viel, und stattdessen lieber Lastwagenfahrer werden wollen. Auch das wäre dann gut für Sie und Ihre Gesundheit. (Abgesehen natürlich von den unzähligen Stunden hinter dem Steuer, die nur von gelegentlichen fett- und kalorienhaltigen Zwischenstopps an Raststätten und kurzen Treffen mit Autobahnnutten hinten im Wagen unterbrochen werden.)

Der Augenblick, in dem Sie etwas, das Sie gar nicht gerne machen, durch etwas ersetzen, das Ihnen Freude macht, fühlt sich an wie ein ausgiebiger Landspaziergang bei klarer Luft. Der Augenblick, in dem Sie die Entscheidung treffen, nicht länger jeden Moment als Hindernis zu betrachten, sondern zu genießen, was Sie gerade tun, es sogar zu *lieben*, fühlt sich an, wie sich vor einen Salatteller mit Nüssen und Körnern zu setzen (oder was auch immer Sie gerne auf Ihren Salat streuen) – und dann keinen Schokoriegel mehr nachzuschieben. Nein, Mama, lass mal.

Weil Sie erfolgreicher sein werden

Ich habe in meinem Leben viele erfolgreiche Menschen kennengelernt. Damit meine ich nicht nur Geschäftsleute – ich habe erfolgreiche Schauspieler, Sportler, Schriftsteller, Dichter, Wissenschaftler, Ärzte, Therapeuten und Regisseure getroffen. Und ja, auch viele erfolgreiche Geschäftsleute – Großindustrielle, Dot.com-Milliardäre, Londoner Banker, die schon mit Mitte 20 in Rente hätten gehen können, PR-Gurus, Unternehmer und so weiter. In meinem Buch *Die Fuck-It-Lösung* habe ich bereits festgestellt, dass die erfolgreichsten Menschen jeder Branche meist ganz entspannt daherkommen – denken Sie mal an Usain Bolt, Pelé, Barack Obama, George Clooney und Richard Branson.

Die erfolgreichen Menschen, die ich kenne, haben aber noch eine weitere Eigenschaft gemeinsam: Sie machen das, was sie tun, extrem gerne. Immer wenn sie darüber reden, strahlen ihre Augen – es ist eindeutig ihre Leidenschaft. Oft geht der Erfolg mit viel Geld einher, aber für die meisten dieser Menschen spielt Reichtum keine große Rolle (bis auf die, deren Leidenschaft es ist, reich zu werden). Sie brannten schon für das, was sie tun, bevor das große Geld aufs Konto strömte. Und daran hat sich nichts geändert.

> Alle wirklich erfolgreichen Menschen, die ich kenne, machen das, was sie tun, extrem gerne.

Ich kenne keinen einzigen wirklich erfolgreichen Menschen, dem seine Arbeit oder seine Tätigkeit keinen Spaß macht. Ich kenne keinen einzigen, der sich dabei langweilt oder Abscheu empfindet. Diese Menschen leben ihre Leidenschaft, und dank ihres Erfolgs können sie davon leben.

Meine Beobachtungen lassen also den Schluss zu, dass erfolgreiche Menschen das machen, was sie gerne tun. Aber heißt das auch, dass das, was Sie gerne tun, Sie zu einem erfolgreichen Menschen machen kann? Ich glaube, grundsätzlich ja. Es ist Ihre beste Chance auf Erfolg – wie auch immer Sie den definieren.

Warum? Dafür gibt es mehrere Gründe:

- **Sie sind entspannter.** Sie wissen ja: Das zu machen, was Sie gerne tun, führt ganz natürlich zu Entspannung. Und abgesehen davon, dass das gesund ist, hat eine entspannte Grundstimmung auch große Auswirkungen auf das, was Sie tun (was auch immer das ist). Die Leute neigen eher dazu, Sie zu unterstützen, Ihnen zu folgen, etwas von Ihnen zu *kaufen* ... Außerdem ist es wahrscheinlicher, dass sich Situationen zu Ihren Gunsten entwickeln (stellen Sie sich zwei Personen in der gleichen Lage vor, eine ist gestresst und verspannt, die andere gelöst und im Flow).

  Tatsächlich kann man sagen (auch wenn wir damit die Definition von (*kopieren/einfügen*) Mihály Csíkszentmihályi etwas überstrapazieren), dass der Flow über den eigenen Körper hinaus wirkt: Alles ist Energie, und somit fließt alles. Wenn wir uns entspannen, können wir uns leichter vom allgemeinen Flow tragen lassen – auch wenn das eine ziemlich große (und möglicherweise abstrakte) Vorstellung ist. Prosaischer ausgedrückt: Wer macht, was er gerne tut, kommt deshalb wahrscheinlich morgens besser aus dem Bett, um gleich loszulegen, ist eher bereit, noch eine Schippe draufzulegen (und das lächelnd), bringt, wenn nötig, größere Opfer und inspiriert andere dazu, es ihm gleichzutun (oder etwas von ihm zu kaufen.)

- **Es vermittelt Ihnen ein »Ziel«.** Eines, das in der Gegenwart genauso mächtig wirkt wie in der Zukunft. Ihr Ziel lautet: *Ich mache das, was ich gerne tue* und *Ich kriege das hin, weil ich dann auch weiterhin das machen kann, was ich gerne tue.* Ziele sind mächtig: Sie sind Ihr Kompass bei allem, was Sie tun, sie bestimmen den Kurs. Doch ein Ziel, das irgendwo in ferner Zukunft liegt (etwa *Ich möchte für Weltfrieden sorgen*) und daher mit einem Belohnungsaufschub verbunden ist, ist weniger wirkungsvoll.

Die Zerrissenheit, die einem nur auf die Zukunft verweisenden Ziel innewohnt – der Unterschied zwischen Ihrer Position jetzt und der Position, die Sie anstreben – löst Stress aus. Und wir wissen ja, dass Stress niemandem guttut. Das »Ziel«, das zu tun, was man gerne macht, ist zeitübergreifend, es sorgt für Entspannung in der Gegenwart und dient dank der Kompassfunktion auch als Wegweiser in die Zukunft.

Also machen Sie das, was Sie gerne tun, arbeiten Sie daran, es auch weiterhin zu machen, und schauen Sie zu, wie sich der Erfolg einstellt (zum Teil, weil das ja bereits der Fall ist, wenn Sie einfach machen, was Sie gerne tun).

Weil Sie mehr Geld haben werden

Nichts zieht Geld stärker an als Leidenschaft.

(Eine Randbemerkung an dieser Stelle: Es ist interessant, dass das Geschäft mit der fleischlichen Leidenschaft, die Pornoindustrie, in vielen Medien und Wirtschaftszweigen die höchsten Gewinne einstreicht: In den frühen Tagen des Internets brachte nichts mehr Geld ein als Pornos, und wahrscheinlich wird das auch der Fall sein, wenn wir endlich einen Weg finden, Sex in der virtuellen Realität zu erleben.)

Lassen Sie uns diese Behauptung auseinandernehmen. Geld ist offensichtlich ein Instrument, um Dingen Wert beizumessen. Ich verdiene Geld, weil jemand entschieden hat, dass meine Arbeit und meine Fähigkeiten für ihn einen gewissen Wert haben (meine Arbeit, die in diesem Augenblick darin besteht, über den Wert des Geldes zu schreiben – ist das nicht ein schöner Bogen?).

Wenn ich den Wert dessen schätze, was jemand anderes anbietet (etwa die Fähigkeit, mit Schere, Rasierklinge und Fön umzugehen), zeige ich diese Wertschätzung in Form der bei uns gängigen Art und Weise – das heißt, mit Geld. Es gibt verschiedene Wege, wie ich in den Augen anderer wertvoll werden kann: Ich kann Experte in einem Bereich sein, ich kann etwas anbieten, das sonst niemand hat, oder ich kann etwas zu einem geringeren Geldwert anbieten als andere.

Ich kann sogar dafür sorgen, dass Sie in mir einen Wert sehen, von dem Sie vorher nichts ahnten (das ist schon seit Jahren das Ziel der Werbebranche: scheinbare »Bedürfnisse« zu erzeugen, wo zuvor keine waren).

Doch am allerbesten kann ich Ihnen meinen Wert vermitteln, wenn ich das, was ich mache, von Herzen gerne tue. Dann wirke ich in jeder Hinsicht überzeugender. Doch es ist mehr als das – es geht um das Element der »Wahrheit«, das wir weiter oben erforscht haben. Wenn ich das mache, was ich gerne tue, gründet alles, was ich mache, in Wahrheit, alles ist »in Wahrheit gebadet«. Das heißt, dass ich völlig authentisch wirke. Und es handelt sich dabei nicht um eine aufgesetzte Authentizität, sondern um *authentische* Authentizität. Entgegen dem, was Ihnen ein Verkäufer vielleicht erzählen mag, ist es sehr schwierig, die Menschen hinters Licht zu führen. Die meisten von uns erkennen – nein, *spüren* – den Unterschied zwischen einem authentischen Menschen/Angebot und einem Ehrlichkeit vortäuschenden Menschen/Angebot.

Stellen Sie sich vor, Sie versuchen, etwas zu verkaufen, an das Sie nicht glauben. Selbst wenn Sie vorher lauter geniale Verkaufstricks gelernt und Schauspielunterricht für Fortgeschrittene genommen haben, sind es nicht Sie selbst, die dort reden: Es ist nicht Ihre Wahrheit. Erinnern Sie sich an den Lügendetektortest – es ist unmöglich, in solch einer Situation entspannt zu bleiben. Und Ihr potenzieller Kunde wird wahrnehmen, ob Sie gelöst sind oder nicht – bewusst oder unbewusst. Also würden Sie als Verkäufer total versagen, wenn Sie nicht an das Produkt glaubten.

Ich habe Sie eben gebeten, sich vorzustellen, Sie wollten etwas verkaufen, und vielleicht sitzen Sie da und sagen: »Ich verkaufe doch gar nichts, also trifft das gar nicht auf mich zu.« Aber auf die eine oder andere Art verkaufen wir *alle* etwas. Wir verkaufen der

Welt unseren Wert und die Welt reagiert, indem sie uns ihre Wertschätzung in Form der gängigen Art und Weise, Wertschätzung auszudrücken, vermittelt: mit Geld.

Selbst wenn es nicht konkret um Geld geht, spielt der Austausch von Wertschätzung doch ständig eine Rolle. Wenn Sie Ihre neuen Nachbarn kennenlernen, setzt umgehend das Tauschverhalten ein: Sie versuchen, einen netten und zuverlässigen Eindruck zu machen, und zeigen die Bereitschaft, den Nachbarn gelegentlich einen Gefallen zu tun, in der Hoffnung, dass diese ebenfalls nett und zuverlässig sind und Ihnen gelegentlich einen Gefallen tun werden. Und wenn Sie einen Polizisten nach dem Weg fragen (ja, wir befinden uns plötzlich wieder in den 1950er-Jahren), gilt das ebenso.

Selbst wenn Sie etwas kaufen, verkaufen Sie dabei auch. Wenn ich beispielsweise in ein Autohaus gehe, um mir einen neuen Wagen zuzulegen, sollte ich mir gar nicht erst vormachen, dass ich nur ein »Käufer« sei. Denn ich verkaufe *mich selbst*: Ich möchte den Eindruck erwecken, ein ernst zu nehmender potenzieller Käufer zu sein (der es wert ist, dass man auf ihn eingeht), ich möchte wie ein kluger Käufer wirken, damit ich es wert bin, ein Sonderangebot unterbreitet zu bekommen, und ich möchte das Gefühl vermitteln, zum Langzeitkunden werden zu können und daher besonders viel Aufmerksamkeit und eine bevorzugte Behandlung wert zu sein.

> Nichts ist wertvoller als die Wahrheit, und nichts ist begehrenswerter als Leidenschaft.

Das Verkaufen ist also allgegenwärtig. Daher sollten Sie an das glauben, was Sie verkaufen – seien es Sie selbst oder ein Produkt. Und das funktioniert am besten, wenn Sie das machen, was Sie gerne tun. Wenn ich das mache, was ich gerne tue, und gerne tue, was ich mache, wenn ich das auslebe, was ich gerne tue, und auch davon lebe, dann bin ich ein wahrer Geldmagnet. Denn nichts ist wertvoller als die Wahrheit, und nichts ist begehrenswerter als Leidenschaft.

3. Finden Sie heraus, was Sie gerne tun

»Als Kinder sind alle Künstler.
Die Schwierigkeit besteht darin,
als Erwachsener ein Künstler zu bleiben.«

Pablo Picasso

Jetzt sind wir an einem Punkt angelangt, an dem es einfacher wäre, wenn Sie hier bei uns in Italien wären und an einem unserer Retreats teilnähmen. Dann würden wir Ihnen einen Stift und Papier in die Hand drücken und Sie alles aufschreiben lassen, was Sie gerne tun. Ich sage »einfacher«, aber im Grunde ist es genauso leicht für Sie, das jetzt dort zu tun, wo Sie sich gerade befinden. Natürlich können wir nicht *wissen*, dass Sie es tatsächlich machen, aber wir möchten es Ihnen echt ans Herz legen, da es ein wirklich erhellender Vorgang ist und dazu noch Spaß macht.

In diesem Kapitel werden Sie wahrscheinlich den Schlüssel finden, der Ihnen die Tür dazu öffnet, öfter das zu machen, was Sie gerne tun, und damit auch zu viel Freude, Gesundheit, Erfolg etc.

(Das ist ein tolles »etc.«, oder? Als wären Freude, Gesundheit und Erfolg noch nicht genug! Das erinnert mich an eine Zeitschrift, die ich heute Morgen bei uns im Bad entdeckt habe – Gaia muss sie gekauft haben, das sage ich lieber schnell dazu – mit dem Titel »*Living*etc«. Ich saß eine Weile da und überlegte, wofür das »etc« stehen könnte.

Denn das Wort »Living« deckt doch unser Leben und unsere Zeit auf Erden komplett ab, oder? Das Einzige, was es nicht umfasst, ist natürlich das Sterben. War dieses »etc« also ein euphemistischer Verweis auf den Tod? Die Idee gefiel mir: Ein Magazin, das die Themen Leben und Sterben behandelt – also wirklich *alles* –, interessiert mich sehr.

Daher griff ich nach der Zeitschrift und blätterte sie durch. Aber das Sterben wurde mit keinem Wort erwähnt – es gab nicht einmal Werbung für Lebensversicherungen oder so etwas. Es sah so aus, als ginge es in der Zeitschrift *ausschließlich* ums Leben, das »etc« war überflüssig. Aber selbst das ist ein sehr weites Feld, oder? Für welchen Ansatz entschieden sich die Macher der Zeitschrift bei einem derart umfangreichen Thema?

Wie sich herausstellte, waren sie wohl zu dem Schluss gekommen, es einfach stark einzugrenzen, denn in den meisten Artikeln ging es um die Häuser reicher Menschen. Eine Seite nach der anderen war gefüllt mit Abbildungen sehr stylischer, sehr aufgeräumter und sehr moderner Wohnräume von Leuten, die es sich eindeutig leisten konnten, mehrere Tausend Pfund für einen Stuhl auszugeben.

Also klappte ich die Zeitschrift wieder zu, um den irreführenden Titel auf dem Cover noch einmal genauer unter die Lupe zu nehmen. Und da entdeckte ich den Untertitel (aha, ein Untertitel!). Er war in Großbuchstaben gedruckt, aber sehr klein – eine absolut widersprüchliche Botschaft. Das ist, als würde ein Zauberer jemanden mit einem Zauberspruch extrem schrumpfen lassen – auf die Größe einer Maus etwa –, aber nichts an der Stimmlautstärke ändern, sodass der mausgroße Mensch laut brüllen und einem einen Höllenschrecken einjagen könnte, weil er so schwer zu entdecken wäre.

Der winzige, aber stimmkräftige Untertitel der Zeitschrift lautete: DAS HÄUSERMAGAZIN FÜR MODERNES LEBEN. Aha. Es geht also gar nicht um so überehrgeizige Themen wie Leben oder sogar Leben etc. Stattdessen ist es ein »Häusermagazin« (das heißt: *Wir präsentieren Ihnen eine Vielzahl von Häusern, aber sicher nicht so chaotische wie das, in dem Sie leben, denn warum sollten Sie dann diese Zeitschrift kaufen?*).

Und dann auch noch »für modernes Leben«, was nun wirklich ein Euphemismus sein muss, oder? Ich meine, die Zeitschrift schließt das »altmodische Leben« nicht aus. Sie sperrt sich nicht gegen diejenigen, die freiwillig auf digitale Technik verzichten, und auch nicht gegen die, die immer noch ein Plumpsklo im Garten stehen haben, oder die, die im Winter einen Bettwärmer ins Bett legen und einen Nachttopf darunter stehen haben.

Sie bezieht sich nicht einmal auf verbreitete Aspekte des »modernen Lebens«, wie den ständigen Stress, die ewige Angst, den Druck, so viele Dinge tun zu können und in allem erfolgreich sein zu müssen, oder der erschreckenden und immer größer werdenden Schere zwischen Arm und Reich – die schon so extrem ist, dass wenige Schritte durch eine normale Londoner Straße reichen, um ein Dutzend Häuser im Wert von mehr als drei Millionen Pfund zu erblicken ... und drei Menschen, die auf der Straße leben.

Nein, für die Macher der Zeitschrift steht »modernes Leben« für einen eleganten, durch die Moderne geprägten Einrichtungsstil. »Livingetc« bedeutet daher eigentlich *die unvorstellbar aufgeräumten Häuser des einen Prozents*.)

Tut mir leid, das war eine sehr lange Klammer. Sogar mit Unterklammern darin. Klammern in Klammern, das ist quasi die Matroschka-Puppe der Zeichensetzung. Doch ich bin aus zweierlei Gründen so weit abgeschweift:

1. Ich habe gelernt, dass ich sehr gerne solche Beobachtungen wie die oben ausgeführte anstelle und in die absurdesten Details vordringe. Obwohl mir klar ist, dass es Unsinn ist, male ich mir gerne aus, wie sich Zeitschriftenmacher zusammensetzen und einen Titel für ein ehrgeiziges neues Projekt ersinnen, das *tatsächlich* alles abdecken wird. Einer der Anwesenden schlägt »Living« vor, und die anderen meinen: »Genial, genial.« Dann fragt einer: »Aber deckt das wirklich *alles* ab? Alles, was es gibt?« Kurzes Schweigen, bis irgendjemand »Living ... etc.« in die Runde wirft und alle Beifall klatschen. Ich lasse Sie unheimlich gerne gelegentlich an diesen Fantastereien teilhaben.

2. In dieser Phase des Prozesses müssen Sie bereit sein, aus sich herauszugehen. Sie müssen träumen und herumspinnen und Absurdes denken und das Unmögliche in Betracht ziehen.

Die Liste der Lieblingsbeschäftigungen

Während Sie überlegen, was Sie gerne tun, müssen Sie Ihre Ideen irgendwo festhalten. Daher legen wir jetzt eine »Was ich gerne tue«-Liste in einem Heft an. Ich schreibe regelmäßig in dieses Heft: Wenn mir einfach danach ist oder wenn ich das Gefühl habe, es sei nötig – was normalerweise der Fall ist, wenn ich mich durch zu viele Aufgaben, die ich ungerne mache, ausgelaugt fühle. Mit den »Was ich gerne tue«-Listen kann ich quasi die »Machen, was ich gerne tue«-Einstellung wieder aufladen.

Jedes Mal, wenn ich mir so ein Heft anlege, kommen mir echt interessante Ideen, die meinem Leben unweigerlich eine neue Richtung geben – manchmal drastisch, manchmal eher subtil. Es war diese Übung, die mir 2008 klar vor Augen führte, wie gerne ich (wieder) Musik machen würde. Und die Erkenntnis hatte enorme Auswirkungen auf mein Leben und meine Zeit (und meinen Kontostand).

> Sie müssen träumen, herumspinnen, das Absurde denken, das Unmögliche in Betracht ziehen.

Ich empfehle Ihnen, ein Notizbuch zu verwenden, weil dessen Seiten Ihnen genügend Flexibilität bieten – und auch die Möglichkeit, etwas zu malen. Sie können natürlich auch ein elektronisches Gerät benutzen, wenn Sie möchten. Aber ich würde das nicht tun. Denn auch wenn ich mein Heft größtenteils mit Worten fülle, ist manchmal doch auch eine Zeichnung dabei. Nicht, dass ich sehr gut malen könnte, aber ich tue es einfach gerne.

Gleich werde ich Ihnen einen Einblick in mein »Was ich gerne tue«-Universum geben,

a) weil Sie so verstehen, wie dieses Listen-Ding funktioniert und welche Möglichkeiten es bietet, und

b) weil ich es gerne mal wieder machen würde und es so für mich einfacher ist, Ihnen die einzelnen Schritte zu erklären.

Ich freue mich darauf und bin gleichzeitig ein bisschen nervös deswegen. Vielleicht geht es Ihnen ja genauso. Ich möchte einen Blick in diese Welt wagen, aber gleichzeitig auch nicht – weil ich Angst davor habe, was ich dort finden könnte (es könnte sich auf

den Seiten plötzlich eine dramatisch andere und unw[...]
Richtung abzeichnen und mich völlig von dem abbring[...]
im Augenblick für das halte, was ich gerne tue.)

Bitte, bitte, bitte, bitte, bitte, bitte, bitte machen Sie [...]
den Übungen. Bitte. Sie sind ganz einfach. Und bitte halten Sie sich
bei den Antworten nicht zurück; schreiben Sie einfach auf, was
Ihnen in den Sinn kommt.

Wow, im letzten Absatz kam ziemlich oft das Wort »bitte« vor.
Doch wie soll ich sonst unterstreichen, wie wichtig diese Übungen
sind? Ich bin gut erzogen worden, daher habe ich keine andere
Möglichkeit, als Sie höflich – und mit einem freundlichen Lächeln –
zu bitten, sich hinzusetzen und zu beginnen.

Sie müssen nicht alle Übungen am Stück machen, ich schleppe
das Notizbuch immer eine Zeit lang mit mir herum. Ich füge Dinge
hinzu, wenn mir gerade auffällt, dass ich sie gerne tue (zum Beispiel: *Oh, ich hatte vergessen, wie gerne ich zusammen mit den
Jungs Steine über den See hüpfen lasse*). Überlegen Sie nicht, wie
sich die Dinge umsetzen lassen, die Ihnen einfallen, oder wie Sie
sich mehr Zeit dafür nehmen oder damit Geld verdienen können.
Dazu kommen wir später.

Übung 1:
Welche Dinge machen Sie liebend gerne?

Okay, los geht's mit der ersten Übung. Stellen Sie sich die folgenden
Fragen und schreiben Sie die Antworten in Ihr Notizbuch (gerne mit
Illustrationen). Ich habe Ihnen einige meiner Antworten auf die
Fragen als Beispiele angefügt.

Was machen/haben Sie gerne?

(Und damit meine ich ganz allgemein jetzt im Moment)
● Zwischen Gaia und den Jungs auf dem Sofa sitzen und gemütlich gemeinsam *How I Met Your Mother* gucken

- Spaziergänge – in den Hügeln rund um unser Haus, an der Küste, in den Städtchen hier vor Ort, in London, tagsüber und abends, kurze und lange. Ich gehe sehr gerne spazieren.
- Auto fahren – allein oder mit der Familie; spätabends, mit der schlafenden Familie
- Absurde Beobachtungen notieren
- Mir neue Ideen einfallen lassen
- Ideen umsetzen
- Mit der Familie am Esstisch sitzen, das weitschweifige Italienisch, die Schwierigkeiten, die anderen zu verstehen, dann der abrupte Rückfall ins Englische
- Baden
- Im warmen Meer schwimmen
- Anderen Leuten Qigong beibringen
- Qigong praktizieren
- Mich so entspannt fühlen, dass es eine Wonne ist
- Musik hören, zu der ich einfach durch die Gegend hüpfen muss
- Musik machen, zu der ich einfach durch die Gegend hüpfen muss
- Neue Geschäftsideen haben und sie bis ins letzte Detail durchplanen
- Mittagessen und Abendessen mit den Gästen unserer Retreats in Urbino oder Stromboli
- Gäste treffen, die wir seit Jahren nicht mehr gesehen haben
- Mit der Familie in *good old England* quatschen
- Allein in London unterwegs sein
- Stundenlang in der Waterstones-Buchhandlung an der Piccadilly in London herumstöbern
- Ein aufgeräumtes Büro und ein aufgeräumtes Haus
- Und ein sauberes Auto
- Die Jungs umarmen
- Mit den Jungs Geschirr spülen
- Mit Gaia Essen gehen, während die Jungs allein zu Hause bleiben
- Schokolade essen
- Piadina (ein italienisches Fladenbrot) in der Piadineria in Fano (einem Küstenort bei uns in der Nähe) essen

- In der Badewanne lesen
- Am Strand lesen
- Zusehen, wie Leute Veränderungen angehen, die enorme Auswirkungen haben
- Die Geschäftsprobleme anderer Menschen in einer halben Stunde lösen
- Beim Schreiben in den »seltsamen Zustand« gelangen
- To-do-Listen abarbeiten
- Pizza und Bier
- Den *Guardian* auf meinem Smartphone lesen
- Ein Fußballspiel live verfolgen, aber über den Smartphone-Ticker
- Mit den Jungs herumalbern
- Mit Gaia zusammen auf Spaziergängen die Welt verstehen wollen

Was haben Sie früher gerne gemacht/gehabt?

Das kann sich auf jeden beliebigen Zeitpunkt der Vergangenheit beziehen – wenn Sie mögen, können Sie bei Ihrer Kindheit anfangen und sich bis in die jüngere Vergangenheit vorarbeiten. Hier ist meine Liste:

- Gezeitentümpel in Cornwall, Südwestengland, untersuchen
- In Zügen sitzen und aus dem Fenster schauen
- Philip Larkins Gedichte lesen (die davon handeln, im Zug zu sitzen und aus dem Fenster zu schauen)
- Mit einem Fußball auf das Garagentor schießen
- Windsurfen
- Im Esszimmer kleine Fantasiegestalten malen, während ein *Police*-Album läuft
- Im Dunkeln auf dem Rücken liegen und über Kopfhörer Musik hören
- Freihändig Rad fahren
- Gitarre spielen
- Verstecken spielen
- Campen

- Die Jungs jeden Morgen waschen
- Mit dem Auto allein den langen, langen Weg zur Uni zurücklegen
- In Plattenläden stöbern
- In Buchhandlungen stöbern
- Durch seltsame Zeitschriften auf Ideen kommen
- Hoch oben im Baum in unserem Vorgarten sitzen, sodass mich niemand sehen kann
- Mit Freunden zusammensitzen und quatschen
- Nichts zu tun haben
- Sonntagsmittags in einem Carvery-Restaurant essen
- Die Heimspiele von Nottingham Forest schauen
- Mountainbike fahren im Black Park
- Im Bus sitzen
- Mit Kumpels einen trinken
- Die Vorweihnachtszeit
- Das tolle Gokart von Anthony
- An Spielautomaten in der Spielhalle »herumdaddeln«
- Die Restaurantkette Wagamama, als sie gerade eröffnet hatte und man stundenlang anstehen musste, um einen Platz zu bekommen
- Ausflüge ins Kino, egal ob ein künstlerischer Film, ein Trash-Film oder *Blade Runner* läuft
- Meinen *Der weiße Hai*-Anhänger ablecken
- Anspitzer ablecken
- Das Gefühl, etwas gut gemacht zu haben
- Die Überzeugung, eine komplett neue Theorie zu Shakespeare ersonnen zu haben
- Von »Dungeons and Dragons« träumen
- Davon träumen, als Lead-Gitarrist auf der Bühne zu stehen
- Den letzten Schultag schwänzen und abhauen

Was können Sie sich vorstellen, in Zukunft gerne zu machen?

(Das kann etwas sein, was Sie bereits tun, oder etwas völlig Neues.)
- Mit der Familie durch die USA reisen
- Mit Gaia in einem schnellen Auto durch Europa fahren

- Ein riesiges *Fuck-It*-Event auf die Beine stellen
- Nur noch in Cafés in Fano arbeiten
- Jeden Tag zwei Stunden am Strand spazieren gehen
- Ein paar Tage in New York verbringen
- Jeden Morgen am Strand Qigong machen
- In warmen Meeren auf der ganzen Welt schwimmen
- Den Küstenpfad in Cornwall entlangwandern
- Unternehmen und Unternehmern mit *Fuck It* zu Entwicklungs-sprüngen verhelfen
- Mein Buch *Bob, der Buddha* einem Theaterpublikum in London vorlesen
- Ein *Bob, der Buddha*-»Museum« in einer Londoner Wohnung einrichten
- Mit Gaia an 1.000 neuen Orten Händchen halten
- Einen Roman schreiben
- Verschlungene Blogs über meine Beobachtungen schreiben, die von allen gelesen werden

Okay. Was Sie hier sehen, sind die Punkte, die ich einfach spontan aus der Hüfte geschossen habe. Denken Sie daran, Sie können Ihre Liste immer weiter ergänzen, wenn Ihnen weitere Dinge einfallen, die Sie gerne tun oder mögen.

Was fällt Ihnen an Ihren Antworten auf?

Lassen Sie sich ein bisschen Zeit damit, aber der nächste Schritt besteht darin, sich die Antworten auf die Fragen durchzulesen und zu schauen, ob Ihnen irgendetwas ins Auge sticht.

Für mich war es die Erkenntnis, dass ich es sehr einfach fand, die erste Frage (über die »Gegenwart«) zu beantworten, aber mehr Probleme mit der dritten (der »Zukunft«) hatte. Als ich das letzte Mal eine solche Liste erstellte, war es ganz anders gewesen – damals fand ich die Zukunft und alles, was möglich war, total aufregend.

Ich sehe, dass viele der Dinge, die ich heute gerne tue, »häuslich« sind, das macht mir im Moment am meisten Spaß – mit meiner

Familie zu Hause zu sein und mit ihr an den Strand zu gehen. Wie Sie wissen, habe ich im letzten Jahr einige Veränderungen umgesetzt – ich reise deutlich weniger, halte keine Vorträge mehr, nehme nicht mehr an Veranstaltungen teil und finde es wunderbar so.

Und die häuslichen Veränderungen gehen diesen Sommer weiter, wir werden nach Fano ziehen, an die Küste, daher freue ich mich so sehr auf Spaziergänge und Qigong am Strand. Diese Listen-Übung und auch dieses Buch an sich rufen mir in Erinnerung, dass ich zu selten schreibe, obwohl es mir wirklich am Herzen liegt. Dafür wäre Bloggen sicherlich das richtige Ventil, also beschließe ich direkt, einen meiner Pläne durchzuziehen und zwei Blogs zu starten, einen für unsere normalen *Fuck-It*-Leser und einen für Geschäftsleute, und dort mindestens einen Eintrag pro Woche zu posten.

Und da ich gerade bei dem Thema bin: In den letzten Monaten hat sich auch ein anderer großer Plan herauskristallisiert – ich hätte große Lust, wieder mit Unternehmen und Unternehmern zu arbeiten (das letzte Mal, dass ich so etwas offiziell gemacht habe, ist mehr als zehn Jahre her). Es fühlt sich so an, als stelle das »Machen Sie, was Sie gerne tun«-Projekt eine tolle Brücke zwischen dem *Fuck-It*-Konzept im Privatleben und im Geschäftsleben dar.

Okay – sehen Sie, wie ich hier vorgehe? Ich schaue, was ich empfinde und was die Übung bei mir auslöst, und ziehe auch gleich ein paar Schlussfolgerungen daraus. Mir fällt auf, dass ich mich tatsächlich deutlich verändert habe. Ich erkenne, dass noch mehr Neuerungen anstehen – und dass ich im Moment sehr viel von dem mache, was ich gerne tue – aber dass es ein paar Dinge gibt, die ich relativ leicht umsetzen könnte, um diese Tendenz noch zu verstärken (wie die Blogs).

> **Mir fällt auf, dass ich im Moment sehr viel von dem mache, was ich gerne tue.**

Sie können genauso vorgehen – und notieren Sie sich gleich, was Ihnen auffällt. Wie schon gesagt, war meine größte Erkenntnis aus den Listen 2008 die Tatsache, dass ich wieder Musik machen wollte: Das Beantworten der »Früher«-Frage dieser Übung hatte also starken Einfluss auf das Beantworten der »In Zukunft«-Frage. Ich hatte eine Fülle von Ideen, was ich alles machen könnte, und so ergeht es Ihnen vielleicht jetzt auch. Schreiben Sie alle auf.

Übung 2: Was machen Sie gar nicht gerne?

Auf unseren Retreats folgen an dieser Stelle normalerweise noch mehr Übungen, um weitere Dinge aufzuspüren, die wir möglicherweise gerne machen würden. Doch zuerst möchte ich etwas anderes ins Scheinwerferlicht locken. Ich weiß, dass wir es jetzt tun müssen, da ich das Gefühl habe, es fehlt auf dem Bild, das ich gezeichnet habe. Plötzlich denke ich: *Oh, mein Leben ist echt super – schauen Sie mal, wie gut es mir geht*, obwohl ich weiß, dass ich einige kritische Elemente einfach ausblende.

Also werden wir nun einen Blick auf das werfen, was wir nicht besonders gerne machen. Auch weil ich das Gefühl habe, dass es einen interessanten Impuls für die nächsten Übungen darstellen könnte, die dunkle Seite des Bildes in die »Welche Dinge machen Sie liebend gerne«-Übung mit einzubeziehen.

Ich hatte Ihnen ja gesagt, dass ich das hier live mache. Nun passe ich das Verfahren mittendrin an, frei danach, was sich gerade richtig anfühlt. Diesen Trick können Sie auch übernehmen: Klammern Sie sich nie so fest an ein Verfahren oder an einen Plan, dass es unmöglich ist, gelegentlich auch einmal unbeschwert eine andere Richtung einzuschlagen.

> Klammern Sie sich nie so fest an ein Verfahren/einen Plan, dass es unmöglich ist, eine andere Richtung einzuschlagen.

Stellen Sie sich jetzt also genau wie in der ersten Übung die folgenden Fragen und schreiben Sie die Antworten in Ihr Heft (mit oder ohne Illustrationen). Als Beispiel führe ich meine Antworten auf die erste Frage an.

Was macht Ihnen überhaupt keinen Spaß oder was finden Sie sogar ganz schrecklich?

(Das ist wieder auf den jetzigen Augenblick bezogen.)
- Die *Survival Guides* fertigzustellen, weil sie so frustrierend sind
- Die richtige Mischung aus Design, Designer und Software für unser Material zu finden
- Die Probleme mit unserem Buchhalter zu bewältigen
- Zu lange im Büro zu sitzen, wenn draußen die Sonne scheint
- Zu lange zu sitzen, weil ich mich gerne bewege
- Zu überlegen, was wir mit »The Hill That Breathes« machen sollen
- In einer chaotischen Umgebung zu leben
- Schwierigkeiten zu haben, die passende Unterstützung zu finden
- Schwierigkeiten zu haben, bestimmte Dinge zu delegieren
- Diese eine festgefahrene Beziehung, die zu entwirren mir nicht gelingt

Was fällt Ihnen an Ihren Antworten auf?

Okay, nachdem das erledigt ist, hier nun meine Beobachtungen und Schlussfolgerungen:

1. Alle Punkte haben mit Arbeit zu tun. Abseits des Büros läuft gerade alles richtig gut und ich habe das Gefühl, genügend Zeit für Familie und Freizeit zu haben (das hat sich im vergangenen Jahr wirklich verändert).

2. Obwohl mich viele dieser Dinge echt frustrieren, habe ich daran gearbeitet, sie zu durchdringen und Lösungen zu finden. Daher kann ich jetzt sagen, dass es zwar immer noch Reizpunkte gibt, ich jedoch entweder einen Plan habe, wie ich sie angehen will, oder weiß, welche Richtung ich einschlagen muss, um zu einer Lösung zu gelangen. Ich muss mir die passende Unterstützung suchen, um einige meiner Projekte umzusetzen (den richtigen Projektmanager, Designer etc.), und ich muss ein bisschen mehr loslassen, damit diese Leute ihre Arbeit machen können.

3. Wahrscheinlich muss ich mir auch einen neuen Buchhalter suchen – jemanden, der Englisch spricht und nicht so kompliziert
   ist. Ich muss zu einer Entscheidung kommen, was mit »The Hill«
   geschehen soll, und sie dann einfach durchziehen. Und ich muss
   das Delegieren fördern, indem ich die Anzahl der Stunden, die
   ich drinnen in einem Büro verbringe, noch weiter begrenze.
4. Über dem Ganzen schwebt die große »Wo und wie ich arbeite«-Frage. Und ich weiß nicht genau, wie die Antwort aussehen
   soll, wenn wir nach Fano ziehen. Eine Idee ist es, überwiegend
   in Cafés zu arbeiten, im Sommer auch in Strandcafés (dafür
   brauche ich einen guten Bildschirm). Die andere Idee lautet, ein
   Stehpult als Schreibtisch zu benutzen, statt stundenlang zu sitzen.

Welche Beobachtungen und Schlussfolgerungen können *Sie* aus
dieser Übung ziehen? Sind Ihnen schon erste Ideen gekommen? Sie
müssen gar nicht perfekt durchgeplant sein, dieses Buch ist ja noch
lange nicht zu Ende. Aber vielleicht haben Sie bereits ein paar er-
hellende Einblicke erhalten, wie Sie die Dinge in Ihrem Leben zum
Positiven verändern können.

Übung 3: Das Angelspiel

Die folgenden Fragen sind eine Angel, um weitere Informationen
darüber, was Sie gerne tun oder täten, an den Haken zu bekommen.

Wenn Sie ein Jahr lang nicht arbeiten müssten, was würden Sie tun?

Ich stelle Ihnen genügend Geld zur Verfügung, damit Sie alle
Kosten für das Jahr decken können – sagen wir mal 18 Monats-
gehälter (um Ihnen ein bisschen Spielraum zu verschaffen). Der
kommende Freitag ist Ihr letzter Arbeitstag. Was würden Sie in dem
Jahr machen? (Übrigens habe ich mir diese Frage bei meinem

Freund John Williams abgeguckt, dem Autor von *Mach, was dir gefällt!*[3])

Denken Sie gut darüber nach. Wenn Sie meinen, Sie würden das ganze Jahr am Strand oder mit Reisen verbringen, überlegen Sie, wie lange Ihnen das wirklich Spaß macht. Was würden Sie tun, wenn die Langeweile einsetzt?

Okay, ich versuche es einmal selbst:

Ich würde mit meiner Familie eine ausgedehnte Reise durch Nordamerika und Australien machen. Dann verbrächten wir eine Woche zu Hause, bevor wir uns wieder ins Flugzeug setzen und nach China fliegen würden, um Tee in den Bergen zu verkosten und Tai-Chi in Parks zu machen.

Okay, irgendwann müssten die Jungs wieder zur Schule gehen. Dann würde ich die nächsten drei Monate dafür nutzen, eine meiner Lieblingsideen für einen Roman umzusetzen (nein, ich verrate nichts, Sie müssen es abwarten). Es folgt ein Monat im Studio (obwohl das meine Mittel sprengen könnte), wo ich mit Simone ein ganzes Album aufnähme. Und schließlich würde ich mich um »*Fuck It* für Unternehmen« kümmern.

Beim Anblick welcher Menschen denken Sie: »Wow, ist das ein Leben!«?

Ich habe einen Freund, der ein Traumleben hat. Er scheint nicht viel zu arbeiten, schläft oft aus, macht viel Urlaub, geht ständig in Cafés und Restaurants, treibt sich immer an spannenden Orten herum, hat genügend Geld, ohne viel zu tun oder sich groß Gedanken darüber zu machen, und scheint immer auf den Füßen zu landen. Wenn ich ihn anschaue, denke ich: *Wie macht er das bloß?* und *Das hätte ich auch gerne.* (Allerdings weiß ich, dass er genau das Gleiche über mich denkt, wenn auch aus anderen Gründen.)

Obwohl ich gerade ein paar dieser Übungen gemacht und dabei festgestellt habe, dass ich ein ziemlich gutes Gleichgewicht in meinem Leben gefunden habe, denke ich an diesen Freund und sage: »Okay, ich könnte mir noch mehr Freiräume schaffen.« Gibt es in

Ihrem Leben jemanden, auf den Sie neidisch sind – oder fällt Ihnen auf, dass Sie bestimmte Veränderungen auf jeden Fall vornehmen sollten? Schreiben Sie es auf.

Was ist Ihr heimliches Laster?

Worauf greifen Sie immer zurück, wenn Sie sich entspannen wollen? Was können Sie einfach nicht lassen? Gibt es irgendeine Möglichkeit, dieser Sache mehr Platz in Ihrem Leben einzuräumen? Oder sogar dafür bezahlt zu werden?

Mein heimliches Laster ist Comedy. Ich höre Comedy im Radio und schaue sie auf YouTube. Jetzt, wo ich darüber nachdenke, fällt mir auf, dass ich ein paar Sketche in meine Onlinekurse einarbeiten könnte. Die Recherche dafür würde mir echt Spaß machen – und die Teilnehmer fänden es super.

Was würden Sie tun, wenn Sie wüssten, dass Sie nicht scheitern könnten?

Das ist eine gute Frage, weil sie den großen Hemmschuh ausblendet, der viele von uns blockiert – die Angst vor dem Scheitern. Meine spontane Antwort auf diese Frage lautet: »einen ganz dicken Roman schreiben«. Er würde auf einer Idee basieren, die ich vor fünf Jahren hatte, einer großen, aber gleichzeitig auch kontroversen Idee. Ja, das würde ich machen. Schließlich kann ich ja nicht scheitern. Mein nächster Gedanke ist es, die größte *Fuck-It*-Veranstaltung aller Zeiten abzuhalten – vor 10.000 Leuten. Es gäbe Massen-Qigong, Musik und inspirierende Geschichten – ein völlig verrückter Abend, der das Leben vieler Menschen verändern könnte.

Was würden Sie machen, wenn Sie wüssten, dass ein Scheitern unmöglich ist?

Übung 4: Das Tiefsee-Angelspiel

Okay, jetzt haben wir uns ganz allgemein angeschaut, was wir gerne tun, aber ich möchte das Feld noch etwas erweitern, um zu schauen, ob wir weitere Ideen hervorkitzeln können, bevor wir damit loslegen, unser Leben zu verändern und diese Dinge umzusetzen. Stellen Sie sich also die folgenden Fragen und notieren Sie Ihre Antworten im Heft (ich füge meine als Beispiele an).

Wenn Sie alle »Ja, aber«-Einwände beiseiteschieben und ein Riesen-*Fuck It* wagen, was hätten Sie dann gerne?

Träumen Sie drauflos, schreiben Sie alles auf.

Ooooh, ich hätte so gerne eine Thunderbird I wie in der Fernsehserie und ein Geheimversteck in den Bergen – eine ganze Seite des Berges ließe sich öffnen, damit ich in meinem Raketenflugzeug herausschießen und Leute retten könnte.

Zu abgedreht? In Ordnung. Ich würde mir eine Henry-Moore-Skulptur in den Garten stellen. Ich hätte gerne das wunderschöne Haus, das wir in Fano gesehen haben, mit dem Garten auf der ersten Etage. Bizarr. Ich hätte gerne ein Wasserbett. Ich hätte gerne einen Ferrari. Und eine Garage dafür. Nein, keine Garage – ein unterirdisches Versteck, ausgestattet wie die Batcave.

Zu abgedreht? Na ja, es wäre schön, einen Butler zu haben.

Zu abgedreht? Okay, ich schwinge den Zauberstab und bekomme all die erstklassige Unterstützung für unser Geschäft, die ich brauche.

Wenn Sie alle »Ja, aber«-Einwände beiseiteschieben und ein Riesen-*Fuck It* wagen, was (oder wer) wären Sie dann gerne?

Ich wäre gerne Harrison Ford, so wie er Anfang der 1980er war, zur *Blade Runner*-Zeit.

Zu abgedreht? Ich wäre gerne gelassen, egal was passiert. Ich wäre gerne immerzu präsent, egal was gerade los ist. Ich wäre gerne nett, auch wenn andere es nicht sind. Ich wäre gerne offen, auch wenn alles andere sich schließt.

Wenn Sie alle »Ja, aber«-Einwände beiseiteschieben und ein Riesen-*Fuck It* wagen, was würden Sie gerne machen?

Ich fände es toll, wenn aus meinen Handflächen zischende Energiestrahlen strömten, mit denen ich Schmerzen lindern, die Lieblosen mit Liebe erfüllen, die Traurigen zum Lachen bringen, die Ängstlichen in entspannte Hippies verwandeln und Goldmünzen für Menschen ohne Obdach und in Schwierigkeiten herbeizaubern könnte. Zsch – zsch – zsch.

Zu abgedreht? Ich würde gerne heute Abend durch die Stadt laufen und jedem Obdachlosen, den ich treffe, zehn Pfund in die Hand drücken, ohne Ausnahme. Ich würde gerne einen Burger essen gehen. Ich würde gerne *Bob der Buddha,* die Figur aus meinem gleichnamigen Buch, in die Realität holen und ihn berühmt machen, damit sich die Buddha-Energie auf der ganzen Welt ausbreitet, einfach indem die Menschen erkennen, dass sie gar nichts Besonderes tun müssen, um hellwach zu sein, sie müssen einfach nur … aufwachen.

Ich würde gerne öfter ausschlafen. Ich läge gerne in den Armen meiner Frau. Ich würde gerne »Fuck it« im Fernsehen sagen. Ich würde gerne Paul McCartney nach seinem »Ach Mist«-Moment fragen. Ich würde gerne einen Elfmeter gegen den Torwart David de Gea verwandeln. Ich würde gerne …

Ahhh, ich könnte ewig weitermachen. Aber ich glaube, Sie haben es kapiert. Und genau darum geht es hier. Sie sollten also mittlerweile wissen, ob Sie ganz grundsätzlich das machen, was Sie gerne tun, oder nicht. Sie sollten erkannt haben, warum es gut ist, so oft wie möglich etwas zu tun, das Ihnen Freude bereitet. Und außerdem sollte jetzt eine ellenlange Liste aller Dinge, die Sie gerne tun, vor Ihnen liegen – heute, früher und möglicherweise in der Zukunft. Und Sie haben die schwarze Liste mit den Dingen, die Ihnen momentan gar keinen Spaß machen.

Woher wissen Sie, ob Sie etwas gerne tun oder nicht?

Das ist eine komische Frage – wir wissen doch wohl, was wir gerne tun und was nicht, oder? Aber sie wird immer relevanter, wenn wir damit anfangen, die Dinge, die wir gerne tun, öfter zu machen. Manchmal stellen wir dann fest, dass wir etwas, von dem wir glaubten, dass wir es gerne machen (oder das wir früher tatsächlich gerne gemacht haben), gar nicht mehr so toll finden. Dinge ändern sich.

Daher habe ich hier eine kurze Checkliste zusammengestellt, anhand derer Sie überprüfen können, ob Sie etwas wirklich gerne machen:

- Freuen Sie sich darauf, es zu machen?
- Fühlen Sie sich voller Energie oder eher müde, wenn Sie es machen?
- Würden Sie es ohne Bezahlung machen?
- Wenn Sie es nicht machen müssten, würden Sie es trotzdem tun?
- Wenn Sie ausblenden, wie unangenehm es Ihnen wäre, diese Sache nicht mehr gerne zu tun … machen Sie sie noch gerne?

Vielleicht haben Sie dank der Listen auch schon eine klare Vorstellung davon, wie Sie dem, was Sie gerne tun, mehr Platz einräumen können. Wenn nicht, machen Sie sich keine Sorgen. Uns steht noch eine Menge gemeinsamer Zeit bevor.

Und jetzt ist es Zeit, sich eingehender damit auseinanderzusetzen, wie Sie nur noch das machen, was Sie gerne tun – also für das Kapitel, das den Titel dieses Buchs ganz dreist als seinen eigenen beansprucht. Oh Mann, haben die Kapiteltitelfinder eigentlich gar keine Fantasie?

4. Machen Sie nur noch, was Sie gerne tun

»Immer schieben die Leute die Schuld für das, was sie sind, auf die Verhältnisse. Ich glaube nicht an Verhältnisse. Leute, die vorwärtskommen in dieser Welt, das sind Leute, die aufbrechen, die suchen nach den Verhältnissen, die sie brauchen, und wenn sie die nicht finden, dann schaffen sie sie.«[4]

George Bernard Shaw,
Frau Warrens Beruf

Jetzt kommen wir dazu, wie wir nur noch das machen, was wir gerne tun. Wie spannend!

Doch wahrscheinlich melden sich da auch gleich die »Ja, aber«-Einwände, die sie genau davon abhalten wollen. Obwohl Sie inzwischen vielleicht eine klare Vorstellung davon haben, was Ihr Leben mit mehr Freude erfüllen könnte – und wie Sie dort hinkommen –, hören Sie trotzdem noch »Ja, aber ...«

Für einen erfolgreichen Start in ein Leben voller Beschäftigungen, die wir gerne machen, müssen wir uns diesen »Ja, aber«-Einwänden stellen, egal ob sie auf mangelnde Klarheit, fehlenden Mut, Zeitknappheit, zu wenig Geld oder die Frage, ob wir es verdient haben, abzielen. Dazu kommen wir schon bald.

Die »Die größte Veränderung«-Übung

Doch zunächst machen wir eine Übung, die noch mehr Einwände hervorbringen wird. Gehen Sie durch, was bisher in Ihrem Heft steht – Ihre Antworten auf die Fragen, die Sie sich im letzten Kapitel gestellt haben – und picken Sie sich von den Punkten, die zum jetzigen

Zeitpunkt nicht erfüllt sind, Ihre liebsten sechs heraus. Wählen Sie die, die in Ihrem Leben die größte Veränderung bedeuten würden.

Ich habe meine Listen gerade noch einmal durchgesehen und mich für diese sechs entschieden – manche sind groß, manche klein, aber alle würden etwas verändern:

1. Das Büro aufgeben und nur in Cafés in Fano arbeiten, maximal vier Stunden am Tag
2. Den Roman schreiben
3. Durch die USA reisen: Los geht es in New York, und zum Abschluss stehen Gaia und ich Hand in Hand in San Francisco, wo wir uns verlobt haben
4. Zwei Blogs mit wöchentlich einem Eintrag schreiben: einen für Privatpersonen, einen für Unternehmen; sie berühmt machen
5. Mein Buch *Bob, der Buddha* herausbringen, ein Bob-Museum in London eröffnen
6. Die neue Marke »*Fuck It* für Unternehmen« gründen, die sich an Unternehmen richtet

Jetzt, da Sie Ihre sechs Lieblingspunkte ausgewählt haben, überlegen Sie sich jeweils höchstens drei Schritte, die Sie zu diesem Ziel führen werden. So sieht das bei mir aus:

1. **Das Büro aufgeben und nur in Cafés in Fano arbeiten, maximal vier Stunden am Tag**
   Schritt 1: Diesen Sommer nach Fano ziehen.
   Schritt 2: Lösungen für die Unterbringung von Unterlagen und geschäftliche Treffen finden (ein kleines Büro nur für einen Assistenten? Ein Zimmer im Haus?).
   Schritt 3: Einen Projektmanager finden, um mir mehr Freizeit zu verschaffen.

2. **Den Roman schreiben**
   Schritt 1: Einen ersten Entwurf im Juli anfertigen, wenn wir unterwegs sind.

Schritt 2: Einen mehrwöchigen Aufenthalt irgendwo buchen, um dort ausschließlich am Buch arbeiten zu können (wie ich es jetzt gerade bei diesem mache).

3. **Durch die USA reisen: Los geht es in New York, und zum Abschluss stehen Gaia und ich Hand in Hand in San Francisco, wo wir uns verlobt haben**
Schritt 1: Genug Zeit dafür im nächsten Jahr frei halten. Am besten jetzt gleich, bevor wieder alles voller Termine ist.
Schritt 2: Überschlagen, was die Reise kosten wird, und die Ausgaben einplanen.
Schritt 3: Die Flüge und die ersten Hotels buchen.

4. **Zwei Blogs mit wöchentlich einem Eintrag schreiben: einen für Privatpersonen, einen für Unternehmen, sie berühmt machen**
Schritt 1: Zwei neue Domains registrieren.
Schritt 2: Die WordPress-Vorlagen mit den entsprechenden Überschriften mit dem Designer absprechen.
Schritt 3: Einen Vormittag in der Woche für das Schreiben der Beiträge reservieren und mich daran halten.

5. **Mein Buch *Bob, der Buddha* herausbringen, ein Bob-Museum in London eröffnen**
Schritt 1: Ein Hardcover-Testexemplar des Buches erstellen.
Schritt 2: Ein Treffen mit Hay House abhalten, um die Idee der Veröffentlichung zu besprechen.
Schritt 3: Wenn das Erscheinungsdatum bekannt ist, mit der Planung des »Museums« beginnen.

6. **Die neue Marke »*Fuck It* für Unternehmen« gründen, die sich an Unternehmen richtet**
Schritt 1: Ein Jahr im Voraus eine zweitägige Veranstaltung in London (Thema unbekannt) buchen.
Schritt 2: Eine E-Mail über den Verteiler schicken und die Leute fragen, was Sie sich unter *Fuck It* für Unternehmen vorstellen.

Schritt 3: Auf der Grundlage der Antworten drei Onlinekurse konzipieren.

Wow, das fühlt sich gut an. Sehen Sie, wie es funktioniert, wenn man ins Detail geht? Sie können natürlich deutlich kleinschrittiger vorgehen, wenn Sie wollen. Sie können auch eine Mindmap für jedes Vorhaben erstellen – und dort ALLE nötigen Schritte eintragen, auf Unterpunkte verteilt. Oder Sie können alles mit präzisen Daten versehen, wenn Sie so weit sind.

Der Kampf gegen die »Ja, aber«-Einwände

Ja, aber ... Klopfen bei Ihnen schon die Einwände an?

Bei den sechs ausgewählten Punkten können sowohl grundsätzliche Einwände (»Ich habe keine Zeit dafür«) als auch einzelne »Ja, aber ...«-Überlegungen für jeden Schritt auftreten. Schauen Sie sich einfach Ihre Liste und die Schritte noch einmal an und schreiben Sie einige Einwände auf, selbst wenn sie sich noch gar nicht von selbst gemeldet haben.

Hier ist ein Beispiel – ich werde nicht die einzelnen Schritte jedes Vorhabens durchgehen, sondern nenne nur die allgemeinen Einwände gegen die Pläne generell.

1. **Das Büro aufgeben und nur in Cafés in Fano arbeiten, maximal vier Stunden am Tag**
   Ja, aber was, wenn ich einen größeren Bildschirm brauche? Oder wenn ich mal allein sein möchte? Oder wenn ein vertrauliches Skype-Telefonat ansteht? Oder wenn ich mit mehreren Ordnern und Büchern arbeite (wie jetzt gerade zum Beispiel)?

2. **Den Roman schreiben**
   Ja, aber das ist echt Luxus. Es gibt auch Dinge, die ich wirklich gerne mache, mit denen ich Geld für unsere Familie verdiene, also warum sollte ich Zeit auf ein Projekt wie dieses verschwenden, das wahrscheinlich kein Geld einbringt?

3. **Durch die USA reisen: Los geht es in New York, und zum Abschluss stehen Gaia und ich Hand in Hand in San Francisco, wo wir uns verlobt haben**
   Ja, aber das wird ein Vermögen kosten. Ist es nicht besser, das ins übernächste Jahr zu verschieben? Wir sollten kein Geld aus dem Fenster schmeißen, das wir für wichtigere Dinge gebrauchen könnten.

4. **Zwei Blogs mit wöchentlich einem Eintrag schreiben: einen für Privatpersonen, einen für Unternehmen; sie berühmt machen**
   Ja, aber nachher stecke ich viel Mühe in diese Blogs und keiner liest sie – wie kriegt man denn überhaupt Menschen dazu, einen Blog zu lesen, wo es doch schon Tausende andere gibt?

5. **Mein Buch *Bob, der Buddha* herausbringen, ein Bob-Museum in London eröffnen**
   Ja, aber ... äääh ... Kein Aber. Ich muss es einfach tun. Es ist recht leicht umzusetzen (das Buch habe ich ja schon geschrieben) und es wäre toll, es der Welt in die Hände zu legen.

6. **Die neue Marke »*Fuck It* für Unternehmen« gründen, die sich an Unternehmen richtet**
   Ja, aber die Leute, die *Fuck It* nur als therapeutischen Gedanken kennen, reagieren vielleicht ungehalten auf den unternehmerisch-kapitalistischen Ansatz dieser Idee.

Und nun können Sie diese Einwände einfach durchgehen und sie entkräften. Um Ihnen zu zeigen, wie das geht, nehme ich mir den letzten noch einmal vor:

6. **Die neue Marke »*Fuck It* für Unternehmen« gründen, die sich an Unternehmen richtet.**
   Ja, aber die Leute, die *Fuck It* nur als therapeutischen Gedanken kennen, reagieren vielleicht ungehalten auf den unternehmerisch-kapitalistischen Ansatz dieser Idee.

Entkräftung: Nun, zwingen wir das Konzept einfach niemandem auf. Wir könnten es als freiwillige Option über den Verteiler anbie-

> Die **Fuck-It**-Kreditkarte: für Leute, die »**Fuck It**, ich kaufe das jetzt einfach« sagen.

ten oder auch alle möglichen anderen Leute ansprechen. Das könnte so klingen: »Wenn Sie sich dafür interessieren, wie *Fuck It* für Ihr Unternehmen funktionieren könnte, tragen Sie sich hier ein.« Dann sind wir in der Lage, Nachrichten (und Blog-Links) *nur* an diejenigen zu schicken, die sich dafür angemeldet haben. Problem gelöst.

Zufälligerweise ist es für Unternehmen übrigens Gold wert, die »Ja, aber«-Einwände zu durchdringen, wenn es etwa um Geschäftsangebote geht.

Und nun ... wähle ich einige beliebige Begriffe aus den letzten Sätzen aus (eine zufallsbasierte Methode wie diese kann ein toller Weg sein, auf funkelnagelneue Ideen zu kommen) – »anbieten«, »Gold«, »*Fuck It*«.

Okay, wir schaffen eine *Fuck-It*-Kreditkarte: eine, die man benutzen kann, um »*Fuck It*, ich kaufe das jetzt einfach« zu sagen.

Tolle Idee, Parkin. Hat jemand Einwände?

Warum sollte ich Ihnen vertrauen? Sie sind kein Finanzinstitut.
Na ja, ohne ein Finanzinstitut wäre das Ganze ohnehin nicht möglich. Daher müsste die Bank, mit der wir dabei zusammenarbeiten, allen Leuten geläufig sein. Ich glaube, HSBC hat beispielsweise ein solches Kreditkarten-Partnerprogramm.

Es ist absolut verantwortungslos, Menschen dazu zu bringen, »*Fuck It*« zu sagen und Dinge auf Kredit zu kaufen. Das könnte sie in die Schuldenfalle treiben, mit allem, was damit einhergeht.
Okay, gutes Argument. Vielleicht wäre eine »*Fuck It*, gönnen Sie sich etwas«-Karte besser: Eine Kreditkarte, die Sie monatlich mit einem beliebigen Betrag aufladen können. Das wäre ein bisschen wie Sparen – Sie könnten 100 Pfund auf Ihre »Gönn dir was«-Karte überweisen und sie dann ausgeben, wenn Ihnen der Sinn danach steht. Das wäre eine verantwortungsbewusste Art und Weise, sich

etwas zu gönnen, und es würde die Karte deutlich von anderen unterscheiden (unser Einwand dagegen lautet, dass es viel schwieriger umzusetzen wäre).

Das ist doch nur eine Methode, um mit uns Geld zu verdienen, oder? Ich dachte, Sie wollten Menschen helfen.
Gut, dass Sie das fragen, denn es ist so, dass 20 Prozent unserer Einnahmen in die *Fuck-It*-Stiftung fließen, die Menschen, die in verhassten Jobs feststecken, »Fluchtkapital« zur Verfügung stellt, damit sie ihren Traum ausleben und das machen können, was sie gerne tun. Sie erhalten von der Stiftung für sechs Monate ein finanzielles »Kissen«, um ihr neues Vorhaben auf die Beine zu stellen.

So, haben Sie erkannt, wie die Auseinandersetzung mit Einwänden zu interessanten neuen Ideen führen kann? Wahrscheinlich wird es Ihnen genauso ergehen, wenn Sie sich Ihre »Ja, aber«-Überlegungen vornehmen.

FUCK IT,

ICH KANN MACHEN,

WAS ICH GERNE TUE.

Wenn Sie zu Schuldgefühlen neigen,

wenn Sie bis zur Erschöpfung selbstlos sind,

wenn Sie sich immer hintanstellen,

wenn Sie immer sagen: »Nein, bitte, erst du« –

dann ist dieses das richtige Mantra für Sie.

Gleich werden wir uns mit ein paar schwerwiegenden »Ja, aber«-Einwänden auseinandersetzen – etwa woher wir die Zeit oder das Geld nehmen sollen, das zu machen, was wir gerne tun. Doch zunächst wollen wir uns zusammensetzen und über Ihr »Lebensziel« reden, das »Warum« hinter dem, was Sie gerne machen würden.

Das Ziel bestimmen

> *»Bestimmen Sie das grundlegende,*
> *konkrete Ziel Ihres Lebens, und ordnen Sie*
> *alle Ihre Aktivitäten um es herum an.«*[5]
>
> Brian Tracy – Autor und Motivationsredner

Ja, gießen Sie sich ein Glas Whisky ein (oder ein anderes Getränk Ihrer Wahl) und setzen Sie sich mit mir in diese Ohrensessel neben dem knisternden Kaminfeuer. Draußen tobt ein Sturm, doch hier drinnen sind wir sicher.

Es ist Zeit für ein Gespräch. Über das Lebensziel. Denn ungefähr jedes Buch, das Sie aus dem Selbsthilfe-Regal Ihrer Buchhandlung ziehen, wird schon auf den ersten Seiten darauf bestehen, dass es ein entscheidender Schritt ist, ein solches Ziel zu definieren. Sobald das geschehen ist, wird alles wie von selbst laufen, da Sie völlig fokussiert sind und das ganze Universum sich bemüht, Ihnen zu helfen.

Hier sind ein paar Lebensziele, die ich auf die Schnelle im Internet gefunden habe. Welches Zitat von wem stammt, sage ich Ihnen gleich.

»Das Bewusstsein der Menschheit durch Unternehmertum zu steigern.«

»Die Welt als einen besseren Ort zu hinterlassen, als ich sie vorgefunden habe – für Pferde und auch für Menschen.«

»Dem Herrn demütig zu dienen, indem ich ein liebevolles, ausgelassenes, starkes und leidenschaftliches Beispiel für die absolute Freude bin, die für uns erreichbar ist, sobald wir uns an Gottes Gaben erfreuen und seine Schöpfung aufrichtig lieben und ihr dienen.«

Was halten Sie von diesen Aussagen? (Denken Sie dran, wir sitzen immer noch am Kaminfeuer und unterhalten uns.)

Wollen Sie einen Versuch wagen, *Ihr* Lebensziel zu formulieren, bevor wir weitermachen? Denn das könnte das Warum sein, das allem, was Sie (gerne) machen, eine Richtung gibt. Also los, kritzeln Sie es auf die Rückseite eines Briefumschlags. Ist ja schnell gemacht, dieser eine Satz, der das Ziel Ihres gesamten Lebens zusammenfasst.

Entschuldigung, klang das ein wenig sarkastisch? Wahrscheinlich ahnen Sie schon, wie ich zu dieser Sache stehe. Glauben Sie mir, wenn ich in der Lage wäre, mein Lebensziel zu bestimmen und es in einen handlichen Satz zu verpacken, den ich mir auf den Handrücken tätowieren lassen könnte, damit ich ihn immer und ewig vor Augen hätte, würde ich es tun. Ich habe es versucht (nicht das Tätowieren, aber das mit dem zusammenfassenden Satz). Wirklich. Mehrmals.

> Wenn ich mein Lebensziel bestimmen und es mir tätowieren lassen könnte, würde ich es tun.

Das Problem besteht nicht nur darin, dass diese Bemühung meine leicht unentschlossene Seite viel stärker zum Vorschein bringt: »Oh, soll ich das Wort ›kreativ‹ oder ›verspielt‹ benutzen? Was fasst am besten zusammen, was ich tue? Das ist ganz wichtig.« Das Problem ist viel größer. Versuchen Sie es doch einfach und wir schauen einmal, wie es Ihnen ergeht.

Es besteht auch darin, dass ein solcher Satz nur einen Teil von uns widerspiegelt, meist den »besten« Teil, den wir betonen wollen. Nehmen Sie die Aussage von D. C. Cordova, Mitbegründerin der Excellerated Business School: *»Das Bewusstsein der Menschheit durch Unternehmertum zu steigern.«*

Na ja, wo soll ich anfangen? Zum einen haben wir es hier mit jemandem zu tun, der wahrscheinlich auch die weitreichenden Aspekte des Unternehmertums genießt, die nichts damit zu tun haben, »das Bewusstsein der Menschheit zu steigern« – die groß angelegten Meetings, das protzige Auftreten, den Kitzel des Erfolgs, das prall gefüllte Konto, die schicken Autos, den Respekt und so weiter.

Und was bedeutet das überhaupt – »das Bewusstsein der Menschheit zu steigern«? Wie misst man das? Die neuesten »Menschheitsbewusstseinszahlen« sind gerade eingetroffen, sie verzeichnen einen Anstieg: tolle Neuigkeiten! Und woher weiß man dann, dass man selbst etwas damit zu tun hatte? Acht von zehn Mitgliedern der

Menschheit, deren Bewusstsein im letzten Jahr gesteigert wurde, sagten aus, das sei auf D. C. Cordova und ihr bewusstseinssteigerndes Unternehmertum zurückzuführen.

Nun kenne ich D. C. Cordova zwar nicht und weiß nichts über sie (ich recherchiere extra nicht, wer sie ist; ich weiß nur, dass es sich um eine »sie« handelt und nicht um einen »er«), doch ich frage mich, wie ihre Absichten für sich selbst und ihr Unternehmen aussähen, wenn sie ganz und gar ehrlich wäre. Vielleicht klänge es dann eher so: *»Richtig erfolgreich damit zu sein, anderen zum Erfolg zu verhelfen, und die Früchte dieses Erfolgs in vollen Zügen zu genießen, wozu auch ein Haus am Strand von Malibu gehört sowie ein Porsche, um dorthin zu fahren.«*

Und wie sieht es hiermit aus: *»Die Welt als einen besseren Ort zu hinterlassen, als ich sie vorgefunden habe – für Pferde und auch für Menschen«*? Das stammt von Monty Roberts, dem Autor von *Der mit den Pferden spricht.* Wo soll ich hier anfangen? Lassen wir die Sache mit den Pferden und den Menschen noch einen Augenblick außer Acht und konzentrieren uns auf *»Die Welt als einen besseren Ort zu hinterlassen, als ich sie vorgefunden habe«.*

Meine Überlegungen (und diese Liste erhebt keinen Anspruch auf Vollständigkeit):

- Wie beurteilt man das? Was entscheidet darüber, ob die Welt ein »besserer« oder »schlechterer« Ort ist, wenn man sie verlässt, im Vergleich dazu, wie man sie vorgefunden hat? Die Anzahl der Armen? Die Anzahl der Autos pro Familie? Das durchschnittliche weltweite Glücksniveau? Die Anzahl der Menschen, die in jenem Jahr in einem Krieg sterben? Die Anzahl der kandierten Äpfel, die jährlich produziert werden?
- Selbst wenn wir einen Weg finden, den Einfluss eines Menschen auf die Welt zu messen, wie wahrscheinlich ist es, dass er sie »besser« gemacht hat? Ernsthaft? Wer ist er, Jesus?
- Was bedeutet es dann, wenn man dieses Ziel nicht erreicht hat (obwohl das ja erst beurteilt wird, wenn man nicht mehr auf Erden weilt)? War das Leben dann völlig sinnlos?

Lassen Sie uns jetzt einen Blick auf den »für Pferde und auch für Menschen«-Teil werfen. Gut, ich nehme an, dadurch legt Roberts in gewisser Weise fest, woran man den Erfolg messen kann, obwohl ich keine Ahnung habe, wie sich ermitteln lässt, ob die Welt ein besserer Ort für Pferde geworden ist. Selbst wenn wir nur einen Staat der USA betrachten, woher sollen wir wissen, ob sich für die Pferde dort irgendetwas verbessert hat? Tollen sie gerne wild und frei über die Ebenen? Oder werden sie lieber von Menschen verhätschelt und umhegt, liebkost und verehrt? Aber der Mann ist der, »der mit den Pferden spricht«, vielleicht kennt er sich aus.

Und ich finde es einfach großartig, dass die Menschen nur als Zusatz auftauchen, nach »auch«. Als Nachklapp, wie in »Nachdem ich die Küche geputzt habe, wische ich im Wohnzimmer noch eben schnell Staub.« Das heißt: »*Sobald ich mich um das Wohlergehen aller Pferde auf der Erde gekümmert habe, wende ich mich den Menschen zu.*« Ich glaube, da ist eine Art Gottkomplex am Werk: »*Ich will der Welt den Frieden bringen, alle Kriege und jegliches Leid beenden und den Pferden eine Stimme geben.*«

Vielleicht ist ein Lebensziel (von Natur aus) Ihr Ding

Ich möchte gar nicht sagen, dass Sie auf keinen Fall ein großes Lebensziel verfolgen und Großes bewirken dürfen. Man schaue nur auf Gandhi, Alexander Fleming (den Entdecker des Penicillins), Winston Churchill, Henry Ford, Thomas Edison, John F. Kennedy, Jeremy Clarkson ... Was haben diese äußerst zielstrebigen Menschen (eine willkürliche Auswahl meinerseits) nicht alles erreicht? Und das gilt ebenso für die dunkle Seite der Zielstrebigkeit – Beispiele dafür sind Hitler und Stalin.

Vielleicht ist ein solches hehres Ziel genau Ihr Ding (damit meine ich natürlich nur positive Vorhaben). Vielleicht wissen Sie schon seit Langem, was Ihr Ziel ist. Vielleicht ist es das, was Sie jeden Tag antreibt. Vielleicht haben Sie gar keine Wahl – vielleicht müssen Sie es einfach tun. Vielleicht macht es Ihnen sogar Freude, dann sind

> Sagen Sie **Fuck It** zur Vorstellung eines einzigen Lebensziels.

Sie ein Glückspilz – in diesem Fall stellt sich die Frage: Warum lesen Sie dieses Buch überhaupt? Sie sind auf Kurs, haben Freude an dem, was Sie tun, und ich wette, es läuft alles ziemlich super, oder?

Ja, Sie sind ein Glückspilz. Aber was ist mit uns anderen? Mit uns, den Massen ...

1. ... die keine unleugbare Mission auf dieser Erde auferlegt bekommen haben (oder sie selbst entdeckt hätten).

2. ... die wir uns selbst dann, wenn wir eine solche Mission hätten und alles dafür täten, im Anschluss trotzdem anderen Dingen zuwenden würden.

3. ... die von einer Vielzahl von widersprüchlichen Kräften und Wünschen angetrieben werden: dem Verlangen, anderen zu helfen, aber manchmal auch zuerst an sich selbst zu denken, dem Willen, Gutes zu tun, aber auch ein bisschen böse zu sein.

Für uns ist der eine Satz, der das »Lebensziel« beschreibt, entweder nicht zutreffend oder nur zeitweilig korrekt, oder er stellt schlicht und einfach eine Beschränkung dar.

FUCK IT, ICH BRAUCHE DAS NICHT.

Stellen Sie sich vor, Sie streckten die Hand mit der Handfläche nach vorn aus, während Sie dieses Mantra sagen – so wie es ein Kind macht, wenn es Nein zu etwas sagt.

Oh, aber John, man könnte doch sagen (und es gibt auch Leute, die das tun), dein Lebensziel sei völlig klar – schließlich hast du Hunderttausenden Menschen auf die eine oder andere Weise geholfen, mit deinen bodenständigen, humorvollen Ratschlägen und deiner Philosophie. Das ist deine Gabe ... das ist doch sicher auch dein Lebensziel?

Ich sehe das nicht so. Selbst wenn man dieses eine Buch als Beispiel heranzieht: Ja, mein Ziel ist es, vielen Leuten dabei zu helfen, das zu finden, was sie gerne machen, und es auch zu tun. Es sollte sich GROSSARTIG anfühlen, dass diese Sammlung von Seiten nach ihrem Erscheinen tatsächlich täglich dazu beitragen könnte, dass Menschen bei dem, was sie tun, glücklicher sind.

Aber ich muss das aufschreiben, damit ich dieses Gefühl bekomme. Ich empfinde es auch, wenn ich E-Mails von Leuten erhalte, die sich bei mir bedanken, doch das macht nicht mein »Lebensziel« aus. Ich schreibe dieses Buch nicht nur für Sie (tut mir leid). Ich schreibe es, weil ... (lassen Sie mich versuchen, so ehrlich wie möglich zu sein)

- ... ich mir selbst in Erinnerung rufen möchte, wie man auf Kurs bleibt und immer das macht, was man gerne tut.
- ... »das, was man gerne tut« eine ewig währende Mission für mich ist. Mir sind im Zusammenhang damit eine Reihe toller Ideen gekommen, und die möchte ich mit Ihnen teilen, wie man es unter Freunden tut.
- ... der Schreibprozess mit einer Abgabefrist auf eine ganz besondere Art und Weise interessante Dinge aus meinem Kopf herauspresst – manches davon ist nützlich, manches eher lustig. Das mag ich. Der kreative Prozess an sich ist, obwohl manchmal natürlich frustrierend, insgesamt befriedigend ... Ich gerate in den Flow, über den wir weiter oben gesprochen haben, in dem sich die Zeit auflöst und ich völlig versunken bin.
- ... ich gerne etwas »produziere«, auf dem mein Name steht. Ich stoße gerne in Buchhandlungen auf meine Bücher. Nicht wegen des Effekts, den sie vielleicht haben, sondern weil es mich mit Stolz erfüllt.
- ... die Bücher Erfolge sind – ebenfalls ein Ego-Ding, aber *Fuck It*, ich mag es eben, wenn mir etwas gelingt. Es gefällt mir, dass die Leute meine Texte mögen. Auch Sie können gerne bei mir vorbeikommen, mir auf die Schulter klopfen und mir sagen, wie genial ich bin. Das wollen wir doch alle, oder? Es ist nur schwierig, es zuzugeben.
- ... es eine ziemlich gute Methode ist, unser Leben zu finanzieren, den Hauskredit abzubezahlen, Kleidung für die Jungs zu kaufen und mit der Familie in Urlaub fahren zu können. Dass ich dieses

Buch schreibe und das Geld dann über Jahre auf mein Konto
fließt, ist ein positiver Nebeneffekt, und zwar ein sehr bedeutender positiver Nebeneffekt.

● ... das Schreiben von Büchern – jedes Mal wieder – auf meiner
   Liste von Dingen steht, die ich gerne mache: Ich fand es früher
   toll, finde es jetzt toll und werde vermutlich auch in Zukunft
   irgendeine Ausprägung dieser Beschäftigung toll finden. Klar, es
   macht nicht nur Spaß. Manchmal ist es auch echt hart: Wenn ich
   herausfinden muss, wie ich etwas am besten rüberbringe, den
   richtigen Rhythmus, die richtigen Worte und den richtigen Ton-
   fall suche ... das sind schwierige Phasen, doch ehrlich gesagt
   mag ich sogar die. Anscheinend machen erst diese Phasen, dieses »Herauspressen«, wie ich es eben genannt habe, das Produkt
   letztendlich möglich.

So klingt es, wenn ich ehrlich bin – ich schreibe dieses Buch also
aus einer Vielzahl von Gründen.

> **Wir sagen Fuck It
> aus einer Vielzahl
> von Gründen.**

Und das gilt genauso für *Fuck It*. Klar,
es ist wunderbar, dass diese Worte Leuten
helfen, aber es geht uns nicht nur darum.
Vielleicht könnte ich die Gründe in einem
(langen) Satz zusammenfassen. Bei Anthony Robbins (den kennen
Sie, oder?) klang das so:

> »Dem Herrn demütig zu dienen, indem ich ein liebevolles,
> ausgelassenes, starkes und leidenschaftliches Beispiel für die
> absolute Freude bin, die für uns erreichbar ist, sobald wir uns
> an Gottes Gaben erfreuen und seine Schöpfung aufrichtig lie-
> ben und ihr dienen.«

Mein Satz würde allerdings sicherlich anders klingen. Es kämen
Ausdrücke wie »frei von Respekt«, »kreativ« und »auf provokative
Weise« darin vor. Aber er würde dennoch ein fixes und wahrscheinlich einschränkendes und nur zeitweilig gültiges Bild von dem vermitteln, was ich bin (und Sie vermutlich auch): eine wandelbare,
sich verändernde, fließende, bunt gemischte, widersprüchliche, von

unterschiedlichen Dingen angetriebene, selbstlose und selbstsüchtige, gute und schlechte, geniale und bescheuerte, unterhaltsame und langweilige Person.

Für mich sind Menschen genau das – ein Gefäß, durch das die Lebensenergie fließt. Und wenn ich dem Universum die Botschaft schicke, dass dieses Gefäß nur für eine bestimmte Art Energie offensteht, werde ich wahrscheinlich auch nur für diese Art Energie empfänglich sein, während ich alle anderen Formen der Lebensenergie abblocke.

Mir kommt es so vor, als hätten die meisten von uns das Problem, dass ihnen eine Vielzahl von Etiketten anhaftet (für die wir selbst oder andere verantwortlich sind). Wir haben uns durch unsere Überzeugungen (in Bezug auf uns selbst und die Welt) Einschränkungen auferlegt und uns durch das, was wir als unsere Pflicht wahrnehmen, verschlossen ... sodass wir nicht länger offene Gefäße für die Lebensenergie sind. Und ein festes Lebensziel kann leicht zu dieser Etikettierung beitragen (»Ich bin *diese* Art Mensch – das ist mein Ziel und nichts anderes.«)

Daher lade ich Sie (und auch mich) dazu ein, offen zu sein statt verschlossen.

Dem inneren Drang folgen

Ich habe in meinem Leben etwas identifiziert, das mir erlaubt, das zu machen, was ich gerne tue, und mich dem Flow hinzugeben – vielleicht hilft es Ihnen ebenfalls. Der beste Begriff dafür lautet »DRANG«, auch wenn man ihn leicht fehlinterpretieren kann.

Dabei geht es nicht um den Druck, bestimmte Dinge zu tun, der uns von außen auferlegt wird, sondern um den inneren Tatendrang, den wir verspüren. Ein »Drang« ist stärker als der Flow oder ein Verlangen. Ihm wohnt eine gewisse zwingende Kraft inne. Heute Morgen hätte ich ein Dutzend dringende E-Mails durchgehen sollen, aber ich verspürte den DRANG, diesen Abschnitt über Lebensziele zu schreiben. Also habe ich mich

Der »Drang« passt perfekt zur **Fuck-It-**Philosophie.

ihm nicht widersetzt. Der »Drang« passt perfekt zur *Fuck-It*-Philo-sophie: »*Fuck It*, ich muss es einfach tun.«

Mir ist aufgefallen, dass sich viele der interessantesten Dinge, die ich getan habe, auf dieses Gefühl des Drangs zurückführen las-sen – ich *musste* sie einfach machen. Hätte ich ein festes Ziel vor Augen gehabt, hätte ich so manches Mal einen bestimmten Drang einfach unterdrückt, weil er vom Ziel ablenkte. Doch wenn ich dem Drang folge, wird er zu meinem Ziel. Der Rest geschieht ganz wie von selbst.

Wenn Sie den Drang verspüren, eine Sache zu machen, die Sie gerne tun – ich benutze hier den Singular, doch ich meine damit den Plural; es geht nicht nur um eine Tätigkeit, sondern um all die stetig wechselnden, verschiedenen Dinge, die Sie gerne machen – dann kann dieser Drang (im Grunde ein Wunschgefühl nach Auf-putschmitteln) das Ziel selbst darstellen.

FUCK IT,
ICH MUSS ES TUN.
Wenn Sie der Drang überkommt,
setzen Sie dieses Mantra ein,
um ihm nachzugeben.

Und jetzt verspüre ich den Drang, über Mut zu reden. Lust auf einen weiteren Whisky? Mann, was für ein tolles Gespräch!

Den Mut aufbringen

»Das Leben ist ein ständiger Entscheidungs-
prozess zwischen Sicherheit (aus Angst und
einem Bedürfnis nach Schutz heraus) und Risiko
(um Fortschritt und Wachstum zu erreichen).
Entscheiden Sie sich ein Dutzend Mal
am Tag für Wachstum.«

Abraham Maslow,
US-amerikanischer Psychologe

Diese Beobachtung gefällt mir. Nur das mit der Anzahl macht mir Probleme: »ein Dutzend Mal am Tag«? Was macht das, vier- bis fünfmal vor dem Mittagessen? Muss ich wirklich vier bis fünf solcher Entscheidungen schon am Vormittag treffen? Das kann ich mir nicht vorstellen – zu der Zeit geht es bei mir hauptsächlich darum, ob ich Eier oder Joghurt zum Frühstück esse und ob ich Rooibos-Tee oder Yogi-Tee trinke. Ja, wirklich.

»Was immer du tun kannst oder
zu tun träumst, fange damit an.
Kühnheit trägt Genie, Kraft und Magie in sich.
Fange jetzt an.«

Johann Wolfgang von Goethe

Ah, das finde ich wirklich toll. Sehr inspirierend, dieser Goethe. Großer Wortkünstler, ähm, okay – »Der Worte sind genug gewechselt, lasst mich auch endlich Taten sehn!«[6] Sehen Sie: ein Wortkünstler.

(Zumindest wollte ich das gerne sagen – ich ging davon aus, dass das obere Zitat, das auf Englisch sehr bekannt ist, tatsächlich von Goethe obere stammt. Doch das stimmt gar nicht, und selbst die Ver-mutung, dass es auf einer sehr freien Übersetzung einer Zeile aus *Faust* basiert, ist ziemlich weit hergeholt. Daher ist es lustig, dass ich Goethe als Wortkünstler bezeichnen wollte, denn das sind mit ziemlicher Sicherheit nicht seine Worte, wahrscheinlich hat der Satz rein gar nichts mit ihm zu tun.)

Wenn Sie ermittelt haben, was Sie gerne tun, aber auch wissen, dass Sie es nicht oft genug machen (was übrigens ein angemessener Zwischenstand an dieser Stelle des Buches wäre) – selbst wenn Sie verstärkt den »Drang« verspüren, es zu tun – sind mehrere Gründe denkbar, warum es Ihnen so schwerfällt.

Der erste Grund ist: A...a...a...angst.

Angst vor dem Scheitern. Angst, sich lächerlich zu machen. Angst vor Bloßstellung. Angst vor Veränderungen. Angst vor Verlust. Angst, sich in die Hose zu machen. Ja, wirklich. Dazu habe ich eine gute Geschichte parat. Sie kommt gleich.

Schauen Sie sich jetzt an, was Sie gerne täten, und versuchen Sie, das zu entdecken, wovor Sie Angst hätten, wenn Sie diese Dinge angingen. Möglicherweise geht es nicht unbedingt um das Vorhaben selbst, sondern eher um die Reaktion Ihres Umfelds. Vielleicht jagt Ihnen das Paragleiten vom Mount Everest keine Angst ein, aber Ihre Familie dreht bei dem Gedanken durch. Also machen Sie sich Sorgen darüber, wie sie damit umgehen wird. Doch am gängigsten ist die Angst vor dem Scheitern oder davor, sich lächerlich zu machen.

》 Ich sagte *Fuck It* und kündigte meine Stelle, um freie Journalistin und Autorin zu werden. Das geschah irgendwie fast von allein, da ich der Idee gegenüber offen war und meinen Ängsten keine Beachtung schenkte (und denen anderer Leute übrigens auch nicht).

Es fühlt sich richtig an, damals wie heute, auch wenn es manchmal immer noch unheimlich ist. Ich habe meine frühere Arbeit sehr gerne gemacht, aber mir hat der Arbeitsort nicht gefallen. Jetzt schreibe ich dort, wo ich will, bereise die ganze Welt und arbeite auf ein ortsunabhängiges Büro hin. **《**

Anne van den Berg – Zwolle, Niederlande

Okay, okay, jetzt erzähle ich Ihnen die Geschichte, weil sie eine nette *Fuck-It*-Parabel darstellt. (Ich glaube, das war das erste Mal, dass das Wort »Parabel« zusammen mit dem Ausdruck »Fuck It« verwendet wurde – ich sollte das öfter tun.)

> Das war das erste Mal, dass das Wort »Parabel« zusammen mit dem Ausdruck »**Fuck It**« verwendet wurde.

Den Mut aufbringen, Musik zu machen

Sie wissen ja mittlerweile, dass die Musik in den letzten Jahren einer der Schlüsselbereiche war, in denen ich meinem inneren Drang gefolgt bin. Als ich erkannt hatte, dass ich wieder Musik machen wollte (als Kind und als Jugendlicher hatte ich auf dem Klavier und der Gitarre herumgeklimpert), versuchte ich es mit digitalen Klängen.

Doch dabei musste ich mich auf allen Ebenen meinen Ängsten stellen. Erst gab es Probleme mit der Technologie (ich hatte die Software »Ableton Live«). Als ich verstanden hatte, wie sie funktioniert, schaffte ich es nicht, meine Ideen umzusetzen. Es gelang mir nicht, komplexe musikalische Elemente zusammenzubringen, und meine Stimme passte auch nicht dazu.

Das machte mir große Sorgen, und ich spielte oft mit dem Gedanken aufzugeben (fragen Sie Gaia). Schon der erste Schritt – die Software auf meinem Rechner zum Laufen zu bringen – dauerte Monate. Ich war frustriert und hatte Angst: Angst zu scheitern, Angst, unfähig zu sein, Angst, mich zum Narren zu machen, weil ich viel Zeit in etwas steckte, das nichts taugte.

Doch ich verspürte den Drang, Musik zu machen. Der Gedanke, ich könne eines Tages solche Songs erschaffen, wie ich sie selbst gerne hörte, und sie vor einem Publikum spielen – andere Menschen zu meiner elektronischen Musik tanzen zu sehen – hielt mich bei der Stange. Der Drang, etwas zu erschaffen und schließlich eine Art ultimative Schöpfung zu vollenden (ein ganzer Auftritt?), war extrem ausgeprägt. Also machte ich weiter.

FUCK IT,
ICH SCHAFFE DAS.

Wenn Sie richtig mit etwas zu kämpfen haben und
zwischendurch aufgeben wollen – oder die Hoffnung verlieren,
je Erfolg zu haben – denken Sie daran, dass Sie es
mit einem lauten *Fuck It* schaffen können.

Und ich bekam meinen Auftritt, er fand im Herbst 2013 statt. Eine
zweistündige »*Fuck It* Experience«-Veranstaltung vor 300 Leuten in
der Bush Hall in London. Ich hatte höllische Angst. Doch eigentlich
wollte ich von einem anderen Erlebnis berichten, bei dem sich die
Angst ganz konkret auswirkte und das mehr als ein Jahr vor dem
Auftritt geschah.

Im Frühjahr 2012 war ich so weit, einige echt interessante Mu-
sikstücke geschaffen zu haben. Besonders ein Track, *Say Fuck It
and Be Free*, war richtig gut. Mein Verlag, Hay House, hatte mich
gebeten, beim »Ich schaffe das«-Wochenende in London einen
20-minütigen Vortrag zu halten, und ich beschloss, dass ich als Teil
dessen vor den 1.000 Zuhörern *Say Fuck It and Be Free* spielen
wollte (vor dieser Veranstaltung hatten nie mehr als zehn Personen
gleichzeitig meine Musik gehört).

Ich nutzte den Song und die Tatsache, dass ich ihn dort spielte,
als Aufhänger dafür, wie wir es, wenn wir wirklich wollen, schaffen
können, *Fuck It* zu sagen, das zu machen, was wir gerne tun, und
Außergewöhnliches zu erreichen. Und diese 20 Minuten waren
wirklich außergewöhnlich. Das Publikum war ganz bei mir, alle
verstanden, was für ein großes Ding das für mich war und wie viel
Mut es mich kostete, zum ersten Mal vor so vielen Leuten meine
Musik zu präsentieren. Als ich den Song spielte, waren alle sofort
auf den Beinen: Sie tanzten, klatschten und sangen den Refrain
mit.

Es war GROSSARTIG, einfach umwerfend. Und allein diese wenigen Minuten auf der Bühne machten alle Mühen und Schwierigkeiten wett. Ich hatte getan, was ich unbedingt gewollt hatte. Ich tat

gerade, was ich unbedingt wollte. Ich hatte den Mumm gehabt, auf die Bühne zu steigen und es durchzuziehen. Dieses fabelhafte Gefühl bekommt man, wenn man *macht, was man gerne tut.*

Doch an jenem Tag war niemandem bewusst, was ich kurz vor dem Auftritt durchgemacht hatte. Diese Geschichte sparte ich mir für ein Jahr später auf, als ich beim nächsten »Ich schaffe das«-Wochenende erneut 20 Minuten auf der Bühne stand. Ich weiß noch genau, was ich in dieser Zeit sagte, weil ich die Rede sorgfältig vorbereitet und Wort für Wort auswendig gelernt hatte, mit den richtigen Gesten zum richtigen Zeitpunkt. Daher genügt jetzt ein Klick auf eine Datei auf meinem Computer, um meine genauen Worte wiederzugeben:

Vortragsskript für »Ich schaffe das« 2013

Wenn Sie im letzten Jahr hier dabei waren, werden Sie sich daran erinnern, dass ich damals hier oben stand und etwas zum ersten Mal tat … Ich spielte Musik, die ich geschaffen und aufgenommen hatte. Und dass ich deswegen nervös war.

Was ich Ihnen damals verschwieg, war, was in den Minuten vor meinem Auftritt geschehen war. Was ich Ihnen jetzt erzählen werde, ist sehr peinlich für mich. Und daher wahrscheinlich ziemlich lustig für Sie. Ich gehe durchaus ein Risiko ein, wenn ich es Ihnen erzähle, aber *Fuck It,* ich tue es einfach.

Zehn Minuten, bevor ich auf der Bühne stehen sollte, überlegte ich mir, besser noch einmal die Toilette aufzusuchen. Ich weiß nicht, wie das bei Ihnen ist, aber ich gehe dabei immer auf Nummer sicher, so wie es viele Leute machen, bevor sie eine Reise antreten: besser einmal zu viel als einmal zu wenig. Da ich nicht mitten in meinem Vortrag von einem gewissen Bedürfnis überrascht werden wollte, ging ich also noch einmal auf die Toilette.

Ich stand in der Kabine, tat, was zu tun war, und beruhigte mich angesichts meines Vortrags. Ich zog den Reißverschluss hoch, öffnete die Tür und trat aus der Kabine heraus. Dabei sah ich zufällig an mir herunter und entdeckte … na ja, sagen wir mal, ich entdeckte einen feuchten Fleck auf meiner hellen Hose.

Ich hatte wohl irgendwie einen Augenblick lang nicht aufgepasst …
und mein Hosenbein getroffen. Viele der Frauen unter Ihnen mag das
nicht sonderlich überraschen – dass ein Mann nicht richtig »zielt« – doch
für mich war es in dem Augenblick eine schockierende und verstörende
Erkenntnis. Ich fühlte mich plötzlich wie an einem Abgrund. Ich wandte
den Blick ab und schaute wieder hin. Der Fleck war immer noch da. Ich
dachte, ich bekäme einen Herzinfarkt. Buchstäblich. Ich sah auf die Uhr.
Noch acht Minuten, bis ich vor 1.000 Menschen auftreten sollte.

Ich musste handeln. Mein Blick raste umher auf der Suche nach einem Händetrockner. Keiner da. Ich schnappte mir ein Papierhandtuch
und begann, hektisch am Fleck herumzureiben, doch das führte nur zu
feuchten Papierklümpchen. Und einem größeren Fleck.

Noch sieben Minuten. Ich musste eine andere Toilette finden.

Ich verließ den Backstage-Bereich und lief ins Publikumsareal, wo es
vor Menschen WIMMELTE, da gerade Pause war. Ich versuchte, den
Fleck hinter meiner Wasserflasche zu verstecken, und humpelte zu den
Toiletten. Dort hingen, Gott sei Dank, zwei wunderschöne glänzende
Edelstahl-Händetrockner. Puh!

Am liebsten hätte ich sie geküsst, doch das wäre hygienetechnisch
betrachtet wohl keine so gute Idee gewesen. Ich entspannte mich, ging
zu einem der Trockner, hielt meine Hand vor den Sensor und hob dann
mein Bein, damit der warme Luftstrom den peinlichen Fleck zum Verschwinden brächte. Doch nur Sekunden später brach der Luftstrom ab.
Ich bewegte meine Hand vor dem Sensor hin und her, aber ohne Erfolg.

Weiteres Wedeln, weiterhin nichts. Also hüpfte – ja, hüpfte – ich zum
zweiten Trockner, der aber nicht einmal ansprang. Jetzt stand ich auf einem Bein dort und fuchtelte voller Verzweiflung mit beiden Armen unter
den Trocknern herum.

An dieser Stelle möchte ich den Pause-Knopf drücken und meine
damaligen Gedanken darlegen. Die sahen – sechs Minuten, bevor ich
mit einem offensichtlichen Pipifleck auf der Hose vor 1.000 Menschen
treten musste – so aus:

Okay, okay, denk nach, John. Gut, es gibt nur eine Möglichkeit: Sag
Fuck It und tritt mit hocherhobenem Kopf auf die Bühne. Wen stört das
schon? Aber der Gedanke ließ mich erschaudern. Mich störte es. Die
Leute würde es stören. Es ging einfach nicht.

Plan B. Ich könnte *Fuck It* sagen und einfach weglaufen. Das Gebäude durch den Haupteingang verlassen, ein Taxi heranwinken, mich in ein Flugzeug setzen und nach Italien, nach Hause fliegen. Und dort ein bisschen weinen. Klar, ich würde vermutlich nie wieder zu diesem Wochenende eingeladen. Vielleicht würde ich nie wieder irgendwohin eingeladen. Aber ich könnte den peinlichen Auftritt vermeiden.

Neeeeein, das ging auch nicht. Ich brauchte Plan V. Ja, es war Zeit für Plan V. Ich musste sagen: »*Fuck It*, mir fällt nichts ein. Ich komme auf keine Lösung. Ich muss einfach darauf vertrauen (dafür steht das V übrigens), dass es klappt, und es Schritt für Schritt angehen.«

Und das tat ich auch. Noch fünf Minuten. Ich entspannte mich. Ich ging es Schritt für Schritt an und kehrte in den Backstage-Bereich zurück. Dort kam ich mit dem wunderbaren Robert Holden ins Gespräch. Ich war so in die Unterhaltung vertieft, dass ich fast schon überrascht war, als ich wenige Minuten später auf die Bühne gerufen wurde.

Als ich vor all den Menschen zu meiner Rede ansetzte, fiel es mir wieder ein. Ich schaute an mir herunter, doch auf meiner Hose war nichts zu sehen. Alles war trocken. Ich dankte den Göttern und auch Robert Holden – hatte er magische Kräfte, mit denen er Pipiflecken verschwinden lassen konnte?

Und ich dankte diesem wunderbaren Ausdruck, »*Fuck It*«, der mir dabei geholfen hatte loszulassen und in diesem Augenblick der Not einfach zu vertrauen.

Und sehen Sie – ich war nicht nur bereit, diese Geschichte vor mindestens 1.000 Menschen zum Besten zu geben, ich habe sie auch hier erzählt, wo sie noch viel (viel) mehr Leute lesen werden. Damit möchte ich Ihnen klarmachen, dass es nicht immer leicht ist, zu machen, was man gerne tut. Sich hinauszuwagen und etwas zu tun – bereit zu sein, zu scheitern und sich lächerlich zu machen – verlangt eine Menge Schneid.

Und ich will Ihnen noch etwas erzählen – etwas, das Sie hoffentlich dazu beflügelt, loszuziehen, Ihr Ding zu machen und die unvermeidlichen Hindernisse, die Ihnen im Weg stehen werden, zu überwinden. Vielleicht denken Sie jetzt: *Okay, John ist selbstbewusst und selbstsicher, natürlich kriegt er diese Dinge letztendlich hin – auch wenn es zwischendurch einmal Probleme gibt.* Doch in Wahrheit war ich als Junge und Teenager sehr schüchtern. Die Vorstellung, vor anderen Menschen zu sprechen, versetzte mich in Panik, und viele Jahre lang wollte ich mich einfach nur verstecken und in Ruhe gelassen werden.

Beim Gedanken, freiwillig vor anderen Menschen auf die Bühne zu treten und einen Song zu spielen, hätte ich mir nicht nur aufs Hosenbein gepinkelt, sondern gleich richtig in die Hose gemacht. Aber ich wurde erwachsen. Und ich stellte mich meinen Ängsten, ich besiegte den Reflex, wegzulaufen und mich zu verstecken. Ich hatte (und habe auch immer noch) etwas mitzuteilen, und ich wollte gerne viele Leute erreichen. So kam es also, dass ich jetzt hier bin und das mache, was ich gerne tue, auch wenn es nicht immer leicht ist. Und das heißt, auch Sie können es schaffen. Mit einem »Ich schaffe das« und einem kräftigen »Fuck It« kriegen auch Sie es hin.

> Mit einem kräftigen **Fuck It** kriegen auch Sie es hin.

>> Ich sagte *Fuck It* zur Angst, die mich bremste. Jetzt habe ich einen tollen Partner, zwei hinreißende Töchter und eine wunderbare dicke Katze. Vor einiger Zeit habe ich dann einfach die Hände vom Steuer genommen (noch mal *Fuck It* gesagt) und meine Stelle bei einer großen Firma aufgegeben. Jetzt arbeite ich nur für mich und habe ein tolles Gleichgewicht zwischen Arbeit und Leben gefunden – es ist traumhaft! <<

Pippa Old – Buckinghamshire, Großbritannien

Den richtigen Augenblick ausmachen

Das gesamte Universum verbündet sich, damit Sie genau das tun können, was das Richtige für Sie und alle anderen ist, zum exakt richtigen Zeitpunkt, ohne Ausnahme. Daher gibt es immer den einen perfekten Augenblick, das zu machen, was Sie gerne tun ...

Der Glaube daran, dass es einen »richtigen Zeitpunkt« für etwas gibt, zählt zu den drei beliebtesten Ausreden, warum man sich nicht einfach hinsetzt und etwas *macht*. Daher ist es am besten, den ersten Absatz einfach zu ignorieren und sich stattdessen auf diesen hier zu konzentrieren:

Der Augenblick ist jetzt. Tun Sie es. Sagen Sie *Fuck It* und legen Sie los. Lassen Sie alles stehen und liegen und fangen Sie an: zu spielen, zu bauen, zu planen, zu schreiben, zu verkaufen, zu singen, zu recherchieren, zu streichen, zu versprechen, zu kochen, ein paar Cent zu verdienen … machen Sie, was Sie gerne tun.

FUCK IT,
JETZT ODER NIE.

Manchmal stimmt es, manchmal nicht.
Doch dieses Mantra wird Ihnen den nötigen Schub versetzen,
wenn Sie ihn brauchen.

Die nötige Zeit finden

Natürlich haben Sie keine Zeit. Niemand hat heutzutage je Zeit für irgendetwas. Ich nicht. Sie nicht. Niemand. Doch so war es nicht immer.

Es ist noch nicht allzu lange her, da hatten wir alle mehr Zeit. Wir saßen einfach herum, unterhielten uns und drehten Däumchen. Wir fragten uns, was wir tun sollten, und spielten dann Karten. Wir zappten zwischen den drei Fernsehkanälen hin und her, schalteten das Gerät schließlich aus und … langweilten uns. Ja, wir langweilten uns. Das ist der Zustand, der eintritt, wenn man viel Zeit hat und nichts damit anzufangen weiß.

Damals spazierten große Mengen von Menschen einfach durch die Straßen und durch die Landschaft, gelangweilt. Wie Gangs, aber ohne den Antrieb, etwas zu tun. Weil es nichts zu tun gab. Heute ist »Langeweile« ein so selten vorkommender Zustand, dass die Leute im Wörterbuch-Komitee überlegen, das Wort aus der nächsten

Ausgabe zu streichen. Es wird heute einfach nicht mehr verwendet. Aber sie sind so sehr mit den ganzen neu entstehenden Wörtern beschäftigt, dass sie keine Zeit haben, die alten auszusortieren.

Ja, früher hatten Menschen Zeit. Sogar so viel Zeit und so wenig zu tun, dass sie sich dämliche Dinge einfielen ließen, um die Zeit totzuschlagen, wie *einander* totzuschlagen. In der Vergangenheit gab es mehr Kriege, weil weniger zu tun war. Das war eine Möglichkeit, sich selbst und Millionen ruheloser junger Leute beschäftigt zu halten. Schon bald hatten nur noch sehr wenige Leute Probleme damit, wie sie ihre Zeit füllen sollten – ihre Zeit war zu Ende.

- Vielleicht haben die Vereinten Nationen (UNO) es nach dem letzten großen Krieg zu einem geheimen Ziel erklärt, alle Menschen ständig zu beschäftigen, damit sie nicht umherlaufen und einander umbringen, nur um etwas zu tun zu haben. Vielleicht ist die UNO für den erstaunlichen Anstieg der Dinge, die wir zu tun haben, verantwortlich.
- Vielleicht steckt die UNO auch hinter den virusähnlichen E-Mail-Systemen, die unser Leben beherrschen.
- Vielleicht fördert sie insgeheim die Unmenge von sinnlosen, aber unterhaltsamen Fernsehsendungen, Klatschzeitschriften, stumpfsinnigen Videospielen und unerfreulichen Apps. Vielleicht hat sie die Medien unbemerkt mit einer großen Bandbreite an Vorschlägen, was man so tun könnte, gefüttert: 1.000 Dinge, die man gemacht haben muss, bevor man stirbt, wie man ein Experte in diesem Bereich wird, wie man ein Experte in jenem Bereich wird ...
- Vielleicht hat die UNO den Immobilienmarkt auf der ganzen Welt manipuliert, sodass ein anständiges Dach über dem Kopf nur möglich ist, wenn man immer härter arbeitet, um genügend Geld zu verdienen, das allein nötig ist, um den Kredit für dieses Dach abzustottern.

Früher hatten wir also Zeit, heute aber nicht mehr. Was kann man da machen? Sie haben da diese Sache, die Sie gerne tun, oder von der Sie vermuten, dass Sie sie gerne tun *würden*, und hätten gerne mehr Zeit dafür, aber es passt einfach nicht. Ihre Tage sind bis obenhin voll mit Dingen, die Sie so gerade ertragen – sei es der Job, den Sie durchstehen müssen, oder die Aufgaben außerhalb der Arbeit, die Sie so eben schaffen. Wenn Sie all das bewältigt haben, reicht es nur noch dafür, stumpfsinnig vor dem Fernseher zu hocken.

FUCK IT,
KEINE AUSREDEN MEHR.

Ooooh, wir sind so gut darin, Ausreden zu finden.
Ich könnte ein ganzes Buch über die Ausreden schreiben,
die ich vorbringe, um dieses oder jenes nicht zu tun (und auch
dafür, dieses oder jenes zu tun). Und es wäre ganz leicht,
es zu schreiben. Aber Ausreden sind öde. Verbannen
Sie sie mithilfe dieses Mantras aus Ihrem Leben.

Denn das ist ein maßgeblicher, ein echter Grund dafür, warum wir nicht machen, was wir gerne tun. Wenn wir ihn in den Griff bekommen, können wir entscheidende Türen öffnen. Setzen Sie die Helme auf, es geht los.

Erklären Sie das, was Sie gerne tun, zur Priorität

Das klingt ganz selbstverständlich. Es *ist* ganz selbstverständlich. Aber das Wort »Priorität« ist so zahm und abgenutzt, dass wir auf der Suche nach einer Lösung einfach an ihm vorbeijagen.

Ein paar **Fuck Its** helfen dabei, Prioritäten zu setzen.

Prioritäten zu setzen kann jedoch eine blutige und rücksichtslose Angelegenheit sein. Deshalb hilft es, ein paar *Fuck It*s in den Prozess einzubinden.

Ich habe beispielsweise keine Zeit, dieses Buch zu schreiben. Wirklich nicht. Das liegt daran, dass ich vielen Dingen, die nichts mit Arbeit zu tun haben, in meinem Leben Vorrang einräume. Ich esse immer gemeinsam mit meiner Familie zu Mittag und zu Abend. Ich gehe täglich spazieren (ich klinge wie ein Hund: Ich werde gefüttert und Gassi geführt). Ich halte nachmittags ein kleines Schläfchen (jetzt klinge ich wie eine Katze). Wenn man dann noch einbezieht, dass ich die Jungs zur Schule bringe und abhole, Mahlzeiten zubereite, abspüle, die Jungs umherkutschiere, esse, schlafe und herumlaufe ... bleibt nicht mehr viel Zeit fürs Arbeiten.

Es bleiben genau genommen maximal fünf bis sechs Stunden am Tag. Und fünf oder sechs Stunden sind exakt der richtige Zeitraum, um fast »alles im Griff zu haben« – was mein Ziel ist. Wenn ich alles im Griff habe, bin ich antriebslos. Leichte Überforderung hält mich hungrig und effizient. Oh, und dabei habe ich die Urlaube und Wochenendausflüge noch gar nicht erwähnt – die machen wir oft.

Ich habe also wirklich keine Zeit, dieses Buch zu schreiben. So wie Sie keine Zeit haben, das zu machen, was Sie gerne tun (vielleicht wäre das für Sie ebenfalls, ein Buch zu schreiben). Wie ist dieses Buch dann entstanden und in Ihre Hände geraten? Nicht durch sanftes Setzen von Prioritäten. Nicht, indem es zu den neun Dingen zählte, die ich mir vorgenommen hatte. Nicht, indem es sich einfach friedlich in meine Prioritätenliste einfügte und dann irgendwann gemeinsam mit allen anderen Punkten abgehakt wurde.

Darf ich vorstellen: Der Prioritäten-Rabauke

Nein, dieses Buch entstand, weil es wie ein Rabauke auftrat. Es markierte den großen Macker. Es stellte sich vor alle anderen Dinge auf meiner Prioritätenliste, sah ihnen in die Augen und boxte sie hart auf die Nase. Dieses Buch wurde geschrieben, indem ich sagte: »Diesen Donnerstag schreibe ich.« Ich versuche immer, andere Aufgaben aus dem Weg zu schaffen, wichtige Dinge vorher abzuarbeiten, aber das funktioniert nie. Die anderen Dinge treten nicht einfach brav beiseite, man muss ihnen schon einen Fausthieb versetzen oder sie einfach nicht beachten.

Es war nicht einfach. Um alles andere auszublenden – um es zu verdrängen, während wir uns an eine Aufgabe setzen – braucht es eine andere Denkweise als die der auf Multitasking ausgerichteten Geschäftsführerseite unseres Gehirns.

Nun hocke ich hier, 1.500 Kilometer von meinem Büro und meinem Zuhause entfernt. Ich habe für eine Woche eine Abwesenheitsnotiz in meinem E-Mail-Programm eingerichtet. Ich habe Dinge hinausgezögert und Dinge ignoriert. Das werde ich die ganze Woche lang tun müssen. Ich sitze nur zu einem einzigen Zweck hier im Bunker – um dieses Buch zu schreiben. Wenn es ein Problem mit den Kunden gibt, muss sich jemand anderes darum kümmern. Wenn jemand laut schreit, um meine Aufmerksamkeit zu erregen, muss er sich auf Heiserkeit einstellen.

Denn der Prioritäten-Rabauke ist da. Ich *muss* diese Aufgabe erledigen, ich verspüre den Drang in mir. Klar, die Abgabefrist steht vor der Tür, aber ich verhalte mich genauso bei Projekten, für die es keine von außen auferlegte Deadline gibt. Dann setze ich mir sogar selbst eine Frist, die ich ebenso ernst nehme wie die des Verlags.

Sie können das Gleiche tun. Ich werde Ihnen noch weitere Methoden vorstellen, wie man sich Aufgaben und Zeit so einteilt, dass man öfter das machen kann, was man gerne tut, aber der Prioritäten-Rabauke ist am effektivsten von allen. Er verkörpert das *Fuck-It*-Prinzip vor der Tür zu Ihrem Zeitspeicher. Dort steht er und wartet, und wenn sich ihm irgendetwas nähert, das Zeit oder Aufmerksamkeit kosten würde, sagt er *Fuck It* und haut dieser Sache eins auf die Rübe. Der Prioritäten-Rabauke ist Ihre Möglichkeit, mehr Zeit mit dem zu verbringen, was Sie gerne machen – egal wie beschäftigt Sie sind oder zu sein glauben. Sie *werden* Zeit finden. Sie *müssen*.

Was mich an ein schönes Zitat von Anthony Robbins erinnert: »Wenn Sie glauben, Sie können nicht, dann müssen Sie. Wenn Sie glauben, Sie müssen, dann können Sie.« Und Robbins ist ein großer, starker Mann, ein gutes Vorbild für den Rabauken, der Ihre Zeit bewacht.

> Keine Zeit? **Fuck It**, zack, bum, vielen Dank.

(Bevor ich zum nächsten Punkt komme, will ich Sie noch schnell an einer Diskussion teilhaben lassen, die gerade in meinem Kopf stattfindet. Eine piepsige Stimme dort sagte gerade: *John, wir haben Hunger – können wir bitte irgendwo Mittag essen gehen?* Woraufhin der Prioritäten-Rabauke antwortete: *Nein, hau ab.* Also sitze ich jetzt hier und esse Weetabix-Frühstückskekse zum Mittagessen, etwas anderes habe ich nicht da. So sieht der Prioritäten-Rabauke im Einsatz aus.)

Machen Sie weniger von dem, was Sie nicht gerne tun

Danke für den Hinweis, John. Als wäre ich da nicht selbst drauf gekommen. Aber wie soll das gehen? Ich weiß – Sie machen haufenweise Sachen, die Sie nicht gerne machen oder sogar verabscheuen, weil Sie es müssen. Sie haben keine Wahl. Es ist Ihr Job. Oder Sie tun es für Ihre Familie. Sie sind auf jeden Fall verpflichtet dazu. Nun, es *gibt* Wege, das zu ändern. Manche verlangen bestimmte Ressourcen, manche eine gewisse Geisteshaltung – manche beides. Hier ein paar Beispiele:

Reduzieren Sie auf Teilzeit oder arbeiten Sie weniger

Als ich das letzte Mal als Angestellter tätig war (in den 1990ern, als Kreativer in einer Werbeagentur), wollte ich mehr Zeit mit dem verbringen, wonach mir der Sinn stand (damals war es das Drehbuchschreiben). Im Rückblick frage ich mich heute, warum ich mir nicht einfach Zeit dafür freigeschaufelt habe – angesichts der Tatsache, dass Gaia und ich noch keine Kinder hatten, aber wie auch immer ... Ich fragte in der Agentur, ob ich auf eine Vier-Tage-Woche runtergehen dürfe, und es hieß: »Ja.«

Ich war der erste Mann in der Agentur, der auf Teilzeit ging, und niemand verstand, wie ich es geschafft hatte. Doch ich hatte einfach gefragt. Und es funktionierte – für mich, weil ich nun einen ganzen Tag in der Woche nur zum Schreiben hatte (wie ich bereits erklärt habe, braucht man dafür freie Tage – es häppchenweise zu machen, ist schwierig. Vielleicht ist das die Antwort auf meine Frage, warum ich mir keine Zeit dafür freigeschaufelt habe), und für meinen Arbeitgeber ebenfalls, weil ich nun in vier Tagen die Arbeit schaffte, für die ich sonst fünf Tage gebraucht hatte.

Ja, liebe Arbeitgeber, das ist eine Botschaft an Sie: Ich habe miterlebt, dass diejenigen von uns in der Agentur, die in Teilzeit arbeiteten, früh kamen, lange blieben und in der Zwischenzeit hart arbeiteten, um das, was getan werden musste, in nur 80 Prozent der Zeit zu schaffen. Wir alle leisteten in vier Tagen (mindestens) das Arbeitspensum von fünf Tagen.

Wenn Leute an mich herantreten und sagen: *Ich würde liebend gerne dieses und jenes machen, aber ich kann auf keinen Fall dafür meine Stelle kündigen, weil bla, bla, bla*, frage ich daher immer als Erstes, ob sie auf Teilzeit reduzieren können. Wenn Ihr »Ja, aber«-Einwand auf diese Frage hin nichts mit der möglichen Reaktion Ihres Arbeitgebers, sondern mit Ihrer finanziellen Situation zu tun hat, suchen Sie nach einer Lösung.

Normalerweise ist es möglich, die Ausgaben um 20 Prozent oder so zu verringern. Essen Sie weniger Fertigmahlzeiten aus edlen Supermärkten und mehr Weetabix mit Milch, so wie ich jetzt gerade. Wir haben es letztes Jahr geschafft, unsere Ausgaben um ein Drittel zurückzufahren – »Esst die Kekse, Jungs. Nein, heute gibt es keine Melanzane alla Parmigiana« (ein italienischer Auberginenauflauf mit Tomatensoße, Mozzarella und Parmesan).

Selbst die britische Regierung hat es getan (ich schreibe dies nur Tage nach dem erstaunlichen Ergebnis der Wahl von 2015, bei der die aufs Sparen fixierten Tories eine Mehrheit erlangten). Ihr Plan sieht meinem bemerkenswert ähnlich: Sie bestehen darauf, dass große Teile der britischen Bevölkerung Weetabix essen (ohne Milch, Milch ist was für Weicheier – wenn Sie fast an den Krümeln ersticken, ist das eine gute Kraftübung für die Lungen!).

Und wenn Sie zu denen zählen, die sich nicht einmal ein Paket Weetabix leisten können – ich habe gerade einen Blick auf meine Packung geworfen und festgestellt, dass es sich um den Abklatsch einer Billigmarke handelt, gar nicht um die echten Weetabix –, gehen Sie zu einer Tafel (riet er den Massen zwischen zwei Bissen exquisiter Melanzane alla Parmigiana).

Aber wenn Sie nicht auf Teilzeit reduzieren können (oder wollen), versuchen Sie, weniger zu arbeiten. Das kann bedeuten, effizienter und schneller zu sein, um das gleiche Pensum in weniger Zeit zu schaffen (wie das geht, dazu kommen wir später). Aber es kann auch bedeuten, eine bestimmte Position oder ein angestrebtes Ziel aufzugeben.

» Ich habe *Fuck It* zur großen Wohnung und mehr Geld gesagt und arbeite jetzt in Teilzeit. Nun habe ich mehr Zeit für die Dinge, die ich gerne tue, und dafür, mein Leben so zu gestalten, wie es zu mir passt. «
Eva-Maria Maywald – München

Ein Anwalt aus Edinburgh, Schottland, hat mir einmal erzählt, wie er es sich erkämpfte, »weniger« zu arbeiten. Er war Teilhaber einer Kanzlei und arbeitete endlos viel. Das erschöpfte ihn und er erkannte, dass er ein besseres Gleichgewicht in seinem Leben finden musste. Also suchte er Hobbys, verbrachte mehr Zeit mit der Familie und verließ die Kanzlei abends um sechs, wie es auch die kleineren Angestellten taten. So ging es ihm besser. Er nahm die Arbeit nicht mehr so ernst. Er gab nicht länger 110 Prozent, sondern eher 90. Das fiel den anderen (arbeitsbesessenen) Teilhabern natürlich auf, und sie bestellten ihn zu sich. Sie erklärten ihm, sie hätten beobachtet, dass er weniger arbeite und nicht mehr so viel Einsatz zeige – für sie war Einsatz gleichbedeutend mit (unendlich) langen Arbeitszeiten. Er sagte, er sei viel glücklicher und fühle sich im Gleichgewicht, woraufhin sie antworteten, sie glaubten nicht, dass dies das richtige Verhalten für einen Mann mit seiner »Verantwortung« sei.

Also bot er ihnen an, den Teilhaberposten aufzugeben, auf einen Teil des Gehalts zu verzichten und ganz ähnliche Arbeit zu leisten, aber in der Zeit (und auf die Art und Weise), die ihm zusagte. Die anderen Teilhaber willigten ein. Es war eine Win-win-Situation, und unser Anwalt ist weiterhin sehr glücklich mit seiner schlechter bezahlten, aber weniger zehrenden Stellung.

Wenn Sie öfter das machen wollen, was Sie gerne tun, *Fuck It*, wer schert sich schon um die Position, den Status, den großen Schreibtisch und das damit einhergehende Gehalt? Kaufen Sie sich Freiheit mit Geld. Das ist meist möglich. Wie viel ist es Ihnen wert, das zu tun, was Ihnen Freude macht?

Fuck It, wer schert sich um die Position, den Status, das Gehalt oder einen großen Schreibtisch?

Wenn Sie können, arbeiten Sie weniger. Machen Sie mal eine Mittagspause. Gehen Sie in eine Kunstgalerie (Sie mögen Kunst). Ziehen Sie Erkundigungen über die tolle Geschäftsidee ein, die Ihnen gekommen ist. Gehen Sie pünktlich nach Hause. Klar, dann sind die Bahnen und die Straßen voller, aber Sie können davon träumen und planen, wie Sie die gewonnene Zeit mit dem füllen werden, was Sie gerne tun.

Mist, der Blick in die Billigmarken-Frühstückskekspackung verrät, dass ich beim Schreiben dieses letzten Teils sieben Kekse gegessen habe.

Lassen Sie das, was Sie nicht gerne tun

Ja, klar. Nein, wirklich. Es gibt eine Vielzahl von Wegen, das, was Sie nicht gerne tun, nicht zu machen.

Machen Sie es einfach nicht (Just don't do it – der »Nike sagt Fuck It«-Slogan)

Manchmal machen wir etwas, von dem wir glauben, wir müssten es unbedingt tun, einfach nicht. Und wundersamerweise dreht sich die Welt dennoch weiter. Als unsere Jungs noch ganz klein waren – lassen Sie mich überlegen, etwa 18 Monate alt –, führte ich ein Aufräumexperiment durch. Zu der Zeit lebten wir in einer kleinen Wohnung in Balham, Südlondon, und ich wurde fast wahnsinnig, weil ich ständig hinter den Kindern herräumte. Also beschloss ich, damit aufzuhören.

Und so füllte sich der Boden langsam, es wurde immer chaotischer und ekeliger – hätte uns jemand besucht, hätten wir uns geschämt, und vielleicht hätte der Besuch sogar das Jugendamt angerufen. Aber wir hielten durch, weil ich eine Idee hatte. Eine verrückte zwar, aber dennoch eine Idee. Und die zweiprozentige Chance, dass sie funktionieren könnte, war den Versuch wert, denn es lockte ein toller Lohn.

Nach x Tagen (ich weiß nicht mehr, wie viele es waren), sah der Boden unglaublich aus: Alles war voller Spielzeugautos, LEGO, Teddybären, Actionfiguren und dem anderen Zeug, das die Jungs damals besaßen und an das ich mich nicht mehr erinnere – ein Riesendurcheinander, das an Buchstabensuppe erinnerte.

Die Jungs konnten sich durch das ganze Chaos kaum bewegen. Sie konnten kaum laufen. Und angesichts der Tatsache, dass sie gerade erst den Übergang von »nicht laufen können« über »kaum laufen können« zu »laufen können« geschafft hatten, war es für sie sicherlich ziemlich befremdlich, so bald wieder ins »Kaum laufen können«-Stadium zurückzufallen.

Vielleicht war es daher ein bewusster Versuch, ihre Entwicklung vom Baby zum Kleinkind zu unterstreichen, dass sie irgendwann begannen, aufzuräumen, vielleicht wollten sie uns aber auch eine Lehre erteilen oder sie hielten es einfach für ein neues Spiel. Ja, Tatsache, unsere 18 Monate alten Zwillinge fingen an, LEGO in einer Ecke zu einem Haufen zusammenzuschieben, die Autos zu stapeln und die Teddybären in einer anderen Ecke nebeneinander aufzureihen.

In dem Augenblick führte mein Nichtstun dazu, dass sich die Aufgabe von selbst erledigte. Oder eher, dass jemand anderes sich ihrer annahm. Und diese »anderen« waren keine Leute, die das Aufräumen ätzend fanden und sich hinter meinem Rücken darüber beklagten. Zumindest glaube ich das nicht – die Jungs haben die Sache seither auf jeden Fall nicht mehr erwähnt. Das war eine wertvolle Lehre für mich, denn ich gehöre zu den Menschen, die gerne Dinge abhaken und Ordnung mögen und am liebsten alles (fast) im Griff haben. Doch nun glaube ich, dass Nichtstun manchmal zu erstaunlichen Ergebnissen führen kann.

» Ich wohnte früher in einem Studentenwohnheim mit einem verwilderten Garten. Eines Tages stellte ich fest, dass die Hecke voller Blattläuse war: Die Blätter hingen unter ihrem Gewicht herab, ein Anblick wie aus einem Horrorfilm. Ich beschloss, schnell etwas dagegen zu unternehmen. Aber am nächsten Tag vergaß ich es. Am folgenden Tag hatte ich zu viel zu tun. Am Tag darauf hatte ich keine Lust. Dann fuhr ich übers Wochenende weg … und dann dachte ich: »*Ach, Fuck It.*«

Also ließ ich die Hecke, wie sie war, bis ich ein paar Wochen später noch einmal nach ihr schaute (das erforderte eine Menge Mut, da ich mit dem Schlimmsten rechnete.) Doch ich entdeckte, dass die ganze Hecke nun mit Marienkäfern übersät war – nicht nur den normalen roten mit den schwarzen Punkten, sondern auch schwarzen mit roten Punkten, schwarzen mit gelben Punkten und gelben mit schwarzen Punkten, in ganz verschiedenen Entwicklungsstufen. Es war faszinierend und wunderschön. Und natürlich hatten sie die Läuse gefressen (und waren noch dabei). Aufgabe erledigt. Ohne dass ich einen Finger gerührt hätte. **«**

Isobel Pugh – Chester, Großbritannien

Hier eine Liste mit den Dingen, die passieren können, wenn Sie etwas einfach nicht tun:

- **Sie kümmern sich schließlich später darum.** Auf viel effizientere Weise. Ich erledige das Aufräumen und Abspülen lieber erst nach mindestens zwei Mahlzeiten statt nach einer. So spart man massenhaft Zeit. Das ist Adam Smith für den Küchengebrauch.
- **Jemand anderes macht es.** Hoffentlich, ohne Ihnen den Rest Ihres Lebens Vorhaltungen zu machen. Das ist Gaias Strategie bei vielen Dingen. Sie ist eine große Verfechterin der Taktik, nicht zu tun, wonach ihr nicht ist. Meistens mache ich es dann, und das werfe ich ihr nicht vor. Solange sie die Aufgabe auf meiner Liste übernimmt, um die ich sie bitte – weil ich gerade absolut keine Lust darauf habe.
- **Es fällt niemandem auf und die Sache löst sich einfach in Luft auf.** Viele Dinge, die wir tun, sind unwichtig, und diese Bedeutungslosigkeit wird im Laufe der Zeit deutlicher. Je länger man die Dinge liegen lässt, auf die man keine große Lust hat, desto wahrscheinlicher ist es, dass man feststellt, wie sinnlos sie eigentlich sind. Ich habe schon oftmals hohe Aufgabenstapel einfach in den Mülleimer geschoben – sechs Monate nachdem ich sie ganz dringend hätte erledigen müssen.

Wenn Sie keine Lust auf etwas haben, *Fuck It*: Tun Sie es nicht und schauen Sie, was passiert. Das Kleingedruckte dazu: Natürlich wird es Dinge geben, die Sie nicht gerne machen, die aber einfach erforderlich sind. Ihren Kindern Mahlzeiten vorzusetzen gehört dazu. Doch selbst das ... nun ja ...

> Wenn Sie keine Lust auf etwas haben, **Fuck It**: Tun Sie es nicht und schauen Sie, was passiert.

Lassen Sie es jemand anderes machen

- **Sie können jemanden darum bitten** – »Gaia, kannst du heute Abend den Kindern etwas zu essen machen? Ich weiß, eigentlich bin ich dran, aber bitte, bitte, bitte!« Der andere kann immer ablehnen.
- **Sie können die Aufgabe delegieren** – wenn Ihnen diese Möglichkeit zur Verfügung steht. Bei mir ist das der Fall, aber ich bin trotzdem nicht gut darin. Meistens kommt es mir aufwendiger vor, jemandem zu zeigen, wie man etwas macht, als es selbst zu erledigen. Aber das frisst auf Dauer viel Zeit. Also bemühe ich mich, eine Menge Aufgaben zu delegieren. Allerdings muss ich dann akzeptieren, dass diese Aufgaben vielleicht nicht so durchgeführt werden, wie ich es tun würde. Das nennt sich »loslassen« und gehört zu den wichtigsten *Fuck-It*-Eigenschaften. Wir müssen eine Aufgabe nicht vollständig loslassen – schließlich wollen wir nicht, dass die Sache in die Hose geht –, nur genug, dass wir sie anderen überlassen können.
- **Sie können die Aufgabe outsourcen** – wenn Ihnen diese Möglichkeit zur Verfügung steht. Das ist Delegieren mit direkter Bezahlung. Sie überlassen die Aufgabe jemandem, den Sie explizit dafür entlohnen, sie zu erledigen. Kleine Unternehmen (wie unseres) können – und sollten – eine ganze Reihe Dinge outsourcen. Hier ist eine Liste dessen, was wir ausgelagert haben.
  - *Alle administrativen Aufgaben* – die Retreat-Buchungen, das Verschicken von Rechnungen, das Beantworten von E-Mails etc. (und das ist ein verdammt großes ETC.)
  - *Marketingaufgaben* – für PR nutzen wir PR-Agenturen, und um die sozialen Medien kümmert sich eine Social-Media-Agentur.
  - *Jegliche Inhalte* – dieses Buch wird von einem virtuellen Assistenten in Indien verfasst. Nein, die Inhalte sind eine Aufgabe, mit der ich mich gerne befasse, daher mache ich das meiste selbst. Aber ich arbeite im Moment mit jemandem zusammen, der unser Audio-Material aufbereitet (Hallo Roi!).

Und in der Vergangenheit habe ich Leute engagiert, die mit uns die Videos erstellt haben.

● *Die Buchhaltung* – die macht unser Buchhalter. Nicht wir.

Abseits des Geschäftlichen stellt natürlich auch das Private einen Bereich dar, in dem man sich Unterstützung suchen kann. Wir haben einen Gärtner, der einmal pro Woche kommt, und eine Putzfrau, die zweimal da ist. Immer wenn wir überlegen, wie wir unsere Ausgaben reduzieren können, kürze ich als Erstes die Stunden der Putzfrau – obwohl ihr Lohn nur einen geringen Teil unserer Ausgaben ausmacht. Doch kurz darauf fällt mir dann wieder auf, warum diese Hilfe so wichtig ist, weil es nie lange dauert, bis wir unten beim Spülen festhängen, statt oben Skype-Sitzungen für 300 Dollar abzuhalten.

Da die Idee, eine Putzhilfe zu engagieren, oft aufkommt, lassen Sie uns diesen Punkt einmal genauer unter die Lupe nehmen. Hausarbeit ist etwas, das die meisten Menschen nicht gerne machen, aber als Pflicht empfinden. Obwohl sich das Problem durch eine Putzkraft lösen lässt, schrecken viele Leute (auch die mit den nötigen Mitteln) davor zurück. Oder sie bestellen sie nur für einen Vormittag in der Woche und verbringen einen nicht unbeträchtlichen Teil der restlichen Zeit damit, die Hausarbeit selbst zu machen. Daher werde ich nun zwei typische Hindernisse, die uns davon abhalten, weniger von dem zu tun, was wir nicht gerne machen, in Bezug auf das Einstellen einer Putzkraft erläutern.

● Geisteshaltung: Vielleicht fühlen Sie sich schuldig, wenn Sie eine Putzhilfe einstellen, weil Sie meinen, *Sie* müssten diese Arbeit erledigen und Putzhilfen wären etwas für verwöhnte Leute. *Fuck It*, vergessen Sie das. Sie geben jemandem Arbeit. Sie verdienen es, das zu tun, worauf Sie Lust haben. Vergessen Sie diese Einwände und rufen Sie die Reinigungsfirma an – jetzt sofort. Vielleicht halten Sie Putzen aber auch für eine herabwürdigende Tätigkeit, fast wie Sklavenarbeit (wirklich, ich habe dieses Argument schon gehört). Das stimmt nicht: Es ist eine Arbeit wie viele andere. Manche Leute erledigen sie gerne, andere nicht.

Unsere jetzige Putzfrau war jahrelang arbeitslos und ist froh, heute einen Job zu haben. *Fuck It*, vergessen Sie diese Ansichten.

● **Ressourcen:** Natürlich gibt es auch Leser, die sich schlicht keine Putzkraft leisten können (siehe mein vorheriger Kommentar zum herrschenden finanziellen Klima). Aber es gibt auch viele, die *glauben*, sie könnten es sich nicht leisten, mit etwas Mühe aber doch genügend Geld dafür zusammenbekämen. (Auch als wir ziemlich knapp bei Kasse waren, hatten wir eine Putzfrau.) Das bedeutet dann vielleicht, dass man an anderer Stelle sparen muss – man kann nicht ins Restaurant gehen, kein Essen bestellen und muss auf das neueste iPhone verzichten – doch eine Putzkraft ist ein großes Geschenk, das man sich selbst macht (vor allem, wenn man Hausarbeit verabscheut). Und normalerweise ist es die Mühe wert. So fügen Sie Ihrem Leben eine neue Ebene der Fülle hinzu, egal wie Ihre finanzielle Lage ist.

> Oh, **Fuck It**, nehmen Sie sich einfach eine Putzhilfe.

Oh, *Fuck It*, nehmen Sie sich einfach eine Putzhilfe. Das könnte der schnellste Weg sein, weniger oft das zu tun, was Sie nicht gerne machen, und sich Freiräume für das zu schaffen, was Sie gerne tun.

FUCK IT, ICH HABE ES MIR VERDIENT.

Das haben Sie. Kein Widerspruch.
Glauben Sie mir einfach. Und jetzt wiederholen
Sie es so lange, bis Sie überzeugt sind.

Erledigen Sie das, was Sie nicht sonderlich gerne machen, in kürzerer Zeit

Wenn Sie etwas tatsächlich selbst machen müssen, wenn keine der oben genannten Taktiken funktioniert und es keinen Ausweg gibt, erledigen Sie es so rasch wie möglich.

Es ist lustig – na ja, eigentlich gar nicht –, wie sehr wir dazu neigen, die Dinge, die uns keinen Spaß machen, in die Länge zu ziehen und sie ewig hinauszuzögern. Das ist dann übrigens »schlechtes« Aufschieben – im Gegensatz zum »guten« Aufschieben, das in der Erkenntnis besteht, dass etwas noch Zeit hat (oder gar nicht getan werden muss), sodass man es ans Ende der Liste schieben kann und erst wieder daran denken muss, wenn es wirklich drängt.

Beim »schlechten« Aufschieben versucht man ständig, sich zu etwas aufzuraffen, schafft es aber nicht und verlegt es auf einen späteren Zeitpunkt, doch der Gedanke daran lässt einen nicht los. Man macht sich konstant Vorwürfe und verschwendet eine Unmenge Energie darauf. Sie böser, böser Aufschieber.

(Eine letzte Randbemerkung in Klammern zu diesem Thema: Das aus dem 19. Jahrhundert stammende englische Sprichwort »Procrastination is the thief of time« – »Aufschieberei stiehlt Zeit« – wurde von Oscar Wilde in einen noch besseren Aphorismus abgewandelt: »Pünktlichkeit stiehlt Zeit.« Wunderbar.)

Wir gehen die Aufgabe ganz langsam an, wir fangen an und hören wieder auf, lassen uns ablenken, stehen auf und machen uns einen Snack, lesen eine wichtige E-Mail oder gehen die Nachrichten durch. Böses Mädchen/böser Junge! Hören Sie auf damit. Tun Sie das Gegenteil. Bringen Sie die Aufgabe so schnell wie möglich hinter sich – das ergibt Sinn, oder? Erklären Sie Tempo und Effizienz bei ungeliebten Aufgaben zu etwas, das Ihnen am Herzen liegt (das ist so, als würde man einen trockenen Keks mit einer Schicht Schlagsahne bedecken.)

> Eine ungeliebte Aufgabe gerne schnell zu erledigen ist so, als würde man einen trockenen Keks mit einer Schicht Schlagsahne bedecken.

Wie das geht? Die folgenden Techniken lassen sich sowohl darauf anwenden, produktiv das zu machen, was man gerne tut, als auch darauf, rasch mit dem fertig zu werden, was man nicht mag:

Setzen Sie sich unrealistische Fristen

Diese Vorgehensweise nutze ich täglich, vor allem, wenn es um meine E-Mails geht. Ich bekomme enorme Mengen davon und es ist schwierig, die Bearbeitung an andere auszulagern. Außerdem antworte ich gerne persönlich auf viele der Nachrichten, das gehört zu den Freuden meines Jobs. Doch wenn ich jeden Tag gemütlich durch meinen Posteingang trödeln würde, käme ich zu nichts anderem mehr.

Daher notiere ich stattdessen die Anzahl der E-Mails, die in den verschiedenen Posteingängen warten (das können 45 in einem und 37 in einem anderen sein), und das Zeitfenster, das mir für das Beantworten zur Verfügung steht. Dann formuliere ich eine klare Vorgabe. In diesem Beispiel könnte sie lauten: »Innerhalb von zwei Stunden alle 82 Mails beantworten.« Oder »Pro Stunde 45 Mails beantworten«. Und los geht's.

Mein schnellster Durchschnittswert war eine Mail pro Minute. Die letzten Nachrichten dauern immer am längsten. Außerdem neige ich dazu, etwa ein Dutzend E-Mails ewig lange im Posteingang stehen zu lassen ... normalerweise bis sie hinfällig sind und ich sie entweder löschen oder dem Absender schreiben kann: »Ich habe gerade Ihre E-Mail gelesen und festgestellt, dass sie nicht mehr relevant ist, tut mir leid.«

Oft schaffe ich meine Vorgabe nicht, doch was zählt, sind das Tempo und die Produktivitätssteigerung, für die meine Methode sorgt. Das kann bedeuten, dass Sie, wenn Sie mir eine E-Mail schicken, nur eine kurze Antwort bekommen, aber daran gewöhnen sich die meisten Leute.

Ich lernte diese Methode von Martin Sorrell, dem Chef von WPP (des weltweit größten Kommunikationsdienstleisters). Ich weiß noch, wie ich ihm vor Ewigkeiten eine Mail mit einer Frage schickte (nicht, dass er noch nicht geantwortet hätte, das war in den 1990ern), und zurück kam schlicht: »J, M« (wie in: »Ja, Martin«).

Ich war begeistert. Das war in den frühen Tagen des E-Mail-Verkehrs und viele Leute formulierten so, wie sie auch Briefe geschrieben hatten. Die Kurzsprache, die später in SMS aufkam, war noch nicht erfunden. Daher fand ich diese minimale, magere, auf das absolut Wesentliche reduzierte Antwort auf meine E-Mail so toll. Und ich habe diese Methode nie bereut. Durch sie sparte ich Monate meines Lebens.

Was mir weitere Monate oder vielleicht sogar Jahre einbrachte, ist das Zehnfingersystem an der Tastatur. Nach meinem Studium (wo ich fast alles mit Hand geschrieben hatte, da wir uns in den 1980ern befanden), kehrte ich mit einem Amstrad-95812-Textverarbeitungscomputer im Kofferraum nach Hause zurück. Dort bat ich meine Mutter (die früher als Sekretärin arbeitete), mir das Tippen beizubringen. Das dauerte zwei Tage und erspart mir seitdem endlos viel Zeit und Mühen. Während ich dieses Buch verfasse, kann ich quasi genauso schnell schreiben, wie ich denke.

Die »Unrealistische Fristen«-Taktik setzte ich zum ersten Mal vor sieben oder acht Jahren ein, als mir klar wurde, dass ich auf eine bestimmte Aufgabe mehr Zeit als nötig verschwendete. Ich musste die Homepage für unser Retreat-Zentrum »The Hill That Breathes« überarbeiten und ging immer davon aus, dass die Planung, die Texte, die Auswahl der Fotos und die Umsetzung mehrere Monate in Anspruch nehmen würden.

Sich unrealistische Fristen zu setzen macht unfassbar produktiv.

In Wahrheit dauerte das Ganze noch viel länger, weil ich mich – im Wissen, das Vorhaben würde viel Zeit kosten – nie richtig daransetzte. Es war so, als würde ich vom Basislager aus zum Mount Everest hinaufschauen, mich aber nicht auf den Rücken eines Sherpas schwingen, sondern ein gutes Hotel aufsuchen und mich erst einmal hinlegen. Eines Tages gingen mir mein Herumeiern und das ewige Aufschieben so auf die Nerven, dass ich zu mir sagte: *Okay, Junge* (ich nenne mich in Gedanken immer Junge), *warum setzt du dich nicht einfach hin und hakst das Ganze in zwei Tagen ab?*

Was? antwortete »Junge«. *Aber ... aber ... allein schon die Überlegung, wie die Homepage aussehen soll, dauert zwei Tage* – was auch stimmte, weil ich zahllose Stunden damit verbrachte, verschiedene Designs für die Seiten zu entwerfen, sodass die Bilder optimal hervortraten ...

Nein, Junge, dafür hast du eine halbe Stunde. Und nachdem »Junge« sich in die Hosen gemacht und sich gewaschen und umgezogen hatte, nahm er das Projekt in Angriff. Und durch diese lächerliche Frist kam er wirklich schnell voran. Es dauerte zwar länger als zwei Tage, aber nur vielleicht drei oder vier Tage. Und sicherlich keine zwei oder drei Monate.

Solange Sie nicht in Panik geraten und vor lauter Sorge zugrunde gehen – das heißt, solange Sie verstehen, dass die Frist im Grunde ein Spiel ist –, ist diese Strategie äußerst produktiv. Ich schaffe so ein Vielfaches von dem, was ich früher hinbekommen habe. Ich arbeite doppelt oder dreimal, vielleicht sogar zehnmal so schnell wie zuvor.

Und ganz abgesehen von der Schnelligkeit ist dieses Vorgehen (meist) auch der Qualität dessen, was man macht, zuträglich. Es tut Projekten – und Entscheidungen – selten gut, wenn man alles dreht und wendet und zu viel darüber nachdenkt. Außerdem klatscht diese Methode Selbstzweifeln und Selbstkritik einen nassen Fisch ins Gesicht. Für Bedenken ist einfach keine Zeit – leg einfach los und bring die Sache zu Ende, Junge.

Belohnungen (Zuckerbrot)

Ricardo Semler, der faszinierende brasilianische Unternehmer, der seine Angestellten über ihre Arbeitszeiten und Gehälter entscheiden lässt, rät: Wer bis Mittwoch genügend Produkte hergestellt hat, sollte nicht weitermachen und noch mehr produzieren, sondern an den Strand gehen.

So werde ich es diese Woche auch machen. Ich habe mir fünf Tage fürs Schreiben freigehalten, von heute (Montag) bis Freitag. Am Samstag gebe ich einen Workshop. Ich habe mir eine feste Anzahl von Wörtern für diese Woche vorgenommen (danach sollte das Buch fertig sein – nein, ich arbeite die Kapitel nicht in ihrer Reihenfolge von vorn nach hinten ab, nebenbei bemerkt). Also habe ich die Anzahl der Wörter durch die fünf Tage geteilt. Am vierten Tag erlaube ich mir ein etwas geringeres Pensum, aber der Rest ist ziemlich gleichmäßig verteilt.

Wenn ich meinen eigenen Rat beherzige, sollte ich nun Folgendes tun: die Anzahl der Wörter durch vier statt durch fünf teilen, schneller schreiben und mir den Freitag freinehmen, wenn ich rechtzeitig fertig bin. Dann kann ich am Freitag machen, wonach mir der Sinn steht: Ich kann eine Galerie besuchen, einen Film im Kino schauen, in einem schicken Gourmet-Burger-Restaurant einen Burger und Pommes essen oder in die Theatermatinee gehen. Und schon schreibe ich schneller.

Ich setze oft kleine Belohnungen aus, auch wenn ich nicht oft an den Strand gehe, wenn ich mit einer Aufgabe fertig bin. Vielleicht sollte ich das häufiger tun. Es wirkt.

Bestrafungen (Peitsche)

Ich ziehe das Zuckerbrot der Peitsche vor. Aber vielleicht stellt eine drohende Strafe für Sie eine größere Motivation dar? Sie könnten zum Beispiel bewusst auf etwas verzichten, wenn Sie eine Frist nicht einhalten: »Wenn ich das nicht schaffe, werde ich mir das Kleid, das ich so schön finde, nicht kaufen.«

So, nach diesen Ausführungen sollte Zeit nicht länger Ihr Problem sein. Mit ein bisschen Unterstützung von *Fuck It* können Sie sich wieder mit der Zeit anfreunden.

Mit ein bisschen Unterstützung von Fuck It können Sie sich mit der Zeit anfreunden.

Das nötige Geld auftreiben

Geldmangel ist ein elementarer Grund dafür, dass viele von uns nicht das machen, was sie gerne tun. Wenn Sie ein Yoga-Fan sind und auch Kurse geben wollen, wird die Ausbildung ein paar Tausend Pfund kosten – vielleicht haben Sie die nicht. Wenn Sie voller Begeisterung Sanskrit studieren und darin promovieren wollen, fehlen Ihnen möglicherweise die Mittel, um sich voll und ganz aufs

Studium konzentrieren zu können. Wenn Sie für indische Möbel schwärmen und einen Laden damit eröffnen wollen, mangelt es Ihnen eventuell an Geld für den Warenbestand.

Während des Studiums liebte ich das Windsurfen. Doch für einen Studenten war das ein teures Hobby. Also lebte ich sehr sparsam, arbeitete in den Ferien und steckte jeden Penny, den ich erübrigen konnte, in die Windsurf-Ausrüstung. Eines Sommers hatte ich genügend gespart, um ein Windsurf-Mekka aufzusuchen – Lanzarote, eine der Kanarischen Inseln –, wo ich ein winziges Apartment mietete. Allerdings fehlte mir das Geld für Essen, also ernährte ich mich einen Monat lang hauptsächlich von Brot und Butter. Ich liebte das Windsurfen so sehr, dass ich einen Weg fand, es zu tun.

Viele Leute, die ein Unternehmen gründen, haben anfangs nicht viel Investitionskapital zur Verfügung. Also nehmen sie einen Geschäftskredit auf. Das ist einer der Gründe, warum es Banken überhaupt gibt. Ich weiß, dass wir heutzutage den Eindruck haben, sie existieren, um Leuten, die hochriskante Geschäfte mit erfundenen Finanzinstrumenten abschließen, völlig übertriebene Boni zu zahlen oder um uns zur Kasse zu bitten, wenn wir unsere Konten überziehen, doch eine Grundfunktion der Banken ist, kleinen Unternehmen bei der Finanzierung zu helfen.

Wenn wir eine tolle Geschäftsidee haben und dafür Mittel benötigen, finden wir normalerweise eine Lösung. In den 1990ern tat sich einmal eine Investitionsgelegenheit für mich auf, doch ich hatte kein Geld zur Verfügung. Und ich wusste, dass mir keine Bank etwas für dieses Vorhaben leihen würde. Also eröffnete ich mehrere Konten (okay, zehn) und überzog sie leicht. Ich zahlte den fehlenden Betrag schnell wieder ein (das verbessert die Bonitätsbewertung und ermöglicht einem so, beim nächsten Mal mehr zu überziehen), kehrte dann zurück, um einen größeren Betrag zu holen, den ich wieder schnell zurückzahlte, bevor ich noch mehr abhob. So machte ich weiter, bis ich schließlich von den zehn Konten die Summe zusammengetragen hatte, die ich für die Investition benötigte.

Sobald diese Geld abwarf, glich ich die Konten wieder aus. Das war meine *Fuck-It*-Finanzstrategie. Empfehlen möchte ich sie allerdings niemandem. Ich bin kein Finanzberater und mir nicht einmal sicher, ob so etwas heute noch geht, doch ich erzähle Ihnen diese Geschichte, um zu zeigen, dass man meistens einen Weg findet, wenn man Geld für etwas benötigt, das man für lohnenswert hält.

Ich fand meine eigene **Fuck-It-**Finanzstrategie.

Obwohl Kredite und Hypotheken gängige Methoden sind, um Vorhaben zu finanzieren, wollen viele von uns diesen Weg nicht einschlagen. Sie haben feste und teilweise auch gut bezahlte Stellen, und das erschwert es oft, den Sprung zu wagen und das zu machen, was wir gerne tun. Unsere Lebensumstände machen uns von dem Lohn, den diese Jobs einbringen, abhängig – Hauskredite, Rechnungen, Familien, Urlaubsausgaben, Ausbildungskosten etc.

Wenn Sie ein allein lebender Grundschullehrer sind, ist es schwer vorstellbar, genügend Geld für eine Ausbildung zum Yogalehrer anzusparen und dann irgendwann auch als solcher arbeiten zu können. Aber wahrscheinlich würde es Ihnen sogar leichter fallen als einer Hedgefonds-Managerin, die ihre Arbeit hasst und lieber Yogalehrerin sein möchte, aber die Hauptverdienerin einer Familie in einer Mehrere-Millionen-Pfund-Villa ist und für hohe Kreditraten und enorme Privatschulgebühren aufkommen muss.

Das nötige Geld aufzutreiben, um das machen zu können, was man gerne tut, heißt also oft eigentlich, ohne das Geld auszukommen, das man gerade verdient, um den eigenen Lebensstandard zu finanzieren. Die Falle, in der Sie sich gefangen fühlen, kann groß oder klein sein, aber Sie empfinden sie dennoch wie eine Falle. Es gibt 1.000 unterschiedliche Situationen, aber ich werde Ihnen nun ein paar Ideen vorstellen, von denen die eine oder andere vielleicht zu der Lage passt, in der Sie sich gerade befinden.

Die Schrumpfkur

Wie auch immer die für Sie konkret aussehen mag. Sie könnten den Job wechseln, damit Sie weniger arbeiten müssen (und weniger Verantwortung tragen), aber auch weniger verdienen und sich dementsprechend einschränken müssen. Sie könnten aber auch Ihr Haus verkaufen und in eine günstigere Gegend ziehen, um so die nötigen Mittel für das aufzubringen, was Ihnen Freude macht. Welche Opfer würden Sie (in Bezug auf den Lebensstil) bringen, um öfter das machen zu können, was Sie gerne tun, und glücklicher zu sein? Wozu sind Sie bereit, *Fuck It* zu sagen?

Die Schrumpfkur kann ein Teil Ihres Gesamtplans sein. Vielleicht entdecken Sie aber auch, dass Sie einen bestimmten Geldbetrag benötigen, um starten zu können. Vielleicht geht es um die Kosten der Yogalehrer-Ausbildung und genügend Polster, um sechs Monate lang ohne festen Job leben zu können. Ermitteln Sie, wie viel Sie brauchen, und fangen Sie an, in einen *Fuck-It*-»Fluchtfonds« einzuzahlen. Wenn Sie die angestrebte Summe erreicht haben, kann es losgehen.

» 2013 sagte ich *Fuck It*, kündigte meine Stelle und machte mich für drei Monate aus dem Staub, um mich zum Geschichtenerzähler ausbilden zu lassen. Dann sagte ich: »*Fuck It*, ich verkaufe mein Haus und ziehe ans Meer«, bot mein Haus zum Verkauf an und fand einen Abnehmer. 2014 sagte ich: »*Fuck It*, ich bin mir nicht sicher, was das Geschichtenerzählen angeht, ich will nicht aus meinem Haus ausziehen und brauche ein bisschen Geld.« Also machte ich den Hausverkauf rückgängig und beschloss, dass ich einen ganz bestimmten Teilzeitjob wollte, der es mir ermöglichen würde, einen Teil der Arbeit von zu Hause aus zu erledigen.

Am nächsten Tag traf eine E-Mail von einer Firma ein, die mir genau so eine Stelle anbot. Da überlegte ich mir, wie viele Tage ich pro Woche arbeiten und wie viel Geld ich verdienen wollte. Am nächsten Tag erreichte mich eine E-Mail mit diesen Fragen! Mittlerweile habe ich diese Arbeit schon seit einem Jahr. :) **«**

Sandra Regan – Oxfordshire, Großbritannien

»Sowohl/als auch« statt »entweder/oder«

Im Augenblick kommt Ihnen Ihr jetziger Job vielleicht schrecklich vor, während Sie Ihre Traumidee für genial halten. Das heißt, entweder behalten Sie den Job (und leiden) oder Sie gehen ein enormes Risiko ein und wagen den Absprung, um Ihre Traumidee umzusetzen (und werden so hoffentlich glücklich).

Aber ziehen Sie auch eine »Sowohl/als auch«-Lösung in Betracht, denn davon gibt es viele. Können Sie das, was Sie gerne tun, stärker in Ihre jetzige Arbeit einbinden? Ist das Problem eher die Firma, bei der Sie angestellt sind, als die Tätigkeit selbst? Wenn das der Fall ist, könnte die gleiche Position bei einer anderen Firma die Lösung sein. Ich habe als Angestellter beide Wege ausprobiert.

FUCK IT,
DANN TANZE ICH EBEN
AUF ZWEI HOCHZEITEN.

Warum auch nicht? Verwandeln Sie diese
absurde Redensart in einen ermutigenden Ausspruch.
Wir WERDEN auf zwei Hochzeiten tanzen (und auf beiden
auch Torte essen, wenn wir schon mal da sind ...)

Meine erste Stelle trat ich bei der Werbeagentur meiner Träume an, BBH – die in den zehn Jahren zuvor die kreativste Agentur von allen gewesen war. Doch ich fühlte mich dort nicht wohl. Ich fragte mich sogar, ob es ein Fehler gewesen war, diese Berufsrichtung einzuschlagen. Doch dann wechselte ich zu einer anderen Agentur, HHCL (die später zur kreativsten Agentur der folgenden zehn Jahre gewählt wurde), wo eine ganz andere Kultur herrschte, und war viele Jahre lang glücklich und zufrieden.

Als diese Zufriedenheit irgendwann ein wenig nachließ und ich in Erwägung zog, mit therapeutischer Arbeit meinen Lebensunterhalt zu verdienen, war die Agentur offen genug, mir das im Rahmen meines Jobs zu ermöglichen. Nachdem ich lange als Kreativer tätig gewesen war, setzte ich nun Entspannungs- und Trancetechniken ein, um anderen zu Ideen zu verhelfen.

Selbst wenn es nicht möglich ist, dass Sie das, was Sie gerne tun, in Ihre momentane Arbeit einbinden, überlegen Sie, wie Sie es *nebenher* machen können. Dafür brauchen Sie mehr Zeit. Und vielleicht empfinden Sie es als guten Ausgleich, wenn Sie neben dem, was Ihnen

Können Sie das,
was Sie gerne tun,
neben Ihrer Arbeit
machen?

keinen Spaß macht, eine beträchtliche Menge Zeit für das haben, was
Sie gerne tun. Vielleicht sind Sie dankbar für das, was Ihre Arbeit
Ihnen einbringt (ein Gefühl der Befriedigung, Status, Geld etc.), und
gestatten ihr daher gerne einen Platz neben dem zu, was Sie in Ihrer
Freizeit treiben.

Und vielleicht können Sie, wenn Sie doch irgendwann von dem
leben wollen, was Sie gerne tun, einen langsamen Übergang schaffen. Setzen Sie sich nicht unter Druck. Machen Sie die Yogalehrer-Ausbildung, wenn Sie Urlaub haben, und übernehmen Sie dann
einen wöchentlich stattfindenden Kurs vor Ort. Vielleicht können
Sie später auf Teilzeit reduzieren und an Ihrem freien Tag Yoga-
stunden geben. Lassen Sie das, was Sie gerne tun, ganz natürlich
wachsen. Spielen Sie einfach mit verschiedenen Möglichkeiten.

Spielerisch zu dem finden, was wir gerne tun

Unser Freund John Williams, Verfasser von *Mach, was dir gefällt!* ist ein
großer Verfechter des spielerischen Ansatzes. Er rät dazu, keinen detail-
lierten Plan zu entwerfen, bevor man loslegt, sondern mit dem, was man
gerne macht, zu »spielen«. So bleibt man offen und ist flexibler. Sie können Dinge einfach ausprobieren, und wenn es nicht funktioniert, gehen
Sie eben zu etwas anderem über, aber auf spielerische Art und Weise.

Das steht absolut im Einklang mit der *Fuck-It*-Philosophie. Das Spielerische gehört nämlich zu den zwei uns bekannten Möglichkeiten, wie Menschen den kindlichen »*Fuck-It*-Zustand« erreichen können – einen ruhigen
Zustand, in dem im Gehirn vermehrt Alphawellen auftreten. (Nur zur Information: Der andere Weg besteht darin, sich bewusst zu entspannen.)

Ich spiele gern: Ich mag die Leichtigkeit und die Freiheit des Herum-
experimentierens. Doch ich habe auch eine ernste, perfektionistische
und planerische Seite. Mein persönlicher Ansatz besteht darin, das Spielerische mit dem Planerischen zu verbinden – das Leichte mit dem Ernsthaften zu mischen. Oder besser gesagt, von einem Stadium ins andere
zu wechseln, und das manchmal in ziemlich schneller Abfolge.

Für mich ist das der Kern des kreativen Prozesses. Manchmal bewege ich mich sehr rasch zwischen den beiden Zuständen hin und her,
manchmal sind die Abstände länger. So kommt es beispielsweise vor,

dass ich zehn Minuten lang der Kreativität beim Schreiben freien Lauf lasse und das Geschriebene dann noch einmal einem logischeren und kritischen Blick unterziehe.

Diese beiden Stadien treten für gewöhnlich nicht parallel ein – ich kann nicht gleichzeitig freie, fantasievolle Texte verfassen und sie kritisch und rational in Augenschein nehmen – aber ich kann gut zwischen beidem hin- und herschalten.

Der Komiker, Schauspieler und Schriftsteller John Cleese, der auch durchaus das eine oder andere über Kreativität weiß (und über Absurditäten, die funktionieren), sagte einmal (irgendwo, ich finde die Quelle nicht mehr), dass man beim Schreiben von Texten rasch zwischen dem Clown und dem Anwalt wechseln müsse.

Also hat John (Williams, nicht Cleese) recht: Finden Sie spielerisch zu dem, was Sie gerne tun. Dabei gibt Ihre natürliche Veranlagung den rationaleren Weg des Anwalts vor, während der spielerische Ansatz den Clown zum Vorschein bringt. Aber ich überlasse dem Clown niemals die gesamte Manege – das würde zu Tränen führen (aufgemalten oder echten).

Das Problem bei »Entweder/oder«-Lösungen ist, dass Sie weiterhin in einer bestimmten Lage gefangen sind und mit einem erhöhten Stresslevel zurechtkommen müssen. Entweder weil Sie nicht das machen, was Sie gerne täten, oder weil Sie den Absprung wagen und sich Sorgen darüber machen, ob Sie es schaffen werden und weiterhin Ihre Rechnungen bezahlen können.

Wie auch immer Sie es anfangen, gehen Sie nicht wie so viele Leute davon aus, dass es viel härter sei, von der Tätigkeit, die man gerne macht, zu leben als vom jetzigen Job (sofern Sie einen haben). Viele Menschen haben Angst davor, auf eigenen Füßen zu stehen und selbstständig zu arbeiten. Und natürlich kann das hart sein. Es fehlen die Sicherheiten, die eine Festanstellung mit sich bringt,

> Ich habe ein kleines Vermögen für die **Fuck-It**-Musik ausgegeben.

doch im Gegenzug erhält man weit mehr als nur größere Freiheit und Wahlmöglichkeiten, was den Lebensstil angeht.

Der finanzielle Gewinn kann enorm sein (auch wenn das natürlich davon abhängt, was man gerne tut und wie der Markt aussieht).

Darauf komme ich in Kapitel 6 »Von dem leben, was Sie gerne tun« zu sprechen. Halten Sie es also keinesfalls für ausgeschlossen, mit dem, was Sie gerne tun, viel Geld zu verdienen. Als Gaia und ich in Werbeagenturen tätig waren, brachten uns unsere »Hobby«-Projekte jedes Jahr mehr ein als unsere nicht unbeträchtlichen (Himmel, John, du klingst wie deine Mutter, sag doch einfach »verdammt großzügigen«) Gehälter.

Ebenso ist es möglich, dass Hobbyprojekte zumindest auf kurze Sicht gar kein Geld einbringen, das aber auch gar nicht das Ziel ist. Ich habe ein kleines Vermögen für die *Fuck-It*-Musik ausgegeben, und obwohl ich mit den Auftritten ein wenig eingenommen habe, stehen unter dem Strich doch tiefrote Zahlen.

Aber es ging mir nicht um das Geld. Ich mache die Musik zum Vergnügen, ich musste es einfach tun. Und irgendwann *werde* ich mit diesem Projekt etwas verdienen. Jetzt gerade, zwei Jahre nachdem ich die meisten Songs aufgenommen habe, stelle ich ein »*Fuck It* Experience«-Onlinepaket zusammen, das ordentliche (und passive) Einkünfte verspricht.

Möglicherweise kommen Ihre Hobbyprojekte auch Ihren anderen Tätigkeiten zugute, vielleicht sogar Ihrer bezahlten Arbeit. Die *Fuck-It*-Musik, die ich auf den Retreats abspiele, rundet die Gesamterfahrung ab. Die Tatsache, dass ich meinen Traum wahr gemacht und diese Musik aufgenommen habe, ermöglicht denen, die den *Fuck-It*-Weg einschlagen, zu sehen, dass es möglich ist. Ich bezweifle, dass Richard Branson mit seinen Mega-Ballonreisen etwas verdient hat, aber überlegen Sie mal, wie befriedigend sie gewesen sein müssen. Und wie groß der Werbeeffekt für seine Virgin-Marken war.

» Ich singe von Herzen gerne, und nachdem ich bei den Paralympics in London 2012 einen Pop-up-Chor miterlebt hatte, beschloss ich, einen eigenen ins Leben zu rufen. Obwohl ich keine Ausbildung zur Chorleiterin vorweisen konnte, sagte ich *Fuck It* und gründete den Chor – anfangs mit nur drei Leuten. Jetzt hat er 20 Mitglieder, und vor Kurzem sangen wir bei einer Oper für Massenchöre in der Royal Albert Hall in London mit! **«**

Maya Twardzicki – London, Großbritannien

Sich in die richtige Stimmung versetzen

Wenn Sie grundsätzlich dazu neigen, sich zu quälen, zu stressen und sich Sorgen zu machen, halten Sie diese Stimmung von dem, was Sie gerne tun, fern. Um alle Vorteile zu nutzen, die es mit sich bringt, öfter das zu machen, was Sie gerne tun – wenn Sie glücklicher, gesünder, erfolgreicher sein und Ihre Beziehungen verbessern wollen –, lohnt es sich, in einen anderen Modus zu schalten.

Setzen Sie sich also nicht unter Druck. Kündigen Sie nicht von heute auf morgen Ihre Stelle, sodass Sie sofort mit dem, was Sie gerne tun, Ihren Lebensunterhalt verdienen müssen. Betrachten Sie es eher als Spiel denn als Arbeit. Das Umschalten in einen anderen Modus kann sich als einer der großen Gewinne erweisen, die die Erkundung dessen, was Sie gerne tun, mit sich bringt.

Ob Sie sich bereits auf dem richtigen Weg befinden, lässt sich gut daran erkennen, wie Sie sich fühlen. Sind Sie im Flow, wenn Sie es machen? Oder fühlt es sich nach Kampf und harter Arbeit an? Freuen Sie sich auf die Stunden, in denen Sie machen, was Sie gerne tun, oder betrachten Sie es als Pflicht? (Sollte Letzteres der Fall sein, handelt es sich wohl kaum um etwas, das Sie gerne tun, oder?) Es ist erstaunlich, wie leicht unsere innere Einstellung etwas, das uns Freude macht, in simple Plackerei verwandeln kann.

FUCK IT,
ES FÜHLT SICH
EINFACH RICHTIG AN.

Wenn Ihre Gefühle mit dem Verstand kämpfen,
können Sie dieses Mantra als Schlagring einsetzen.

Deshalb kann es unser Leben verändern, an einer gesunden Grundeinstellung zu arbeiten – indem wir uns zugestehen, öfter das zu machen, was wir gerne tun, und zudem umdenken, wenn es um

Dinge geht, die wir nicht gerne machen. Und nun ist es Zeit, ein Geheimnis zu verraten. Ich habe es unter der nächsten Überschrift versteckt, doch wenn Sie es beherzigen, vervielfältigt es Ihre Chancen, Ihre Zeit mit dem zu füllen, was Ihnen Freude bereitet.

》 Meine Arbeit war monatelang von Stress und Konflikten geprägt (ich leite eine Wohltätigkeitsorganisation mit großen organisatorischen Herausforderungen). Nach langem Überlegen (und in einem Anflug von Verzweiflung) sagte ich *Fuck It* und begrüßte diese Herausforderungen als willkommene Gäste im Durcheinander eines regen Lebens, statt gegen sie anzukämpfen.

Dadurch, dass ich die Dinge nun akzeptierte, wie sie waren, statt sie ändern zu wollen, wurden aus Problemen Chancen und aus einer stressigen Lage langsam, aber sicher ein Leben voller wunderbarer, erstaunlicher Momente. **《**

Amy Bartlett – Ottawa, Kanada

Das Virus finden

»Wenn Sie das, was Sie haben,
nicht genießen können, macht Ihnen
mehr davon auch keine Freude.«

Richard Bandler, Mitgründer des
neurolinguistischen Programmierens (NLP)

Mithilfe von *Fuck It* das zu machen, was man gerne tut, kann wie ein sich langsam ausbreitendes Virus wirken. Wenn Sie die Schritte befolgen, die ich in diesem Kapitel beschrieben habe – wenn Sie dem, was Sie gerne tun, Priorität einräumen und einfach loslegen sowie weniger Zeit mit Dingen verbringen, auf die Sie gar keine Lust haben –, werden Sie schnell feststellen, dass Sie plötzlich öfter das machen, was Sie gerne tun.

> Mithilfe von **Fuck It** das zu machen, was man gerne tut, kann wie ein sich langsam ausbreitendes Virus wirken.

Das wird dazu führen, dass Sie am liebsten noch mehr Zeit damit verbringen würden, also werden Sie dem, was Sie gerne tun, vermutlich noch mehr Priorität einräumen und noch seltener das tun, worauf Sie keine Lust haben. Sehen Sie, ein sanftes Virus.

Doch es gibt einen Weg, dieses »Machen, was man gerne tut«-Virus viel (viel) schneller zu verbreiten. Es ist möglich, jegliche Abwehrkräfte auszuschalten, die dagegen arbeiten. Und genauso wie die tödlichsten Krankheiten oft durch simple, kleine Mutationen im Genom eines Virus entstehen, ist es eine simple, kleine Veränderung im »Machen, was man gerne tut«-Virus, die es unaufhaltsam macht.

Die Formel lautet so: Wir nehmen das aktuelle Virus und lassen es so mutieren, dass aus »Machen Sie das, was Sie gerne tun« das neue Virus »Machen Sie gerne, was Sie tun« wird.

Keine neuen Elemente. Keine neuen Worte. Keine neuen Konzepte. Nur eine minimale Abwandlung der vorherigen Formel. Doch jetzt haben wir einen wahren Killer in der Hand: Egal, in welchem Bereich Ihres Lebens Sie Schwierigkeiten damit haben, das zu machen, was Sie gerne tun – aufgrund von Gewohnheiten, Verpflichtungen, Versprechen oder was auch immer –, wenn Sie das »Machen Sie gerne, was Sie tun«-Virus freisetzen, gibt es kein Halten mehr.

Und so geschieht es, dass Sie plötzlich nicht mehr trotz aller Mühen voller Frust daran scheitern, das zu machen, was Sie gerne tun, sondern es einfach *schaffen*, weil Sie jetzt das gerne machen, was Sie tun (und daher automatisch auch das machen, was Sie gerne tun).

Und wie entfesseln Sie nun dieses neue Virus in Ihrem Leben? In diesem Zusammenhang möchte ich Ihnen jemanden vorstellen. Er heißt Antonio Aloi, und ich lernte ihn im letzten Sommerurlaub auf Salina kennen, einer der Äolischen Inseln nordöstlich von Sizilien. Ich war so beeindruckt von Antonio, dass ich mir ein paar Dinge über ihn notierte. Hier sind sie, ich habe sie aus meinem Notizbuch abgetippt.

Antonio Aloi – der Straßenfeger von Salina

Antonio fiel mir gleich zu Beginn unseres Aufenthalts auf, vor allem, weil er so hager war – auf die 1940er-Jahre-, Hemd-in-der-Hose-Weise – und immer lächelte. Danach entdeckte ich ihn während meiner Morgenspaziergänge immer wieder – weil er einfach überall war. Er ging schnell und fegte schnell, denn das war seine Aufgabe: durch den Ort zu laufen und überall zu fegen und sauber zu machen. Heute Morgen war er vor mir an einem kleinen Abhang zugange, und ich versuchte ganz außer Atem, ihn einzuholen.

Als ich (immer noch atemlos) hinter ihm durch den Ort lief, hielt er eine schwarze Tonne in der einen und einen Besen in der anderen Hand. Ich sah ihm dabei zu, wie er das tat, von dem ich wusste, dass er es tun würde – er grüßte alle Menschen, denen er begegnete, und fügte noch den einen oder anderen Satz hinzu, woraufhin ihm die Leute auf die gleiche Weise antworteten.

Er hielt nie inne (dafür nimmt er seinen Job zu ernst), und in den kurzen Wortwechseln äußerte er keine einzige Klage – wie »Meine Güte, war das eine schreckliche Nacht gestern!« –, obwohl er allen Grund dazu gehabt hätte: Gestern Nacht war einer der seltenen Julistürme über die Insel gefegt und hatte mich um vier Uhr morgens geweckt. Ich hatte rausgehen und kontrollieren müssen, dass auf unserem überdachten Balkon nichts nass wurde. Der sintflutartige Regenguss hatte für einiges Chaos im makellosen Ort gesorgt, auf den feuchten Gehwegen klebten überall die abgefallenen Blüten der üppigen Jasminsträucher.

Antonios Aufgabe war es, alles zu säubern, bevor die Touristen die Straßen bevölkerten, und ich hatte Hemmungen, ihn anzusprechen (zum einen, weil ich wusste, dass er arbeiten wollte, aber auch, weil ich bei solchen Dingen schüchtern war). Doch ich sagte *Fuck It* und tat es einfach. Ich erzählte ihm, dass ich ein Buch darüber schrieb, nur das zu machen, was man gerne tut, und dass mir aufgefallen sei, dass das bei ihm zuträfe.

Antonio stimmte mir zu. Als ich ihn nach dem Grund fragte, sagte er: »Lavoro è buono«, was »Arbeit ist gut«, also »Es ist gut, zu arbeiten« bedeutet. Ich fragte, warum gerade diese Arbeit, und er antwortete: »Non è niente« – »Es ist nichts«. Ich meinte zu ihm, es sei offensichtlich, dass er gute Arbeit leiste, und er wiederholte: »Non è niente«. Dann ließ ich ihn in Ruhe weitermachen.

Antonio Aloi, der Mann mit dem alliterativen Namen, dem ewigen Lächeln und einem fröhlichen Gruß für jeden, mag seine Arbeit – er mag Arbeit, könnte man sagen. In einem Ort, in dem es von Millionären wimmelt, die von ihren Jachten an Land kommen, um Unmengen von Geld für Dinge auszugeben, die sie weder wollen noch brauchen, und sich dann beim Cocktail über das Wetter beschweren, würde ich sofort mit Antonio Aloi tauschen.

Neun Monate später verfüge ich über einige Zusatzinformationen zu dieser Geschichte und unserer Zeit auf Salina, von denen ich damals keine Ahnung hatte. Salina ist berühmt dafür, dass auf der Insel der italienische Film *Il Postino* (*Der Postmann*) gedreht wurde. Wenn man die Fähre verlässt und durch den Hafen läuft, wird man vom berühmten Fahrrad aus dem Film begrüßt, zusammen mit einem großen Foto des titelgebenden Postmanns, verkörpert vom verstorbenen Massimo Troisi.

Der Film handelt von einem schlichten, freundlichen (und schönen) Mann, der einen einfachen Job hat: Er trägt auf der kleinen italienischen Insel die Post aus (und hat nur einen Kunden – den berühmten chilenischen Dichter Pablo Neruda). Ich weiß nicht, wie viele Besucher Antonio Aloi bemerken, wenn sie von einem Wahrzeichen des Films zum nächsten hetzen, doch näher kann man einem echten *Il Postino* wohl nicht kommen. Und er lebt auf der *Il Postino*-Insel. Da muss etwas im Trinkwasser sein.

Antonio Aloi hat seine Situation nicht mühsam herbeigeführt. Er hat keinen Prozess durchlaufen, um herauszufinden, was ihm Freude macht – »Ich fege gerne Straßen« –, bevor er alles daransetzte, mit dieser Tätigkeit seinen Lebensunterhalt zu verdienen (»Ich muss mich bei der *comune* bewerben, um die Straßen der Insel fegen zu dürfen«). Ebenso wenig hat er den »Gerne machen, was man tut«-Gemütszustand kultiviert. Er hasste seine Arbeit nie und wünschte sich nie, er könne sich eine Jacht leisten, um zwischen den traumhaften Inseln umherzusegeln. Er macht das, was er tut, einfach gerne. Der Glückspilz.

FUCK IT,
ICH NEHME DAS AN, WIE ES IST.

Ahhhhhh, wiederholen Sie
dieses Mantra einfach immer wieder,
dann verändert sich Ihr Leben.

Achtsamkeit – die Antonio-Aloi-Einstellung

Doch das heißt nicht, dass wir verloren sind. Wie von allen Gurus können wir auch von Antonio Aloi lernen. Wir können ihn imitieren und ihm nacheifern. Der Kern dessen, was ihm ganz natürlich gelingt – vielleicht, weil er ein schlichteres Gemüt hat als Sie oder ich – besteht darin, in seinem Tun »präsent« zu sein. Er lebt das, was die Buddhisten ein »achtsames« Leben nennen.

Antonio ist von Natur aus achtsam: Er lebt ganz im Jetzt. Er blockiert die Gegenwart nicht mit lauter Gedanken über die Vergangenheit und die Zukunft. Und er überfrachtet seine Wahrnehmung nicht mit Urteilen – das heißt, der Überzeugung, dass etwas »falsch« oder »richtig«, »gut« oder »schlecht« ist.

Es ist seltsam, dass Antonio Straßenfeger ist, da die Wege seiner Wahrnehmung dauerhaft frei und sauber sind. Obwohl ich mein Buch *Bob der Buddha* geschrieben hatte, bevor ich Antonio traf, ähnelt die Hauptfigur ihm sehr. Indem Bob ein einfaches, achtsames Leben führt, ist er stets hellwach und gegenwärtig. Ohne es zu wissen, ist er – und Antonio genauso – ein moderner »Buddha«. Wenn wir uns Antonio Aloi zum Vorbild nehmen, können auch wir diesen Zustand der Achtsamkeit erlangen.

Mein Verständnis von Achtsamkeit beruht auf meiner eigenen Praxis der vergangenen zwei Jahrzehnte – ich hatte mehrere Buddhisten als Lehrer –, daher stimmt es nicht zwingend mit den modernen Definitionen überein. Wenn Sie möchten, können Sie mit einer ganz förmlichen Achtsamkeitsübung anfangen. Nehmen Sie sich jeden Tag, sagen wir mal, 15 Minuten, um einfach dazusitzen und zu »sein«. Ich führe meine Übungen durch, während ich andere Dinge tue – beim Autofahren oder wenn ich auf einen Bus warte.

So können Sie es auch machen, aber die meisten Menschen ziehen anfangs ein etwas strikteres Ritual vor.

Achtsam zu sein ist übrigens nicht schwierig. Anfangs fällt es Ihnen vielleicht nicht ganz leicht, aber kompliziert ist es nicht. Hier sind ein paar Grundsätze:

- Nehmen Sie sich die Zeit dafür. Und suchen Sie sich ein ruhiges Fleckchen, wo Sie mindestens 15 Minuten lang nicht gestört werden. Setzen Sie sich bequem hin – auf einen Stuhl, auf ein Kissen, in einer traditionellen Meditationshaltung, ganz wie Sie wollen. Am Anfang ist es besser, sich nicht hinzulegen, weil man sonst leicht einschläft. Ich stehe gerne dabei, aber auch das kann zu Beginn schwierig sein, weil Sie Ihre Aufmerksamkeit dann auf Ihre Körperhaltung und vielleicht ein seltsames Gefühl in Ihren Beinen richten.

- Nun sitzen Sie also da. Sie müssen an gar nichts Besonderes denken. Sie müssen sich keinen Om-Laut vorstellen. Achten Sie einfach darauf, was in Ihnen geschieht. Achten Sie auf das Gefühl in Ihrem Körper. Achten Sie darauf, was Ihnen durch den Kopf geht – seien es Gedanken, Impulse von außen oder Gedanken infolge dieser Impulse: »Mann, das Flugzeug ist aber laut.«

- *Beurteilen* Sie diese Gedanken oder Reaktionen nicht. Das gilt für alles. Es gibt keine falschen oder richtigen Gedanken, auch wenn Sie darüber nachdenken, was richtig und was falsch ist – *Flugzeuge sollten nicht über Wohngebiete fliegen dürfen, das ist ja furchtbar.*

- Ihr Inneres ist wie der Himmel, über den Gedanken und Empfindungen wie Wolken ziehen. Sie schauen ihnen nur dabei zu. Manchmal werden Sie sich in den Wolken befinden, statt sie von außen zu betrachten, aber das ist auch in Ordnung.

- Sehen Sie? Sie können wirklich nichts falsch machen. Sitzen Sie einfach eine Viertelstunde lang da und schauen Sie, was passiert.

- Wenn Sie wollen, können Sie alle Gedanken und Dinge, die Ihnen auffallen, mit einem Satz kommentieren – etwas wie: *Ah, das ist interessant.* Das ist dann der »nicht beurteilende« Teil:

»Die Fluglinien sind unmöglich.« – *Ah, das ist interessant.* »Ich bin müde und fühle mich krank.« – *Ah, das ist interessant.* »Das hier ist echt furchtbar langweilig.« – *Ah, das ist interessant.* Und so weiter.

Sobald Sie diese Übung eine Zeit lang nach diesem Muster (aber dennoch völlig entspannt) gemacht haben, können Sie zu freieren Formen übergehen. Genau genommen ist es wohl so, dass Sie, wenn Sie sie oft genug machen, quasi gar keine andere Wahl haben, weil der »Einfach schauen und nicht urteilen«-Zustand dann ganz natürlich eintritt. Er durchdringt Ihr gesamtes Handeln und Ihre komplette Wahrnehmung.

Klar, Sie verwandeln sich nicht in eine reine, sanftmütige und mitfühlende Buddha-Variante Ihrer selbst. (Okay, möglich ist es schon – das hängt wohl von Ihrem Naturell ab.) Und das müssen Sie auch gar nicht. Aber Sie ergänzen Ihre normalen Reaktionen auf die 10.000 Alltagsdinge um diese zusätzliche »Präsenz«.

Obwohl es sich im Grunde nicht einmal um etwas Zusätzliches handelt – das Präsent-Sein durchzieht einfach alles. In dieser Hinsicht ähnelt es einem Parfüm, das in allem, was Sie tun und denken, wahrnehmbar ist, bis schließlich selbst in einer negativen, kritischen Reaktion Ihrerseits noch ein Hauch des Nicht-Urteilens spürbar ist.

Und während dieses Parfüm sich in Ihrer Wahrnehmung ausbreitet, mögen Sie plötzlich Dinge einfach nur, weil sie sind, wie sie sind. Auf einmal mögen Sie die abgedrehtesten Sachen und die banalsten Aufgaben. Sie verspüren eine Präsenz, wo Sie zuvor abwesend waren.

> Wir geben nicht auf, das zu machen, was wir gerne tun – wir finden einfach nur Gefallen an dem, was wir machen.

Wenn Sie etwas tun, das Sie vorher nicht mochten, gefällt es Ihnen plötzlich, vielleicht sogar sehr. Und so stellen wir mitten auf der Reise, deren Ziel ist, das zu machen, was wir gerne tun, auf einmal fest, dass wir gerne tun, was wir gerade machen.

Das heißt nicht, dass wir *Fuck It* sagen und das Vorhaben, öfter das zu machen, was uns Freude bereitet, einfach aufgeben. Sondern einfach nur, dass wir auf dem Weg dorthin Gefallen an dem finden, was wir machen.

FUCK IT,
ICH KANN DAS GENIESSEN.

Selbst wenn Sie glauben, Sie könnten es nicht.
Und dieses Mantra hilft Ihnen dabei.

Die Reise dorthin, öfter das zu machen, was wir gerne tun, und die aktuelle Erfahrung, das, was wir tun, gerne zu machen, vereinen sich zu einem Tanz – zu einem richtig guten Tanz. Hier tritt niemand dem anderen auf die Füße, hier ergänzen sich beide Tänzer, sodass die Schönheit der Bewegungen und des Gesamtbildes viel stärker hervortreten. Das ist der geheime Trick. Und es bildet den Kern des Auslebens dessen, was Sie gerne tun.

5. Ausleben, was Sie gerne tun

> *»Es ist nicht notwendig, dass du aus dem Haus gehst. Bleib an deinem Tisch und horche. Horche nicht einmal, warte nur. Warte nicht einmal, sei völlig still und allein. Anbieten wird sich dir die Welt zur Entlarvung, sie kann nicht anders, verzückt wird sie sich vor dir winden.«[7]*
>
> Franz Kafka

Dieses Kapitel wird sich vermutlich irgendwie unpassend anfühlen. Der Rest des Buches ist für Erwachsene geschrieben (dass ich damit keine pornografischen Inhalte meine, dürfte Ihnen schon klar sein, denn die gibt es nicht) oder zumindest für den Erwachsenen in uns, der viele von uns wohl dominiert.

Doch in jedem Menschen gibt es auch einen Teil, der in der Zeit stehen geblieben ist, als die meisten Leute größer waren als wir und wir unter den Achseln und untenrum deutlich weniger Haare hatten. Wissen Sie, ein Großteil dieses Buchs befasst sich mit dem, was aus uns geworden ist — rationale, vorausplanende, taktisch handelnde, zielstrebige, durch Verpflichtungen gebundene Erwachsene —, und erkundet, wie *Fuck It* in diesem Teil unserer Persönlichkeit ein bisschen aufräumen kann. Doch in diesem Kapitel werden wir mit unserer weniger erwachsenen, weniger rationalen Seite spielen.

Aber keine Sorge, erwachsene Leser. Wir werden keine albernen, kindischen Übungen machen, mit Fingerfarben malen oder so tun, als wären wir Löwen oder so. Na ja, wahrscheinlich nicht. Wenn das mit dem Löwen spontan passiert, hat das nichts mit mir zu tun.

Und keine Sorge, erwachsene Leser, Teil II: Ich werde Sie nicht dazu auffordern, der spontaneren, kindlicheren Seite in Ihnen die Führung zu überlassen. Auf keinen Fall. Wir geben die Autoschlüssel nicht an die Kinder ab. Aber wir werden zumindest schauen, wie es sich anfühlt, wenn sie bei uns auf dem Schoß sitzen und so tun, als würden sie fahren.

Vielleicht lassen wir sie auch die eine oder andere Kurve lenken, jederzeit bereit, einzugreifen und die Richtung zu korrigieren. Wow, wie VERANTWORTUNGSBEWUSST wir sind!

Okay. Während ich das hier schreibe, höre ich Musik. Ziemlich laute Musik sogar. Und jedes Lied löst auf seine ganz eigene Art etwas in mir aus. Im Moment läuft Fedez — ein genialer und lustiger italienischer Rapper —, der gleich zu Beginn des Songs einer Prostituierten ein Angebot macht. Nein, nicht so eins, er fragt sie, ob sie ihn heiraten und mit ihm eine Familie gründen möchte. Sie müssen es sich anhören.

Das Lied ist so elektrisierend, dass ich am liebsten durch die Gegend hüpfen würde. Also tue ich es. Einen Augenblick. So, ich bin wieder da. Oh nein, diese Stelle ist echt super. Warten Sie kurz. So, ich bin zurück — ein bisschen außer Atem, aber wieder da.

Bevor wir tiefer ins Thema einsteigen, holen Sie sich ein bisschen Musik in Ihr Leben. Finden Sie neue Musik. Entdecken Sie Musik wieder, die Sie schon Jahre nicht mehr gehört haben. (Ich nutze Spotify, was beides viel einfacher macht.)

Heute Morgen las ich eine E-Mail von jemandem, der gerade auf einem Konzert des 1980er-Jahre-Punkrockers Billy Idol in Australien war (der Absender lebt dort, er ist nicht extra ganz nach Down Under gefahren, um Idol zu sehen — das würde das »Mach, was du gerne tust«-Ding etwas zu weit treiben, oder?). Und das erinnerte mich an mein erstes Jahr mit Führerschein.

1984 war ich stolzer Besitzer eines ziemlich schnellen kleinen Minis — na ja, zumindest fühlte er sich für mich ziemlich schnell an, ungefähr so wie ein Gokart auf der Autobahn — und der Soundtrack zu jenem Jahr war Billy Idols Album *Rebel Yell* (vor allem der Song »Eyes Without a Face« mit dem genialen Gitarrenriff). Es dauerte nur zwei Sekunden, bis ich das Album bei Spotify gefunden hatte, und schon befand ich mich wieder im Jahr 1984. Und schon waren alle Erinnerungen wieder da — und ich meine wirklich ALLE.

Gehen Sie das mit der Musik gleich heute an. Es wird wahrscheinlich ein Schlüsselfaktor sein, um ausleben zu können, was Sie gerne tun.

Ein spontanes Leben voller leerer Seiten

Okay, jetzt lasse ich Sie mal wieder an meinem Arbeitsprozess teilhaben. Es ist Samstagmorgen und ich sitze hier mit einer großen, leeren Seite vor mir ...

... auf der oben der Kapiteltitel, »Ausleben, was Sie gerne tun«, und ein Zitat stehen – sonst nichts. Oh, abgesehen von der Notiz »12.000 Wörter«, meiner Schätzung, wie lang dieses Kapitel werden soll.

Wie Sie vermutlich anhand der anderen Teile des Buches erraten haben, gehe ich diese 12.000 Wörter normalerweise an, indem ich das Thema in kleine Abschnitte und Punkte aufgliedere, die logisch aufeinander aufbauen und ein größeres Gesamtbild ergeben, das Ihnen hoffentlich tolle Ideen und Verfahren vermittelt, *Fuck It* zu sagen und öfter das zu machen, was Sie gerne tun.

Doch dieses Mal widersetze ich mich dieser Vorgehensweise. Ich widersetze mich der sorgfältigen Planung. Ich widersetze mich dem Sog der beruhigenden 24 Punkte zu je 500 Wörtern (oder wie die Zahlen auch lauten mögen). Lieber sage ich: »*Fuck It*, spüre die Angst vor der leeren Seite« (der leeren DIN-A3-Seite, der so offensichtlich der Inhalt fehlt), und tippe einfach direkt ins Word-Dokument, wo sich die leeren Seiten nach unten bis ins Unendliche erstrecken.

> Lieber sage ich:
> »**Fuck It**, spüre
> die Angst vor der
> leeren Seite.«

Daran bin ich nicht gewöhnt – die weite Leere. So wie ich auch nicht mehr an leere Tage gewöhnt bin. Meine Tage sind durchgeplant und voller Termine – selbst jetzt, da ich viel mehr zu Hause bin, nutze ich immer noch verschiedene Systeme, um das Maximum aus den Stunden herauszuholen. Obwohl ich viel Zeit damit verbringe, mit meiner Familie zu essen, mit den Jungs fernzusehen, ein Nickerchen zu machen und spazieren zu gehen, haben meine Tage immer eine klare Struktur. Ja, wirklich. Meistens plane ich den Tag komplett durch, ungefähr so:

Vormittag:

8.00–9.00 Uhr:	Qigong und Frühstück
9.00–11.00 Uhr:	Mails schreiben/beantworten
11.00–12.00 Uhr:	Den Zeitungsartikel schreiben
12.00–13.15 Uhr:	Coaching per Skype

Nachmittag/Abend:

13.15–15.00 Uhr:	Die Jungs von der Schule abholen, Mittag- essen, eine Folge *How I Met Your Mother*
15.00–16.00 Uhr:	Erholung und Mittagsschlaf
16.00–17.00 Uhr:	Spazieren gehen
17.00–19.00 Uhr:	Arbeit am neuen Onlinekurs
19.00–20.00 Uhr:	Kochen und essen
20.00–22.00 Uhr:	Mit der Familie fernsehen: Ja, schon wieder ... wirklich!

Vielleicht lesen Sie das jetzt und denken: *Wow, so ein Leben hätte ich auch gerne.* Oder: *Meine Güte, wie langweilig!* Oder: *Die gucken echt zu viel fern, diese Parkins.*

Doch es wird wohl ziemlich deutlich, dass ich es mit dem Arbeiten nicht übertreibe, dass ich zudem nicht pendeln muss und ein ziemlich ausgeglichenes Leben mit viel Freizeit habe.

Aber ... aber ...

Dennoch gibt es kaum »Leere-Seiten-Zeit« in meinem Tagesplan, oder? Das verhindere ich ja schon buchstäblich dadurch, dass ich eine halbe Seite mit diesem Plan fülle. Warum mache ich das dann? Um die Freizeit zu schützen, um meine Arbeitszeit möglichst produktiv zu nutzen, um zu wissen, wo ich mich befinde und was als Nächstes kommt.

Was alles gut und schön ist, aber trotzdem bleibt keine Leere-Seiten-Zeit. Es gibt keine Zeit, in der ich keine Ahnung habe, was ich als Nächstes tue, so wie jetzt. Keine Zeit ohne Plan – in der ich ziellos, leicht ängstlich und fast schon gelangweilt bin. Und das ist der große Unterschied zu damals, als ich klein und unbehaart war.

Lassen Sie uns also eine Reise in die Vergangenheit unternehmen und schauen, wie unser Leben damals aussah.

Zurück in die Zeit, als wir klein und unbehaart waren

Halten Sie kurz inne, bevor ich einige meiner Erfahrungen beschreibe, und versetzen Sie sich zurück in Ihre Kindheit. Was haben Sie damals so getrieben?

Mir kommen sofort die Schulferien in den Sinn, daher ist das vielleicht auch ein guter Startpunkt für Sie. Ich kehre gedanklich 40 Jahre zurück, ins Jahr 1975. Damals sitze ich vorm Fernseher und schaue den Vorspann einer Kindersendung namens *Why don't you?*. Das von Kindern eingesungene Titellied dieser Sendung enthielt eine merkwürdige Aufforderung: sich die Sendung *nicht* anzusehen, sondern den Fernseher auszuschalten und stattdessen irgendetwas weniger Langweiliges zu unternehmen!

Heute ist mir klar, dass dieses Lied mich vermutlich stark beeinflusst hat – einfach weil es so FALSCH klang. Eine Fernsehsendung, deren Produktion eine Stange Geld gekostet hatte – und da sie auf BBC lief, war es das Geld der Zuschauer (allerdings habe ich gerade in einem Clip auf YouTube erfahren, dass deren Beiträge wohl doch kaum zur Finanzierung hinzugezogen wurden) – und die sich als Sendung zur Ferien-Primetime sicher hohe Ziele gesteckt hatte, beginnt mit den Worten: »SCHAUT NICHT DAS HIER, ES IST LANGWEILIG: ZIEHT LIEBER LOS UND MACHT ETWAS INTERESSANTERES.«

Wow. Das ist ein wahres *Fuck It* im Fernsehprogramm. Und die Hälfte der Zeit befolgte ich diese Anweisung sogar. Ich schaltete

> Die Aufforderung, eine Sendung NICHT zu gucken, ist ein wahres **Fuck It** im Fernsehprogramm.

den Fernseher aus, ging nach draußen und suchte mir dort eine Beschäftigung. Die anderen Male schaute ich die Sendung. Und ich weiß noch, dass ich mich beim Anblick, wie Kinder in meinem Alter durch die Show führten, stets fragte, woher in aller Welt sie den Mut nahmen, im Fernsehen aufzutreten. Denn ich war schüchtern, wissen Sie? Mir fiel es schwer, ein Zimmer voller Erwachsener oder Kinder zu betreten – ganz zu schweigen davon, vor Millionen Fernsehzuschauern zu reden.

Doch diese Aufforderung, die Sendung NICHT zu gucken, war erstaunlich, und sie überrascht mich auch heute noch. Ich glaube nicht, dass die Produzenten damit auf umgekehrte Psychologie bauen wollten – jemand sagt »Schaut das nicht, schaut das nicht«, bis man nicht mehr anders kann und es gucken muss. Nein, es war zum Teil Provokation (wie Punk im Fernsehen) – im Sinne von:

»Uns ist es völlig schnuppe, ob ihr das hier schaut oder nicht«, vorgebracht mit der Arroganz eines schnippischen Siebenjährigen, der in der Lage war, eine Fernsehsendung zu moderieren – und zum Teil Ehrlichkeit: »Hier richtet einfach jemand eine Kamera auf uns Kinder, während wir Unsinn reden, was echt langweilig sein kann, glaubt uns! Egal, *Fuck It*.«

FUCK IT, WEN KÜMMERT ES, OB ES FALSCH IST?

In einer Welt strikter Konformität, vorformulierten, perfekt abgestimmten Aussagen und engstirnigem Perfektionismus tut es gut, den eigenen Exzellenzanspruch runterzuschrauben und auch mal zu riskieren, etwas Falsches zu tun.

Normalerweise forderte NIEMAND die Zuschauer dazu auf, die eigene Fernsehsendung NICHT zu gucken. Das fühlte sich falsch an und war deshalb erfrischend. Es fiel auf und hat sich mir so sehr eingeprägt, dass mir die Erinnerung daran bei dieser Übung als Erstes in den Sinn kommt. (Heute gäbe es eine solche Sendung nicht mehr – das ist Ihnen klar, oder? Nicht in den heutigen überrecherchierten, überanalysierten, überrechenschaftpflichtigen, überregulierten Zeiten. Selbst die Welt des Kinderfernsehens ist erwachsen geworden.)

Jetzt bin ich wieder zurück in den 1970er-Jahren – und zwar draußen im Garten ...

Ich schaukele auf unserer Doppelschaukel, ganz hoch, und springe am höchsten Punkt ab ... Ich versuche, meine Schwester dazu zu bringen, ihren Fuß unter einen Metallfuß der Schaukel zu stellen – der sich jedes Mal ein Stück vom Boden löst, wenn der Schaukler sich nach hinten bewegt, und dann wieder zurückdonnert, wenn er nach vorn schwingt – was sie vermutlich den Fuß gekostet hätte ...

Jetzt liege ich im Gras, schaue in den Himmel hinauf und höre die Flugzeuge in der Ferne ...

Ich habe die Dartpfeile aus dem Schuppen geholt, mein Freund Phil und ich wollen »Wie weit kannst du werfen?« spielen. Sein erster Versuch endet mit einem lauten metallischen Geräusch, gefolgt von wildem Gebrüll von nebenan – Phil hat den nagelneuen Wohnwagen unserer Nachbarn getroffen ...

Jetzt habe ich die Axt aus dem Schuppen stibitzt und halte mit drei Freunden (Phil, Jonathon und Theresa) eine Zeremonie ab: Jeder holt einmal aus und schlägt mit der Klinge in den Apfelbaum in unserem Garten, bevor er die Axt an den nächsten weitergibt.

Das tun wir so lange, bis das Auto meines Vaters rumpelnd auf die Auffahrt fährt. Da machen wir uns schnell aus dem Staub. Doch unser Werk wird entdeckt (und der halb gefällte Apfelbaum erholt sich nie wieder richtig) ...

Dann ist da das fantastische, aufregende Erlebnis Planschbecken ... und das Warten auf der Mauer, um sich eine Süßigkeit vom Milchmann abzuholen ... und das Herumklettern in einem verlassenen Haus im Park, von dem wir wussten, wie gefährlich und falsch es war, das wir aber dennoch liebten ...

Wissen Sie, was ich da gerade tue? Ich durchforste – und beschreibe Ihnen – meine »besten« Erinnerungen. Die, die bis heute herausragen. Die 40 Jahre alten Erfahrungen, die etwas in meinem Kopf veränderten – die sich in meine Synapsen einbrannten.

Was dabei fehlt – was heute nur noch eine leere Seite in meinem Gehirn ist – sind die übrigen 99 Prozent, die Augenblicke, die nicht denkwürdig genug waren, um sich dauerhaft einzuprägen. Denn mein Gehirn ist – und war schon immer – nicht neutral. Die Auswahl und Speicherung erfolgt nach bestimmten Kriterien. Und wenn ein Erlebnis denen nicht entspricht, fliegt es raus.

Daher kann ich heute nur raten, wenn es um die »Leere Seiten«-Momente meiner Kindheit geht – gelangweiltes Herumsitzen, traurige Zeiten, die völlige Abwesenheit aller bewussten Gedanken und Überlegungen, während ich ins Gras oder in die Luft starrte oder eine Raupe beobachtete, die über ein Blatt kroch. Oder die Augenblicke, in denen ich ganz in etwas versunken war, in denen ich Salz und Essig von einem Chip leckte, eine glühend heiße Lasagne zerteilte, um sie abkühlen zu lassen, oder von einem Fahrrad mit drei Gängen träumte.

Doch mir fällt auf, dass ich, wenn ich mich so rückbesinne, weitere Erinnerungen aufdecke, die direkt unter der Oberfläche, unter den prägnantesten Erinnerungen verborgen liegen. Vielleicht existieren sie also doch noch.

Entscheidend ist (aha, wir kommen auf den PUNKT), dass ich während dieser langen Sommerferien (oder der kürzeren Osterferien) meine gesamte Kindheit über und teilweise auch noch als Jugendlicher keinen *Plan* hatte. Meine Tage waren leere Seiten. Ich schlug morgens die Augen auf und wusste nicht, was der Tag bringen würde. Ich dachte nicht direkt nach dem Aufwachen darüber nach, was ich alles tun musste oder wie ich den Tag am effektivsten nutzen konnte. Und ich war im Verlauf des Tages nicht ständig damit beschäftigt, zu bewerten, wie nützlich meine aktuelle Tätigkeit war (die Sinnfrage) oder wie viel Spaß sie mir machte (die Lustfrage).

FUCK IT,
ICH BIN DAMIT ZUFRIEDEN,
NICHTS ZU TUN.

Da ich selten nichts tue, wirkt dieses Mantra bei mir.
Es ermöglicht mir, die Zeit auszudehnen,
die ich mit Nichtstun verbringe, bevor ich wieder aktiv werde.
Dieses Mantra multipliziert das Nichts (ich entschuldige
mich bei allen Mathematikern dort draußen, die wissen,
dass man den Betrag dadurch nicht vergrößern
kann, auch wenn ich es hier so darstelle).

Okay, jenes Land – die Vergangenheit – mag heute ein »fremdes Land« für mich sein. Aber *Fuck It*, ich habe den richtigen Pass. Und selbst wenn ich nur die Touristenattraktionen besichtigen kann und in den Touristenrestaurants die Touristenmenüs bekomme, will ich diese Reise gerne unternehmen und schauen, was ich lernen kann.

> Die Vergangenheit ist heute ein »fremdes Land« für mich, aber **Fuck It**, ich habe den richtigen Pass.

Ich möchte sogar einen Teil dieses »fremden Landes« in das Land der Gegenwart mitbringen, in mein Erwachsenenleben. Hoffentlich finde ich mehr als nur ein kitschiges Souvenir wie einen Esel, den man sich an die Wand hängen kann, sondern eher etwas wie ein neues und exotisches Rezept, das frischen Wind in die Essensroutine bringt.

Also, was zum Teufel habe ich damals gemacht? Was haben *Sie* damals gemacht? Ohne Plan, To-do-Liste, langfristige Ziele, die Vielzahl von täglichen Verpflichtungen, die zermürbende Routine ... was hat mich und Sie damals dazu bewegt, einen Fuß vor den anderen zu setzen und Dinge zu unternehmen?

Darüber nachzudenken fühlt sich seltsam an, oder? Wir sind wie Wissenschaftler, die versuchen, eine unbekannte Spezies zu erforschen. Was taten diese Wesen damals den ganzen Tag, so ganz ohne festen Ablauf und Termine? Und WARUM taten sie es? Na ja, wir lebten einfach in den Tag hinein. Spontan. Ohne alles zu hinterfragen oder zu analysieren. So sahen meine Tage aus:

Ich stand auf und hatte Lust, fernzusehen, also ging ich nach unten und schaute eine Weile Zeichentrickserien. Dann bekam ich Hunger, also holte ich mir eine Schüssel Cornflakes mit Milch. Fernsehen langweilte mich, also lief ich rüber zu Phil, klingelte und fragte, ob er da war. Seine Mutter schickte mich in sein Zimmer, das wie der letzte Saustall aussah und wo Phil noch schlief. Doch eine halbe Stunde später standen wir in seinem Gewächshaus und überlegten, was wir machen sollten.

Ich wünschte mir, so alt zu sein wie Phil – neun war viel cooler als sieben –, und er erzählte mir, was ein Freund von ihm in der Schule getan hatte. Dann schlug er vor, wir könnten eine Steinschleuder bauen, um zu schauen, wer von uns am besten Milchkannen umschießen konnte. Und schon rief mich meine Mutter zum Mittagessen herein. Und kaum, dass ich mich versah, war schon Schlafenszeit und ich durfte mal wieder nicht *Starsky & Hutch* schauen – oh, wie gerne ich das geguckt hätte, aber es fing erst um 21.00 Uhr an und da hatte ich im Bett zu liegen.

Ein fremdes Land, sehen Sie?
Als Kind lebte ich aus dem Moment heraus. Ich tat meistens genau das, worauf ich gerade Lust hatte. Ich hatte keine Termine, keinen Plan, keine Verpflichtungen. Jeder Tag lag vor mir wie eine leere Seite, die ich spontan mit dem füllte, was mir in den Kopf kam – ziemlich genau so, wie ich es jetzt gerade beim Schreiben mache.

Und zu diesem »Leere-Seiten-Leben« gehörten auch Langeweile (*Was soll ich jetzt machen?*), »blinde Flecken«, in denen ich einfach verschwand, und wahre Höhepunkte (wie den Augenblick, als der Dartpfeil meines Freundes den Wohnwagen der Nachbarn traf). Ich lebte, wie es heute im spirituellen Zusammenhang heißt, ganz und gar »im Augenblick«. Doch ich musste kein Buch mit dem Titel *Jetzt! Die Kraft der Gegenwart* lesen, um die Kraft der Gegenwart zu spüren. Ich musste nicht meditieren, um Präsenz zu erfahren. Aus der Perspektive eines Kindes ist es geradezu absurd, still zu sitzen und zu versuchen, im Augenblick zu leben.

Als Kinder mussten wir nicht meditieren, um Präsenz zu erfahren.

Als Kinder waren wir in vieler Hinsicht erleuchtet, ohne es zu wissen. Kleine, ahnungslose Buddhas – die zwar das größte Rätsel durchschaut hatten, sich dessen aber nicht bewusst waren. Weil wir einfach WAREN.

Das war der Garten Eden. Und erst heute, da uns dieses Paradies verschlossen ist, erkennen wir, wie herrlich es war – dieses unschuldige Leben von Augenblick zu Augenblick. Erst wenn etwas verschwunden ist, versteht man, was man verloren hat. Aber in diesem Zusammenhang ist diese Erkenntnis meiner Meinung nach ein

Glücksfall, denn so können wir versuchen, einen Teil davon zu-
rückzugewinnen.

Zeit und eine Frage

Wie schaffen wir das denn nun? Es ist einfacher, als Sie vielleicht
glauben, alter Mann/alte Frau. Letzten Endes läuft es auf zwei Dinge hinaus: Zeit und eine Frage. Und raten Sie mal, was mir gerade
im Kopf herumspukt? *It's a Question of Time, do di do di da da, do
di do di da da.* (Was – Sie wissen nicht, was das sein soll? Der Song
von Depeche Mode natürlich.)

Nerven Sie diese ständigen Randbemerkungen? Nervt Sie das
ewige Abschweifen? Wollen Sie, dass ich endlich mal auf den Punkt
komme? Wenn ja, ist dieses Kapitel genau das richtige für Sie, mehr
noch als der Rest des Buches. Je mehr es Sie nervt, desto richtiger
ist es für Sie.

Denn das Leere-Seiten-Leben geht mit einer beträchtlichen
Menge sinnlosem Gerede, kaum verständlichen Witzen und Anspie-
lungen sowie willkürlichen Ideen einher. Diese tagträumerische
Denkweise, so frustrierend sie für den zielstrebigen, höchst fokussierten Erwachsenen in Ihnen ist, ist ein fruchtbarer Boden für einige sehr interessante Pflanzen:

● Unerwartete, tolle Erlebnisse
● Unverhofftes Glück
● »Spirituelle« Eingebungen

Aber lassen Sie mich zunächst auf die beiden Ausgangspunkte zu-
rückkommen, die Portale in ein kindlicheres, spontaneres Leben –
Zeit und eine Frage.

Zeit …

Nehmen wir zuerst die Zeit. Warum hatten Sie als Kind so viel Zeit,
konnten aufstehen, wann Sie wollten, und den ganzen Tag lang
machen, worauf Sie Lust hatten (zumindest in den Ferien)? Als

Beispiel beschreibe ich Ihnen den Lebensstil meiner Familie damals in den 1970er-Jahren (auch wenn sich an der Rollenverteilung zwischen den Geschlechtern seitdem vieles verändert hat):

Mein Dad verbrachte einen Großteil des Tages im Büro (erinnern Sie sich noch, wann Sie Ihren Dad das letzte Mal sahen? Meiner fuhr gerade mit dem Wagen auf die Auffahrt, als meine Freunde und ich dabei waren, seinen preisgekrönten Apfelbaum zu zerhacken), und als Lohn erhielt er spezielle »Marken«, dank derer wir uns das Auto, mit dem er zwischen unserem schönen Einfamilienhaus und dem Büro hin- und herfuhr, das Haus selbst und alle Möbel darin leisten konnten, einschließlich meines Bettes. Diese Marken bezahlten mein Spielzeug, mein Fahrrad und das Essen, das wir verspeisten, das Gas, mit dem mein Zimmer im Winter geheizt wurde, und den Strom für die Lampen, die unsere knallbunten Teppiche und Tapeten beleuchteten.

Nach dem Aufstehen fing meine Mum immer gleich an, für ihren Mann und ihre zwei Kinder zu sorgen: sie kochte, legte Kleidung heraus, packte Lunchpakete, stopfte Taschentücher in Ärmel. Und im Grunde machte sie das, bis es wieder Zeit war, ins Bett zu gehen: kochen, putzen, waschen, aufräumen, abstauben, aufpassen, hinter jemandem herräumen, einkaufen, Essen machen, essen, den Tisch abräumen – und so weiter und so fort.

Abends saßen wir zu dritt auf dem Sofa vor dem stets präsenten Sony-Fernseher, während Mum hinter uns am Bügelbrett stand und von dort aus auf den Bildschirm guckte. Sie bat uns niemals, ihr zu helfen. Also taten wir es nicht. Wie furchtbar. Danke, Mum.

Und deshalb, du haarloser, verwöhnter Winzling, hattest du genügend Zeit, ganze Tage, Wochen und Jahre nur das zu machen, wonach dir der Sinn stand. Auch im Garten Eden müssen wohl Herr und Frau Gott parat gestanden und ständig Adam und Eva hinterhergeräumt haben. Und dankten die beiden es ihnen? Wohl kaum.

Stattdessen spazierten sie sogar zum verbotenen Baum und aßen den Apf... Oh Gott, mir fällt gerade auf, dass die Geschichte mit dem halb gefällten Apfelbaum meine persönliche Sündenfallerzählung ist. Hätte ich doch die Axt nie berührt – vielleicht würde ich dann noch im Paradies leben.

Also: Ja, Zeit trägt entscheidend dazu bei, spontan zu leben wie Kinder. Doch woher zum Teufel sollen wir diese Zeit nehmen, jetzt, da Mum und Dad uns nicht mehr den Rücken freihalten? Dafür sind zwei Schritte nötig:

● Mehr freie Zeit schaffen
● Diese Zeit nicht mit Plänen und Zielen oder den üblichen Zeitfressern füllen

Einer der Gründe, warum wir so wenig Zeit zur Verfügung haben – und das bisschen, das doch da ist, mit geplanten Terminen und Zeitfressern vollstopfen –, ist ironischerweise, dass unsere Eltern ein schlechtes beziehungsweise gutes Beispiel gesetzt haben. Dadurch, dass sie so gütig waren und so hart dafür gearbeitet haben, ein liebevolles, stabiles Umfeld für uns zu schaffen, in dem wir uns austoben konnten, lebten sie uns vor, wie »gute« Erwachsene sich verhalten sollten, und das haben wir wahrscheinlich übernommen.

Schauen Sie sich an, wie ich den heutigen Tag verbringe. Es ist Samstag. Die Kinder sind in der Schule (so ist das hier in Italien: An den staatlichen Schulen findet samstagsvormittags Unterricht statt). Gaia gibt die Vormittagsstunde beim »*Fuck It* Magic«-Retreat, der gerade begonnen hat. Ich habe also den Großteil des Tages zur freien Verfügung.

Die meiste Arbeit für diese Woche ist bereits erledigt (das ist eher ungewöhnlich für mich). Wenn ich nicht eingewilligt hätte, dieses Buch bis zu einem bestimmten Datum fertig zu schreiben, könnte ich einfach den ganzen Tag herumhängen und Gott weiß was tun. Danke, Leute.

Dann hätte ich meine leere Seite gehabt. Ich hätte aufstehen und eine Zeit lang fernsehen können (okay, das habe ich ohnehin getan), ich hätte Klavier spielen, im Wald wandern gehen, ein Buch lesen, ein Bad nehmen, zurück ins Bett gehen können. Ganz nach Belieben.

Aber *hätte* ich das getan, wenn ich nicht das Buch schreiben müsste? Ganz ehrlich? Nein, leider nicht, befürchte ich. Das kann ich so sagen, weil ich schon seit Ewigkeiten keinen Leere-Seiten-Tag mehr hatte, außer gelegentlich im Urlaub.

Aber warum denn nicht? Wäre ich nicht mit dem Buch beschäftigt, hätte sich heute eine Lücke aufgetan, die ich nach Lust und Laune hätte füllen können. Ja, aber, ähm ... Wenn ich nicht vor Augen gehabt hätte, dass ich mich heute an dieses Kapitel setzen musste, hätte ich mir vermutlich im Lauf der Woche mehr Zeit gelassen (da ich wusste, dass ich den heutigen Vormittag für das Buch benötigte, habe ich dafür gesorgt, dass gestern schon alle wichtigen Aufgaben erledigt waren) und wäre nun mit meinen alltäglichen Arbeitsaufgaben beschäftigt.

Das ist das Parkinson'sche Gesetz – Arbeit dehnt sich in dem Maß aus, wie Zeit da ist. Wenn ich also glaube, mir stände der Samstagmorgen zum Arbeiten zur Verfügung, werde ich am Samstagmorgen auch arbeiten. Aber gehen wir einmal davon aus, dass mein Arbeitspensum ganz klar umrissen ist und dass ich selbst bei langsamem Arbeitstempo schon gestern Mittag mit allem fertig gewesen wäre. Dann hätte ich traurigerweise trotzdem irgendeine Beschäftigung gefunden, die mit meiner Arbeit in Verbindung steht. Ich hätte schon einmal vorgearbeitet. Oder ich hätte die Zeit genutzt, um ein neues Projekt zu planen. Oder etwas Wichtiges zu recherchieren.

Sehen Sie, meine Denkweise ist ganz auf Ziele und Leistung ausgerichtet und dazu noch von einer ererbten protestantischen Arbeitsethik geprägt. Daher werde ich letzten Endes immer am Samstagmorgen dasitzen und arbeiten, egal ob wirklich etwas zu tun ist. Aber sagen wir einmal, ich hätte diesen Samstag als »Urlaubstag« betrachtet, meine gesamte Arbeit in die Woche gequetscht und wäre Freitagmittag damit fertig gewesen, so wie es gestern der Fall war. Und sagen wir zudem, ich sei allein und könnte tun und lassen, was ich wollte.

Wissen Sie was? Ich hätte wahrscheinlich trotzdem Schuldge-
fühle. Deshalb würde ich mich vermutlich mit etwas beschäftigen,
das nichts mit Arbeit zu tun hat, aber trotzdem nützlich oder sinnvoll ist. Als Erstes würde ich aufräumen oder putzen (Bedarf ist
immer da) – zum Beispiel dürften die Autos mal wieder gewaschen
werden. Dann würde ich erkennen, dass ich auch etwas FÜR MICH
tun muss, doch auch das wäre sicherlich mit irgendeinem Nutzen
verbunden – ich würde spazieren gehen (Bewegung) oder ausgiebig
Tai-Chi machen.

Und selbst wenn ich mich dafür entschiede fernzusehen, würde
ich auch dort versuchen, etwas Sinnvolles zu finden ... etwa einen
Film, aus dem ich etwas lernen oder den ich analysieren kann (ja, ich analysiere,
wie Geschichten funktionieren und wie Filme gedreht sind).

Ich brauche das Fuck-It-Ding, um mich aus dem Hamsterrad zu befreien und mich von meinen Gewohnheiten loszueisen.

Was für ein furchtbarer Einblick in
mein Inneres! (Mein Gott, ich hoffe, ich
habe den Mut, die ganze Passage stehen
zu lassen.) Ist Ihnen jetzt klar, warum ich
der »*Fuck-It*-Mann« geworden bin? Ich
brauche das *Fuck-It*-Ding mehr als viele andere, um mich aus dem
Hamsterrad zu befreien und mich von meinen Gewohnheiten loszueisen. Grundgütiger.

Freie Leere-Seiten-Zeit schaffen

Verstehen Sie, warum ich Ihnen dieses (auf traurige Weise übertriebene) Beispiel aus meinem Leben geschildert habe, und warum gerade jetzt? Sehen Sie, dass es weniger problematisch ist, freie Zeit
zu schaffen, als sie dann auch richtig zu nutzen? Doch wir müssen
dort ansetzen (wenn wir keine Zeit zum Spielen haben, können wir
nicht zum nächsten Punkt übergehen: der Frage). Daher sind hier
ein paar spontane Überlegungen, wie Sie sich freie Zeit verschaffen
können, ganz im Leere-Seiten-Stil:

- **Engagieren Sie Ihre Eltern (wieder).**
- **Sorgen Sie für einen Elternersatz.** Wir haben uns ja schon angeschaut, was meine Eltern geleistet haben. Fangen wir mit meiner Mutter an. Nicht weil ihre Arbeit einfacher war, sondern weil es für Sie vermutlich leichter zu erkennen ist, wie man einen Mutterersatz engagieren kann (an alle Mütter dort draußen, und an alle Väter, Erziehungsberechtigte und Betreuer: Nein, dabei geht es nicht um die unersetzliche Liebe und Geborgenheit, die Sie uns geben – natürlich nicht).

Wenn Sie das Geld dafür haben, bezahlen Sie jemanden dafür, die Aufgaben zu übernehmen, die Sie nicht sonderlich gerne erledigen (und eigentlich auch dann, wenn sie Ihnen nichts ausmachen, wir wollen hier ja schließlich Freiräume schaffen!): Nehmen Sie sich eine Putzhilfe, heuern Sie jemanden an, der die Kinder von der Schule abholt und ihnen Essen macht, und geben Sie auch die Verantwortung für Ihr eigenes Essen ab, selbst wenn es an den Regalpacker im Supermarkt ist, der für die Fertiggerichte zuständig ist. (Der Effekt ist klar, oder? Ein leckeres, gesundes Fertiggericht zu kaufen hat die gleiche Wirkung, wie einen Koch zu engagieren). Finden Sie jemanden, der Ihnen den Papierkram abnimmt, Ihre Reisen und Ihre Urlaube bucht.

Und jetzt zu meinem Vater. Mmmh, da ist die Lösung nicht so offensichtlich. Sie zbrauchen jemanden oder etwas, der oder das Geld für Sie verdient. Ohne dass Sie etwas tun (Sie bleiben ja zu Hause und fällen die Apfelbäume). Praktisch wäre es dazu noch, wenn die Person oder die Sache rund um die Uhr für Geld sorgen würde, nicht nur wochentags von neun bis fünf. Es muss nicht alle Ihre Ausgaben abdecken, aber zumindest einen Teil. Und so betreten wir die Welt des »passiven Einkommens«. Allerdings habe ich noch nicht allzu viele Quellen gefunden, die komplett passiv sind, daher ist das vielleicht nicht der beste Ausdruck.

Doch ich verfüge über Einnahmequellen, die nur wenig Zeitaufwand meinerseits verlangen, aber jeden Tag und zu jeder Stunde Geld auf mein Konto fließen lassen. Ich wache morgens auf und sehe, dass mein Kontostand gestiegen ist. Während ich schlief. Danke, DAD (na ja, das Geld hat nichts mit meinem

Vater an sich zu tun – nur damit Sie es wissen: Ich bin kein Kind reicher Eltern, das mit einem goldenen Löffel im Mund geboren wurde und sich um nichts kümmern muss).

Passenderweise stellt meine momentane Beschäftigung – das Schreiben dieses Buchs – einmal wieder das perfekte Beispiel dar. Ich nutze meine Zeit, um Geld zu verdienen (wie Sie wissen, lese ich gerade keinen Roman auf der Gartenliege und entspanne mich auch nicht in der Badewanne). Das Geld, das mir die Arbeit an diesem Vormittag einbringt, trifft in Form einer »Vorschusszahlung« von meinem Verlag bei mir ein. Und wenn ich diesen Betrag nehme und ihn durch die Stunden teile, die ich für das Verfassen des Textes benötige, erhalte ich meinen Stundensatz für dieses Projekt. Die folgenden Zahlen sind fiktiv, aber Sie werden verstehen, was ich meine.

Wenn ich 1.000 Pfund Vorschuss für dieses Buch bekommen hätte und 100 Stunden für das Schreiben bräuchte, läge mein Stundenhonorar bei zehn Pfund. Und würde ich jetzt gerade erst mit meinem Verlag über die Höhe der Vorschusszahlung verhandeln, wüsste ich ungefähr, wie lange ich für ein Buch dieses Umfangs brauche, und auch, was ich mit anderen Tätigkeiten (etwa Tai-Chi) verdiene, und ich könnte auf dieser Grundlage entscheiden, ob sich die Arbeit für die Summe lohnt oder nicht.

So läuft das mit den Stundenlöhnen. Man überlegt, was man verdienen kann, und versucht, pro Stunde so viel wie möglich rauszuschlagen, doch letztendlich ist das Einkommen immer durch die Anzahl der Stunden, die ein Tag hat, begrenzt (das sind bei mir fünf bis sechs Stunden, sechsmal pro Woche).

Doch wenn sich dieses Buch – und deshalb ist es ein so passendes Beispiel – gut verkauft und dem Verlag mehr als die 1.000 Pfund einbringt, die er mir als Vorschuss gezahlt hat, erhalte ich eine weitere Form der Vergütung – die Tantiemen. Tantiemen sind eine prozentuale Beteiligung an den Einkünften aus jedem verkauften Buch. Wenn ein Exemplar beispielsweise im schottischen Dundee für 15 Pfund über den Ladentisch geht und ich fünf Prozent Tantiemen erhalte, bekomme ich 75 Pence. So übernehmen die Tantiemen die Rolle meines Vaters.

Und wenn die Tantiemen zu fließen beginnen, ist der Schreibprozess bereits abgeschlossen. Jede direkte Arbeit am Buch ist schon lange getan. Doch das Buch arbeitet weiter für mich. »Dad« arbeitet weiter für mich. Klar, das Buch verkauft sich nicht von selbst. Der Verlag steckt viel Mühe hinein. Die Buchhandlungen stecken viel Mühe hinein. Die Algorithmen von Amazon stecken viel Mühe hinein. Und wie gesagt, sehr wenige Einkommensquellen sind komplett passiv – auch ich leiste weiterhin einen Beitrag dazu, dass sich meine Bücher verkaufen – ich schreibe Blogbeiträge, halte Vorträge, gebe Interviews und verschicke E-Mails an alle unsere Anhänger, in denen ich die Bücher erwähne.

Doch im Rahmen dieses Beispiels lässt sich sagen, dass das, womit ich heute Vormittag meine Zeit verbringe – und wofür ich einen gewissen Stundensatz erhalte – eines Tages zu einem »Vater«-Einkommen führen wird, in das ich keine weitere Zeit investieren muss. Das heißt nicht, dass es einfach wäre. Von den meisten Büchern werden nicht genügend Exemplare verkauft, um den Vorschuss, den der Autor erhalten hat, wieder hereinzuholen. Die meisten Bücher werfen kaum Tantiemen ab. Aber diejenigen, die es tun, verschaffen den Verfassern ein Einkommen.

Das Gleiche gilt für Musik. Ich kenne Leute, die ihr Leben, ihre Mahlzeiten und ihre Urlaube durch die Einkünfte aus Songs finanzieren, die sie in den 1980ern geschrieben haben. Noddy Holder, Frontman der britischen Glam-Rock-Band Slade aus den 1970ern, erhält jährlich etwa 500.000 Pfund Tantiemen für den Hit »Merry X-mas Everybody« aus dem Jahr 1973. Sting hat mit einem einzigen Song, den er für seine Band *The Police* geschrieben und mit ihr aufgenommen hat, ZEHN MILLIONEN eingenommen: »Every Breath You Take« (was wie ein Liebeslied daherkommt, aber im Grunde die Botschaft eines Stalkers an sein Opfer ist – das fühlt sich zwar irgendwie »falsch« an, ist aber wohl auch ein Grund für den Erfolg des Songs).

Doch Sie müssen kein Autor oder Songwriter sein, um sich ein »Vater«-Einkommen zu verschaffen. Sie können ein Firmenbesitzer sein, der anderen Leuten die Geschäftsführung überträgt, oder ein Immobilienbesitzer, der mit geliehenem Geld

Häuser kauft und sie dann so vermietet, dass die Miete die Kreditzinsen abdeckt und noch vieles mehr, oder ein kluger Investor, der die richtigen Aktien ausgewählt hat und nun von den Erträgen lebt, oder ein Erfinder, der sich eine interessante Technologie oder Entwicklung hat patentieren lassen.

Es gibt viele Möglichkeiten, Ihren Vater wieder für Sie arbeiten zu lassen. Und die Kombination aus einem solchen Dad, der Geld für Sie verdient, während Sie schlafen, und einer Mum, die Ihnen die zeitraubenden Aufgaben abnimmt, verschafft Ihnen große Mengen freier Zeit – genauso wie schon in Ihrer Kindheit.

> **Es gibt viele Möglichkeiten, Ihren Vater wieder für Sie arbeiten zu lassen.**

- **Für die weniger Ehrgeizigen: Finden Sie einfach Wege, sich mehr Zeit freizuräumen.** Das haben wir schon im Abschnitt »Die nötige Zeit finden« zum Thema gemacht. Mögliche Ansätze sind effizienteres Arbeiten oder die Erkenntnis, dass es Dinge gibt, die Sie eigentlich gar nicht machen müssen (ohne dass deshalb die Welt untergeht).

Sagen wir einmal, es ist Ihnen gelungen, sich freie Zeit zu verschaffen – ein wenig oder eine Menge. Und sagen wir einmal, Sie kriegen es hin, sie auch freizuhalten, sie nicht mit neuen Projekten oder den üblichen Zeitfressern zu füllen. Jetzt kommen wir zum zweiten Teil unseres einfachen Zwei-Schritte-Programms zum Thema »Wie man das macht, was man gerne tut«:

… und eine Frage

Stellen Sie sich die folgende Frage: Was würde ich gerne machen? Oder: Wonach steht mir gerade der Sinn? Oder: Worauf hätte ich in diesem Augenblick total Lust? Oder … Wählen Sie die Formulierung, die Ihnen am besten gefällt.

FUCK IT,
WORAUF HABE ICH LUST?

Das Killer-Mantra, das Sie von einem
menschlichen Automaten, der von anderen Leuten –
und lauter »Sollte«- und »Müsste«-Sätzen – gesteuert wird,
zu einem intuitiv agierenden, spontanen,
lebendigen Wesen macht.

Das mag ganz einfach klingen. Zu einfach. Aber ich verfahre schon seit Langem so. Diese Frage (in der Formulierung, die Ihnen am meisten zusagt) kann wie der Schlüssel zu einem Königreich wirken (oder zum Garten Eden von früher). Dieses Buch heißt »*Fuck It* – Mach nur noch, was du gerne tust, und es ist egal, welchen Job du hast«, und der Schlüssel dazu ist eventuell (tatsächlich) so schlicht, dass Sie sich nur diese Frage stellen müssen – »Was würde ich jetzt gerne tun?« – und dann *Fuck It* sagen und es einfach tun.

> Was würde ich jetzt gerne tun? Sagen Sie dann **Fuck It** und tun Sie es einfach.

Ist es wirklich so einfach? Ja, im Grunde schon. Wenn Sie die Übung durchziehen, die ich Ihnen gleich vorschlagen werde, sich immer wieder diese Frage stellen und immer wieder *Fuck It* sagen und es tun, bis Sie zu einer ganz neuen Lebensweise gefunden haben – einer spontanen Lebensweise, die dieses Verhalten mit all den positiven, erstaunlichen Ergebnissen, die es zur Folge haben kann, fest in Ihrer Psyche verankert –, dann gilt: Ja, es kann so einfach sein.

Ermitteln Sie daher jetzt die richtige Formulierung für sich. Eigentlich sollte ich mich gemäß des Titels dieses Buches für »Was würde ich gerne tun?« entscheiden, doch ich habe so lange mit »Worauf habe ich gerade Lust?« gearbeitet, dass ich in diesem Kapitel dabei bleiben werde.

Die Frage »Worauf habe ich gerade Lust?« bildet seit zehn Jahren den Kern unserer *Fuck-It*-Retreats hier in Italien. Im Zentrum des Verfahrens, das wir anwenden – und das prägt sich allen Teilnehmern tief ein – steht die ständige Wiederholung dieser Frage.

Shake it, baby!

Ich werde Ihnen jetzt erklären, was wir auf den Retreats machen. Dabei hole ich Sie direkt mitten rein ins Geschehen – Sie sollen die Übung selbst absolvieren – und zeige Ihnen dann, wie Sie alle Bereiche Ihres Lebens damit durchdringen können. Diese Übung ist das magische Portal zurück zu einer kindlicheren und spontaneren Lebensweise – es ist der Wandschrank, der Sie nach Narnia bringt, aber normalerweise ohne eine Weiße Hexe, die im Weg steht und alles kaputt macht.

Okay, schnallen Sie sich an. Obwohl – nein, schnallen Sie sich nicht an. Auf keinen Fall. Lösen Sie den Gurt und stehen Sie auf.

Stellen Sie sich Musik an. Ideal wäre eine Reihe von Songs, die zusammen etwa 30 Minuten dauern und sorgfältig so ausgewählt wurden, dass sie den Rhythmuswechsel innerhalb dieser halbstündigen Übung widerspiegeln. Außerdem sollten sie zur richtigen Zeit die richtigen Emotionen bei Ihnen auslösen und eine persönliche Bedeutung für Sie haben. Einen Link zu den Vorgaben für diese perfekte »Mach, was du gerne tust«-Playlist finden Sie im nur eine Seite umfassenden Anhang am Ende des Buches, wie auch die zu einigen Playlists, die ich früher einmal erstellt habe.

Doch jetzt gilt:
1. Stellen Sie sich Musik an, zu deren Rhythmus Sie sich gut bewegen können.
2. Schütteln Sie Ihren Körper zur Musik. Jetzt habe ich »schütteln« einfach so unvermittelt benutzt, als sei es nichts anderes als »tanzen«. Ähnlich unvermittelt, wie mir B. K. S. Iyengars Beschreibung vorkam, als ich sein äußerst einflussreiches Buch *Licht auf Yoga* las. Darin heißt es: »1. Beugen Sie sich hinab und berühren Sie Ihre Zehen« – okay. »2. Beugen Sie die Knie leicht« – okay. »3. Legen Sie den Kopf auf dem Boden ab« – WAS?

Ich weiß, dass »schütteln« nicht zu dem gehört, was uns als Erstes in den Sinn kommt, wenn wir Musik hören, aber ich möchte, dass Sie es ausprobieren. Warten Sie, lassen Sie mich Spotify öffnen und

Ihnen zeigen, was ich meine. So, jetzt erklingt »Another World« von den Chemical Brothers. Und ich stehe auf (auch wenn ich mich zwischendurch immer wieder hinsetze, um das hier zu tippen) und schüttele zunächst meine Arme, als wolle ich nach dem Spülen das Wasser von meinen Händen abtropfen lassen.

Dann schüttele ich meinen ganzen Körper – ich federe auf den Zehenspitzen auf und ab, mein Körper ist komplett in Bewegung. Ich schüttele wie verrückt meine Schultern: Ich versuche, jede Zelle zu schütteln, jegliche Anspannung in meinem Körper zu lösen ... Wow, ich fühle mich schon viel besser ... Ich habe den ganzen Tag lang hier gesessen und vor mich hin getippt, daher tut es richtig gut, aufzustehen und mich auszuschütteln.

3. Schütteln Sie weiter. Sie können es gar nicht übertreiben (es sei denn, eine körperliche Erkrankung, ein Bandscheibenvorfall oder so etwas schränkt Sie ein – wenn Sie an irgendetwas leiden, bei dem Schütteln keine gute Idee wäre, wissen Sie das, dann lassen Sie es natürlich besser).

4. Wenn der passende Zeitpunkt gekommen ist – meiner Erfahrung nach optimalerweise gegen Ende des zweiten Liedes, wenn Sie etwa acht Minuten lang alles geschüttelt haben –, HÖREN SIE AUF.

5. Bleiben Sie still stehen. Hören Sie in sich hinein. In Ihren Körper und in Ihren Kopf. Ja, lauschen Sie einfach. Versuchen Sie, mit Worten zu beschreiben, was Sie wahrnehmen, etwa *Mir ist warm, Ich spüre ein Kribbeln, Ich bin müde, Dort tut es weh* und so weiter.

6. Fangen Sie erneut an, Ihren Körper zu schütteln. Dieses Mal schütteln wir uns nur ein Lied lang, kosten Sie es also richtig aus. An dieser Stelle könnte ich Ihnen eine Vielzahl von Übungen vorgeben (das wären dann Qigong-Übungen), doch die meisten von Ihnen würden sie ohnehin nicht lesen oder machen und dieses Kapitel einfach überspringen, weil sie es zu kompliziert fänden, also belassen wir es beim Schütteln. Und das ist in Wahrheit genauso gut wie alles andere, genießen Sie daher diese vier oder fünf Minuten.

7. Wenn das Lied zu Ende geht, geben Sie alles: Schütteln Sie sich so kräftig, wie Sie können, selbst wenn Sie das Gleichgewicht verlieren, denn gleich wird es vorbei sein.

8. Stopp. Stehen Sie still. Die Musik können Sie laufen lassen, da wir sie in einer Minute ohnehin wieder brauchen. Horchen Sie noch einmal in sich hinein, auf Ihre Gefühle und Gedanken. Versuchen Sie, sich zu entspannen.

9. Ja, versuchen Sie wirklich, sich zu entspannen, während Sie still dastehen. Das löst die Verspannungen im Körper. So lassen Sie alles los, an das Sie sich klammern. Lassen Sie die Schultern hängen. Lassen Sie den Blick weicher werden. Lockern Sie die Kiefermuskulatur (wodurch sich ganz natürlich, ohne weitere Mühen, auch Ihr Becken entspannt.) Das ist ein guter Tipp für gebärende Frauen – obwohl Sie es in dem Fall natürlich mit dem Schütteln nicht übertreiben sollten. Entspannen Sie sich, entspannen Sie sich, entspannen Sie sich. Und lauschen Sie weiter in sich hinein (und benennen Sie Ihre Gefühle).

Sie dürften an vielen Stellen ein Kribbeln und Wärme verspüren. Wenn nicht, suchen Sie bitte umgehend einen Arzt auf. Neeeeein, natürlich nicht ... wir alle empfinden unterschiedlich, und es ist möglich, dass Sie so wenig daran gewöhnt sind, in sich hineinzuhorchen, dass Sie nichts spüren. Wenn wir Retreat-Teilnehmer fragen, wie sie sich fühlen – *was* sie fühlen – kommt es nicht selten vor, dass sie keine Antwort geben können, sie fühlen nichts: weder einen Temperaturunterschied noch sonst etwas ... einfach nichts.

10. Eine gute Zahl (obwohl das auch für die 9 gilt, fühl dich nicht ausgeschlossen, liebe 9). Jetzt kommt DIE FRAGE ins Spiel: Worauf habe ich gerade Lust?

11. Und die Antwort sollte eigentlich nicht lange auf sich warten lassen. Die Musik läuft. Sie sind geschüttelt, eventuell sogar gerührt. Die Antwort wird so natürlich in Ihnen aufsteigen wie eine Pupsblase in frisch eingelassenem, warmem Badewasser. Wie lautet Ihre Antwort auf die Frage? Ich habe das Gefühl, es könnte eine der folgenden sein:

- Mich vorzubeugen.
- Einen Muskel zu dehnen.
- Einen Körperteil noch ein bisschen zu schütteln.
- Zu gähnen.
- Mich hinzulegen.
- Den Kopf auf den Boden zu legen.
- Eine bestimmte Yoga-Asana einzunehmen.
- Ein bestimmtes komisches Geräusch zu machen.
- Zu gähnen.
- Zu schreien.
- Zu weinen.
- Zu dieser coolen Musik zu tanzen. Aber nicht so wie sonst, sondern ganz seltsam – es schaut ja niemand zu.
- Zu springen.
- Auf der Stelle zu joggen.
- Diesen Muskel zu dehnen und jenen Körperteil noch ein bisschen zu schütteln.
- Diese Stelle zu rubbeln (Oh ja, nicht aufhören!).
- Auf jene Stelle zu klopfen ... immer und immer wieder.
- Zu gähnen.
- Zu weinen.
- Auf und ab zu hüpfen.
- Wie im Harlem-Shake-Video zu tanzen.
- Sanft vor und zurück zu schaukeln.

12. *Fuck It*, dann tun Sie es einfach.
13. Fragen Sie sich noch einmal: Worauf habe ich gerade Lust?
14. Und tun Sie es. Es kann Ihnen nicht schaden. Es bringt kein Unglück.
15. Machen Sie das zwei oder drei Lieder lang ... fragen Sie sich, worauf Sie Lust haben, und tun Sie es einfach ... schauen Sie, wohin das führt. Und dann ...
16. ... bleiben Sie stocksteif stehen. Stellen Sie die Musik aus. Und machen Sie sich erneut bewusst, was Sie fühlen.

RANDBEMERKUNG: Oooohh, mir ist gerade – im Sog dieser spontanen, ganz auf den Augenblick fokussierten »Tun worauf man Lust hat«-Übung – eine Idee für unsere Retreats nächstes Jahr durch den Kopf geschossen. Eine richtig, richtig gute Idee. Sehen Sie, wie das passiert ist? Bei solchen Übungen hat man die besten Eingebungen: die, die alles verändern.

Das ist der fruchtbare Boden, den ich zuvor erwähnt habe – ich komme nicht auf neue Ideen, wenn ich an einem aufgeräumten Schreibtisch sitze und plane, ich bekomme sie hier an meinem chaotischen, von Teetassen übersäten Schreibtisch, bei lauter Musik und während ich abwechselnd durch die Gegend hüpfe und Ihnen beschreibe, wie man sich schüttelt und bewegt und tanzt und sein Ding findet. Einfach indem ich mir immer und immer wieder die eine Frage stelle: Worauf habe ich gerade Lust?

17. Und plötzlich, wie von Zauberhand, geht der mitreißende Dance-Song, den ich bisher gehört habe, genau in dem Augenblick, in dem ich die Zahl 17 tippe, in das Himmel-auf-Erden-gleiche Lied »Riverside« von Agnes Obel über, und wenn ich mir einen »Legen Sie das Buch weg und tun Sie es«-Ratschlag erlauben darf, ist es dieser: Hören Sie sich dieses Lied an, denn es ist wunderschön. Wenn es erklingt, will ich weinen, auf die Knie fallen und dem Universum dafür danken, dass es mich heute in diesem Strom/Fluss der Kreativität hat eintauchen lassen.

Dass ich das alles mit Ihnen teilen darf, dass ich machen kann, was ich gerne tue – Ihnen das manchmal weise, manchmal verrückte Zeug in meinem Kopf zu vermitteln ... Und dass Sie davon berührt sind, so wie ich davon berührt werde, so wie mich dieses musikalische Kunstwerk gerade berührt ... Ja, dass das alles Sie berührt ... Einfach still dazustehen kann Sie berühren – wenn Sie erkennen, was Ihnen gefehlt hat, ein bisschen traurig sind, weil Sie so viel Zeit haben verstreichen lassen, ohne in diesen Strom einzutauchen, aber auch aufgeregt sind, weil Sie jetzt Zugang zu Erlebnissen dieser Art haben.

Das alles ist unheimlich spannend, auch wenn der Zustand vielleicht nicht ewig andauert – Quatsch, es ist sogar höchst unwahrscheinlich, dass er ewig andauert, wenn man nicht von früh bis spät ein gewisses Zeug raucht. Aber Sie haben jetzt Zugang zu ihm: Sie können besser in sich hineinspüren, Sie können überhaupt etwas SPÜREN und von nun an öfter das machen, was Sie gerne tun.

Und wow, Teil 2: Das nächste Lied in der Liste ist »Mother« von Pink Floyd, vom *The Wall*-Album, das ich in den frühen 1980er-Jahren rauf- und runtergehört habe. Und wieder versetzt mich der Song zurück in diese Zeit ... Er hat mich damals auf eine unsägliche Traurigkeit in mir gestoßen, auf einen wahrscheinlich unbegreiflichen Schatten aus alten Zeiten, der irgendetwas mit den Kriegen zu tun hatte ... Zwischen mir und dieser Sache stand eine Mauer, sodass kein Verstehen möglich war, aber ich spürte die Traurigkeit, auch wenn ich sie nicht ergründen konnte.

Ich muss Ihnen diese Playlist geben, oder? Aber sehen Sie, wohin Sie das hier führen kann? Wie geht es Ihnen?

Machen Sie diese Übung ein paar Tage lang – hoffentlich auch ein paar Wochen und vielleicht sogar ein paar Jahre lang. Zehn Minuten am Tag reichen (passen Sie die Lieder und Musikrichtungen entsprechend an). Bei mir sind es meist 20 bis 30 Minuten. Bei den Sitzungen auf den Retreats nehmen wir uns oft über eine Stunde Zeit.

Das biete ich auch als zweistündige Übung in Klubs an, unter dem Titel »**Fuck It** Experience«.

Und meine »*Fuck It* Experience«-Veranstaltungen in Klubs dauern sogar zwei Stunden.

Diese Übung tut Ihnen sehr gut. Sie ist unsere Methode, »spontanes Qigong« zu praktizieren, auf das ich im Kapitel »Ausdruck geben« im Buch *Die* Fuck-It-*Lösung* ausgiebiger eingehe. Dort konzentriere ich mich auf die heilsame Wirkung der Übung. Warten Sie, da Sie das Buch möglicherweise nicht zur Hand haben, kopiere ich Ihnen ein paar gute Absätze in diesen Text hinein:

Freies Qigong

Eine der stärksten Praktiken auf einem *Fuck-It*-Retreat wird offiziell als freies (oder spontanes) Qigong bezeichnet. Das wird üblicherweise erst nach langer Qigongpraxis gelehrt. Wir lehren es oft schon am ersten Tag. Es ist nicht gefährlich, auch wenn es von außen ein bisschen verrückt aussehen kann. Die Neulinge führen wir in die wunderbare, heilende Kunst des freien Qigong ein, indem wir sie fragen: »Was würdet ihr gerne machen?« Allerdings waren die Lehrmethoden, die ich kennengelernt habe, etwas anders.

Meine erste Berührung mit freiem Qigong war Mitte der 1990er-Jahre. Ich schrieb mich in einem Qigongkurs bei einem großen chinesischen Meister namens Simon Lau in South Kensington in London ein. Er unterrichtete das Qigong sehr methodisch und äußerst langsam: Über Wochen vermittelte er die Philosophie hinter dem Qigong, dann, wie man einfach nur dasteht. Ich ging vielleicht für, ich weiß nicht mehr genau, sechs Wochen hin, musste dann aber den Kurs unterbrechen, weil ich mit dem Dreh eines Fernsehwerbespots beschäftigt war. Als ich zurückkam, schienen sich die meisten Leute in der Gruppe verändert zu haben. Wir begannen mit der stehenden Übung, ganz wie ich sie gelernt und auch geübt hatte, als ich weg war. Ich hatte die Augen geschlossen und genoss wirklich das Gefühl, wie das Qi durch meinen Körper floss. Dann hörte ich ein Knallen, das von woanders im Raum kam. Ich widerstand der Versuchung, meine Augen zu öffnen, und stand weiter da. Dann hörte ich weitere Geräusche: Jemand grunzte, jemand begann zu stöhnen, es gab einen noch lauteren Knall; es war, als würde jemand hart auf den Holzboden treten. Ich ließ entschlossen die Augen zu und versuchte, mich weiter auf meine Übung zu konzentrieren. Aber es war schwierig. Die Geräusche wurden lauter und immer vielfältiger. Über die nächsten 30 Minuten hinweg hörte ich jemanden wie einen Wolf heulen, jemanden stöhnen, als würde man ihm gerade sein Lieblingskätzchen wegnehmen, das Geräusch des Lieblingskätzchens, das man weggenommen hatte, und ein Geräusch, das danach klang, als würde sich jemand auf die Brust schlagen.

Ich ging nie wieder hin.

Ein paar Jahre später machte ich einen Qigonkurs bei einer anderen beeindruckenden chinesischen Qigongmeisterin, Dr. Bisong Guo. Nach ein paar Wochenenden des Übens fing sie an, mehr Platz zwischen den Lehren und den formellen, festgelegten Übungen zu lassen. In einer dieser Sessions, in denen nichts gesagt oder getan wurde und man den Raum hatte, dazusitzen oder herumzuliegen und einfach nur zu sein, genoss ich wieder den Frieden und das Gefühl, wie das Qi durch meinen Körper floss.

Dann war da plötzlich ein Geräusch: das Geräusch, wie wenn eine Hand auf einen Teil des Körpers schlug ... dann ein rhythmischer, gutturaler Laut, dem Gesang eines amerikanischen Ureinwohners am Feuer nicht unähnlich. Was für ein Schock. Besonders, als mir etwas auffiel.

Das war ich! Ich war es, der zuschlug! Ich war es, der sang! Ich hatte nicht daran gedacht, das zu tun. Ich hatte es nicht tun wollen. Aber es war einfach passiert. Ganz natürlich. Und es ließ sich nicht aufhalten. Ich schien Dinge zu machen und Dinge zum Ausdruck zu bringen, die zum Ausdruck bringen zu müssen ich nie bewusst gedacht hatte.

Und ich liebte es. Bald waren alle dabei. Oder zumindest die meisten von uns. Andere schliefen. Auch wenn ich nicht wirklich weiß, wie sie bei dem Lärm schlafen konnten. Und der Lärm war genau wie der Lärm, den ich ein paar Jahre zuvor gehört hatte und vor dem ich in wilder Flucht davongelaufen war. Nur half ich diesmal dabei mit, ihn hervorzubringen.

Und diesmal verstand ich wirklich, worum es ging. Wenn Sie sich genug entspannen und sich genügend einstimmen und genügend ankommen, dann fängt irgendwann das Qi an zu fließen und wenn Sie Lust haben, können Sie dieser Bewegung folgen. Manchmal fühlen Sie sich danach, sich zu schütteln, manchmal danach, herumzulaufen, manchmal nach Schreien oder Heulen oder manchmal auch nach Schluchzen. Sie entscheiden sich nicht zu schluchzen, es passiert einfach. Sie entscheiden sich nicht, die Stellung »Großer Hund« einzunehmen, der Große Hund passiert einfach. Sie öffnen die Tür dafür und der Große Hund springt einfach herein und richtet sich auf.

Freies Qigong ist SEHR heilsam. Das wissen Sie, wenn es passiert, das heißt, wenn Sie sich überhaupt etwas bewusst sind. Wenn Sie loslassen und dem nachgeben, was in Ihnen vor sich geht, dann setzen Sie das frei, was unter (oder über) dem liegt, was normalerweise abläuft: ob das nun das Qi ist oder Ihr Instinkt oder Ihr höheres Selbst oder der

Heilige Geist (diese evangelikalen Christen machen im Namen des Heiligen Geistes ziemlich freakige Sachen, darunter Zungenrede).

Wenn Sie loslassen, fangen Sie ganz natürlich an, dem Ausdruck zu geben. Was auch immer es ist, was ausgedrückt werden muss. Es ist noch nicht einmal so, dass Sie es sind, der Ausdruck gibt; das Ausdruckgeben passiert einfach.

Ja, in *Die* Fuck-It-*Lösung* ging es hauptsächlich um den Heilungseffekt dieser Übung. Aber zu den weiter gefassten Nutzen gehört es, dass Sie trainieren, spontan zu leben – das wahre *Fuck-It*-Leben – und ganz natürlich das auszuleben, was Sie gerne tun.

> **Trainieren Sie, spontan zu leben – das wahre Fuck-It-Leben.**

Nachdem Sie diese Übung eine Zeit lang gemacht haben – vielleicht ein paar Wochen –, müssen Sie sich irgendwann nicht mehr fragen: Worauf habe ich gerade Lust? Sie fangen ganz wie von selbst an, sich mit dem Fluss zu bewegen, ganz so, wie die Dinge es verlangen. Und wenn es schon eine große Veränderung bedeutet, sich ständig zu fragen, worauf man gerade Lust hat, und dann *Fuck It* zu sagen und es zu tun ... stellen Sie sich dann einmal vor, das geschieht ganz von selbst!

Das ist der Kern des taoistischen Konzepts, »mit dem Flow zu gehen«. Eine geniale Lebensweise. Gaia ist ziemlich gut darin. So wie sie auch immer gut darin war, bei Übungen ganz natürlich »dem Qi zu folgen«. Hier ist ein weiterer Abschnitt aus *Die* Fuck-It-*Lösung*, der von ihr handelt:

Gaia und Qigong

Gaia macht seit Jahren Qigong, genauso wie ich. Und Gaia ist besonders intuitiv, vertrauensvoll und spontan. Jeder von Ihnen, der sie kennt, wird das noch als Understatement bezeichnen. Also, Gaia hat sich über ein paar Jahre hinweg besonders für Qigong entschieden. Manchmal stand sie mitten in der Nacht auf, um zu üben (das Qi variiert zu den unterschiedlichen Zeiten am Tag und in der Nacht). Und so machte sie auch draußen am frühen Morgen freies Qigong. Damals lebten wir in einem Mietshaus auf einem Hügel. Um das Haus herum war ein Garten und auf allen Seiten ging es ziemlich steil abwärts. Man würde wahrscheinlich nicht sterben, wenn man dort herunterfiele, aber es wäre keine angenehme Reise. Das ganze Gebiet dort bestand aus kleinen flachen Stücken, ein paar Pfaden und Straßen sowie steilen Feldern und Abhängen.

Nun, Gaia schloss ihre Augen und fing an, ihre Qigongübungen zu machen, was normalerweise bedeutete, dass sie sich im Gras herumrollte oder mit hoher Geschwindigkeit im Garten herumlief – mit geschlossenen Augen. Eines Morgens kam sie herein, wie üblich mit Resten von Zweigen und Gras im Haar. Und sie erzählte mir von den »Übungen« dieses Morgens (ein lächerliches Wort für das, was sie machte). Sie war wie gewöhnlich im Garten herumgelaufen, hatte es knapp geschafft, an den Rändern des Grundstücks nicht abzustürzen, und das Qi hatte sie gepackt. Sie wollte einfach nur rennen. Und so rannte sie … und rannte … und rannte weiter. Nein, nicht wie Forrest Gump, der monatelang lief. Aber sie rannte einfach, die ganze Zeit mit geschlossenen Augen. Ja, wirklich. Und dann fühlte sie sich danach, stehen zu bleiben, also tat sie es. Und dann wurde sie dahin geführt, die Hand auszustrecken, also tat sie es. Und das erste Mal an diesem Morgen öffnete sie die Augen. Und dort, direkt vor ihr, stand ein Pferd, das an ihrer ausgestreckten Hand schnüffelte.

Wir würden Ihnen nicht empfehlen, das nachzuahmen. Doch was wir Ihnen wirklich ans Herz legen, ist, die Übung mit dem Schütteln und mit der »Worauf habe ich gerade Lust?«-Frage zu Hause zu machen … und sie dann auf Ihr ganzes Leben auszuweiten.

Pause. Trinken Sie eine Tasse Tee.

❯❯ Ich wanderte gerade über die indonesische Insel Gili Trawangan, auf der Suche nach einem Ort, wo ich Meeresschildkröten beobachten konnte, als ich an einem Tauchclub vorbeikam. Obwohl mir der Gedanke, tauchen zu gehen, Angst einjagte, sagte ich: »*Fuck It*, warum nicht?«

Ich verliebte mich sofort in die traumhafte Unterwasserwelt und das Tauchen. Das war der Beginn einer neuen Leidenschaft. Ich sagte noch einmal *Fuck It* und verlängerte meinen Aufenthalt dort dreimal. Jetzt habe ich einen AOWD-Tauchschein, und heute Nachmittag steht mein 14. Tauchgang an – juchhu! **《**

Barbara Martens – Belgien

Fuck It, nein (tut mir leid)

Obwohl ich mich eben (im Zusammenhang mit dem spontanen Leben) ziemlich niedergemacht habe, als ich Ihnen einen Einblick in

> Ich wende die Grundsätze des spontanen Lebens, des **Fuck-It**-Sagens ziemlich erfolgreich an.

mein streng reguliertes, Leere-Seiten-freies, strikt durchgeplantes Leben gegeben habe, ist mir, während ich das hier aufschreibe und ich mich gemeinsam mit Ihnen geschüttelt habe, klar geworden, dass ich die Grundsätze des spontanen Lebens, des *Fuck-It*-Sagens ziemlich erfolgreich anwende. Vielleicht geschieht das mittlerweile so effektiv und natürlich, dass ich es nicht einmal bemerke.

Und so klopfe ich mir jetzt selbst auf die Schulter. Heute Abend habe ich Lust, einfach weiterzuschreiben, weil es gerade so gut läuft. Ich habe daher eine Verabredung zum Abendessen abgesagt, denn das hier mit dem Schreiben ist mir wichtig – ich will im Flow bleiben. Und ich fände es ganz toll, wenn Sie ebenfalls weitermachen und die Übung ganz natürlich auf Ihr gesamtes Leben ausweiten würden. Ein paar Hinweise, wie das funktionieren kann, erhalten Sie jetzt.

Sagen Sie oft Nein. Nein zu dem, was andere und Sie selbst von Ihnen erwarten. Nein zu Zusagen, die Sie gegeben haben, und zu Verhaltensweisen, an die Sie und andere sich gewöhnt haben. So

> »Nein« ist ein wunderbares, befreiendes Wort. Fügen Sie ein **Fuck It** hinzu, wenn nötig.

wird Nein zu einem wunderbaren, befreienden Wort. Fügen Sie ein *Fuck It* hinzu, wenn nötig – also: »*Fuck It*, nein« – und eine Entschuldigung, wo es der gesellschaftliche Anstand gebietet: »*Fuck It*, nein ... tut mir leid.«

Sagen Sie auch oft: »Das spielt keine große Rolle.« Denn wir sind so von unseren (meist erwachsenen) Denkmustern und unseren (meist erwachsenen) Sorgen und Zweifeln erfüllt, dass wir uns ständig daran erinnern müssen, dass vieles gar nicht so wichtig ist und wir unseren eigenen (spontanen) Weg gehen können. Auf die Übung bezogen ist das so, als würde jemand Ihnen befehlen, steif und aufrecht dazustehen, obwohl Sie sich frei bewegen wollen. Also sagen Sie: »Ach, diese Anweisung spielt keine große Rolle: Ich muss mich bewegen, das brauche ich einfach.«

Ergänzen Sie auch den Satz »Das spielt keine große Rolle« um ein *Fuck It*, wenn das nötig sein sollte – »*Fuck It*, das spielt wirklich keine große Rolle« – vor allem, wenn das Gewicht dessen, was eigentlich keine Rolle spielt, Sie niederdrückt und sich zu schwer anfühlt. Reisen Sie mit leichtem Gepäck und nehmen Sie die Dinge nicht zu ernst.

FUCK IT,
ES SPIELT KEINE GROSSE ROLLE.

Dieses Mantra zählt zu den Top Drei
aller Zeiten. Machen Sie keinen Gebrauch davon,
wenn Sie etwas gegen Veränderung, Freiheit und
Loslassen in großem Umfang haben.

Aber das wissen Sie bereits, oder? Sie sehen ja, wie ich es mache ... ich habe das Glück, dass ich eine natürliche Veranlagung in diese Richtung habe – vermutlich dank meines Vaters, der ebenfalls jedes Gespräch mit Witzen und Gelächter würzt. Sobald die Dinge zu ernst, zu gewichtig, zu angespannt oder zu erdrückend werden, sehe ich nur noch die alberne Seite und will in Lachen ausbrechen.

Halten Sie an nichts zu krampfhaft fest – sei es eine Arbeitsstelle, ein Objekt (ein Auto, ein Haus etc.), ein Mensch oder eine Vorstellung davon, wer Sie sind, wie Sie sind, wie die Welt sein sollte oder wie andere sein sollten. Nehmen Sie die Dinge leicht, so als hielten Sie ein kleines Vögelchen in der Hand: Ist Ihr Griff zu locker, fliegt es davon, ist der Griff zu fest, erdrücken Sie es. Und ich habe im letzten Winter zu viele tote Rotkehlchen vor meiner Tür liegen sehen, als dass mir der Gedanke an tote Vögel behagen würde.

» Ich sagte *Fuck It* zu meinem alten Büroleben voller Stress und Sorgen und begann zu tauchen. Dabei lernte ich meinen zukünftigen Ehemann kennen und kaufte mir ein Boot in Südkroatien. Jetzt biete ich Reisen für Touristen an, die an Bord meines Schiffes wohnen und erleben, wie mächtig Wasser, Wind und Erde sind. «

Raffaela Hartl – Wien, Österreich

Sollte übrigens jemand von Ihnen Katzensprache beherrschen, könnten Sie bitte allen Katzen mitteilen, dass wir den *Gedanken*, der hinter den toten Vögeln, Mäusen und Maulwürfen vor unserer Tür steht, wirklich zu schätzen wissen, aaaaber – und das ist keine große Sache – könnten sie bitte etwas an der Auswahl der Geschenke ändern? Ein schöner Strauß aus Wildblumen wäre nett, oder ein Stein, der wie etwas anderes geformt ist, zum Beispiel wie ein kleiner Vogel.

Und wenn es »Essen« sein muss, könnte es dann Essen sein, das wir mögen? Das ist nicht persönlich gemeint, aber unser Geschmack ist etwas anders als der von Katzen. Ideal wäre irgendetwas mit Schokolade, falls so etwas im Rahmen der Möglichkeiten ist ... Bitte, liebe Katzen ... wir möchten unser einvernehmliches Zusammenleben wirklich gerne fortführen. Soll heißen: keine süßen, aber toten kleinen Rotkehlchen mehr vor unserer Tür ... bitte.

FUCK IT,
ES GIBT NUR DAS
HIER UND HEUTE.
Erleuchtung in neun Worten.
Beschrieben in sieben.

Okay, liebe Leute, ist jetzt ein Stück weit klar, wie man das auslebt, was man gerne tut? Wie das *Fuck-It*-Leben funktioniert? Sollten Sie noch Probleme damit haben, könnte das hier hilfreich sein: Da gerade von Katzen die Rede ist – seien Sie mehr Katze. Oder, um den Bogen zum Ausgangspunkt zu schlagen: Seien Sie mehr Kind.

Fuck It zu sagen, ist der Schlüssel dazu, mehr Kind zu sein, da Kinder ganz natürlich nach diesem Prinzip leben. Ihr Hirn arbeitet sogar auf einer anderen Frequenz, der Alpha-Frequenz (während bei Erwachsenenhirnen hauptsächlich die Beta-Frequenz auftritt). Wenn wir ganz entspannt sind, schaltet unser Gehirn auf Alpha-Wellen um, samt allen Nebenwirkungen: Wir sind wie Kinder stärker im Augenblick präsent, nicht so gehemmt, offener, weniger ängstlich und empfinden die Dinge als weniger »schwer«.

Der Alpha-Wellen-Zustand ist absolut *Fuck It* – eben wie der Kinderzustand. Und daher können uns die Worte *Fuck It* in diesem Zustand zurückversetzen. (Dieses Prinzip funktioniert auch mit anderen Begleitumständen des Alpha-Wellen-Zustands: Da sich in diesem Zustand Ihr Atem vertieft, können Sie sich durch eine bewusst tiefe Atmung vom Beta-Zustand in den Alpha-Zustand befördern!). *Fuck It* bildet

> Seien Sie mehr Katze. Seien Sie mehr Kind. Und um das zu erreichen, seien Sie mehr **Fuck It**.

somit die Brücke zum kindlichen Alpha-Zustand. Also: Ja, seien Sie mehr Katze. Seien Sie mehr Kind. Und um das zu erreichen, seien Sie mehr *Fuck It*.

FUCK IT,
ES STÖRT MICH NICHT,
FEHLER ZU MACHEN.

Vielleicht gefällt Ihnen ja der absichtliche »Fehler«,
der dieses Mantra auf dem Kopf stehen lässt. Vielleicht finden
Sie das auch nervig. Egal, das Risiko gehe ich ein,
weil ich es in Ordnung finde, Fehler zu machen –
das ist der Preis des Lebens außerhalb meiner Komfortzone
(und der Komfortzone aller anderen).

6. Von dem leben, was Sie gerne tun

»Erfolg stellt sich ein,
wenn man tut, was man tun will.
Es gibt keinen anderen Weg zum Erfolg.«

Malcolm S. Forbes –
Verleger des *Forbes Magazine*

Wenn Sie noch nicht Ihren Lebensunterhalt mit dem verdienen, was Sie gerne tun (und davon gehe ich aus, da Sie gerade angefangen haben, dieses Kapitel zu lesen), würde ich gerne glauben (und sagen), dass es ganz einfach wird. Aber leider ist das meist nicht der Fall. Klar, es wird einzelne Aspekte geben, die Ihnen ganz leichtfallen. Welche das sind, hängt von Ihren persönlichen Fähigkeiten ab – aber dazu kommen wir später.

Doch da der gesamte Prozess sehr einschüchternd wirken kann, habe ich ihn in einzelne Schritte zerlegt: Wenn Sie einfach diese Schritte befolgen, einen nach dem anderen, haben Sie schon einen guten Teil des Weges geschafft, der dorthin führt, von dem zu leben, was Sie gerne tun.

Aber dafür braucht es außerdem noch etwas anderes. Dieses andere hat viel mit *Fuck It* zu tun und findet deshalb, wenn nötig, Ausdruck und Anwendung durch genau diese Worte. Sie brauchen ein *Fuck It*, wenn die Dinge Sie zu überwältigen drohen und Sie sich so richtig reinknien müssen. Sie brauchen ein *Fuck It*, wenn andere Leute Sie fragen, was zum Teufel Sie da eigentlich machen. Sie brauchen ein *Fuck It*, wenn Sie irgendwo feststecken und keinen Ausweg sehen ... sagen Sie *Fuck It* und machen Sie weiter, bis sich eine Lösung auftut.

» Ich sagte *Fuck It* zur Panik, Angst und Scham, die sich breitmachten, als wir durch Fehler anderer einen finanziellen Zusammenbruch erlitten – und fast, wenn auch nicht ganz, alles verloren. Es war eine qualvolle

Zeit, aber sobald ich mich von dem Stimmengewirr in meinem Kopf freigemacht hatte, ergab sich die Möglichkeit, beruflich eine ganz neue Richtung einzuschlagen.

Jetzt bin ich zugelassener Psychotherapeut und ganz begeistert von der Arbeit. Mein Mantra ist das punkrockmäßig-spirituelle *Fuck It.* **«**

Chris Madden – Yorkshire, Großbritannien

Sie brauchen ein *Fuck It*, wenn Sie harte Arbeit geleistet haben und Ihr Produkt auf den Markt bringen, die Welt es aber ignoriert. Sie sagen *Fuck It*, wenn das Geld anfangs ausbleibt. *Fuck It* kann bewirken, dass Sie abbremsen und Tempo rausnehmen. Und es kann Sie dazu bringen, durchzustarten und zu beschleunigen. Ein *Fuck-It*-Yang zum *Fuck-It*-Yin. Nun, in diesem Abschnitt des Prozesses, das zu machen, was Sie gerne tun, und auch davon leben zu können, werden Sie sicherlich eine Menge von der Yang-Sorte brauchen.

Ich habe das Gefühl, dass es im Leben oft darum geht, wozu man Ja und wozu man Nein sagt. Wenn das so ist, dann ist *Fuck It* quasi Ja oder Nein in der aufgeputschten Variante.

Fuck It ist Ja oder Nein in der aufgeputschten Variante.

In diesem Kapitel geht es ganz ums Ja-Sagen. *Ja, ich kann mit dem, was ich gerne tue, tatsächlich Geld verdienen. Ja, ich schaffe das, auch wenn ich es noch nie zuvor gemacht habe und es wirklich nicht einfach ist. Ja, ich bleibe dabei, auch wenn es nicht läuft – ich mache weiter, bis sich das ändert.*

Fuck It ist quasi das Aufputschmittel, das dem Ja gespritzt wird. *Fuck It* ist der Klaps auf den Rücken, das »LOS JETZT« des Trainers, der Schlachtruf von Henry V. in Agincourt: »AHMT DEN TIGER NACH IN SEINEM TUN; SPANNT EURE SEHNEN, RUFT DAS BLUT HERBEI.«

Also: Los geht's, *Fuck It* – nehmen wir es in Angriff.

Geld mit dem verdienen, was Sie gerne tun

> *»Ihre Arbeit wird einen großen Teil Ihres*
> *Lebens in Anspruch nehmen, und Sie werden*
> *nur dann wirklich zufrieden sein, wenn Sie das,*
> *was Sie tun, für großartig halten. Großartige*
> *Arbeit können Sie nur leisten, wenn Sie das,*
> *was Sie tun, gerne machen. Wenn Sie das noch*
> *nicht gefunden haben, suchen Sie weiter.*
> *Geben Sie sich nicht mit weniger zufrieden.«*
>
> Steve Jobs

Richtig, denken Sie darüber nach – wie viel Zeit wenden Sie fürs Geldverdienen auf? Rechnen Sie auch die Fahrzeit, die Vorbereitungszeit etc. mit ein. Und wenn Sie abends oder am Wochenende Ihrem Mann oder Ihrer Frau oder Ihren Freunden die Ohren über die Arbeit vollheulen, zählen Sie diese Zeit ebenfalls dazu.

Auf welche Zahl kommen Sie? Acht Stunden am Tag, zehn Stunden am Tag ... mehr? Überlegen Sie jetzt, wie viel Zeit Sie mit Schlaf und Aufgaben verbringen, die nichts mit der Arbeit zu tun haben, die Sie aber trotzdem überhaupt nicht gerne machen (wie den Haushalt) – und?

Das ist Ihr Leben. Es verstreicht Stunde um Stunde, Tag um Tag, Quartal um Quartal. Bis der Sand in der Sanduhr durchgelaufen ist. Nun gehen wir mal davon aus, Sie haben Glück und verbringen täglich ein paar Stunden mit dem, was Sie *wirklich* gerne machen – sei das ein Hobby, Sport oder gemeinsame Zeit mit der Familie vor dem Fernseher.

Die Sache ist die: Wenn Sie den Zeitraum vergrößern wollen, in dem Sie das tun, was Sie gerne oder sogar liebend gerne machen, bietet sich dafür am ehesten die Zeit an, die Sie mit Geldverdienen verbringen. Normalerweise verwenden Sie den Lohn Ihrer Arbeit – abgesehen davon, dass er Ihnen und Ihren Lieben ein Dach über dem Kopf, geheizte Zimmer, Essen und Trinken verschafft – doch darauf, das zu bezahlen, was Ihnen Spaß macht, oder?

Wir haben es also mit einer ganz rationalen Entscheidung zu tun. Einer (relativ) einfachen Sache. Den tiefsten aller tief hängenden Früchte. Sie wollen Ihr Leben mehr genießen? Dann nehmen Sie sich als Erstes den großen Batzen Zeit vor, den Sie für etwas aufwenden, das Ihnen *keinen* Spaß macht – und das ist zumeist die Zeit, in der Sie Geld verdienen, das Sie später umverteilen.

>> Ich sagte *Fuck It*, freundete mich mit meinen Ängsten an und gründete ein Unternehmen für das, was mir am meisten Freude bereitet – Filme machen. Jetzt wache ich jeden Morgen mit einem Lächeln im Gesicht auf, weil ich weiß, dass der Tag mir und nur mir allein gehört. <<

Alex Gulland – London, Großbritannien

Übrigens hat eine kürzlich durchgeführte Gallup-Umfrage ergeben, dass 70 Prozent der US-amerikanischen Angestellten ihre Arbeit schrecklich finden. Aber fühlen Sie sich jetzt nicht dumm, weil auch Sie so viel Lebenszeit auf etwas verschwendet haben, das Ihnen keine Freude macht, in der Hoffnung, irgendwann würde sich das schon auszahlen (am Wochenende, im Urlaub oder – OH GOTT! – wenn Sie in Rente sind).

Nein, Sie müssen sich deshalb wirklich nicht blöd vorkommen. Denn die Vorstellung, dass wir in den sauren Apfel beißen und Dinge tun müssen, die uns keinen Spaß machen, ist in unserer Gesellschaft tief verwurzelt. Und diese tiefen Wurzeln sind vielzählig und unterschiedlich. Bei mir liegt es beispielsweise an der protestantischen Arbeitsethik, die ich vererbt bekommen habe – der Überzeugung, dass harte Arbeit an sich eine gute Sache ist, egal worin sie besteht. Vermittelt wurde mir das allerdings von Menschen, die wohl keine große Wahl hatten, was die Arbeitsstelle anging: »Die Fabrik oder der Laden, Mädel – entscheid dich.«

Diese Vorstellung sitzt tief. Unseren Jungs wird in der Schule auch ständig erzählt, dass sie sich auf den Hintern setzen und etwas tun müssten, worauf sie keine Lust haben ... das sei eine Grundvoraussetzung für ein erfülltes Leben. In diesem Fall mag es eine lahme Ausrede für lahme Lehrmethoden sein, doch die Lehrer glauben es tatsächlich (und da meiner Wahrnehmung nach nur etwa zehn

Prozent der Lehrer, die unsere Jungs unterrichten, Spaß an ihrem Job haben, ist das keine große Überraschung, oder?)

Selbst die Wissenschaft teilt uns mit, dass ein Belohnungsaufschub zu einem erfolgreichen Leben führt. Wer lernt, sich hinzusetzen und Dinge zu erledigen, auch wenn er sie gerade nicht machen möchte, und die Freuden der Belohnung auf später verschiebt, ist mit höherer Wahrscheinlichkeit »erfolgreich«. Und ich vermute, dass mit »erfolgreich« eine Karriere als Anwalt, Unternehmensberater oder Vorstandschef gemeint ist, keine Laufbahn als Bibliothekar, Krankenpfleger, Auslieferungsfahrer oder Ladenbesitzer.

Nein, Sie müssen sich nicht blöd vorkommen, wenn Sie viel Zeit mit einer Tätigkeit verschwendet haben, die Ihnen wenig Freude macht – so leben die meisten von uns. Aber stellen Sie sich einmal vor, Sie könnten all die Stunden, die Sie im Moment mit etwas verbringen, das Ihnen Geld einbringt, mit etwas füllen, das Sie gerne tun. Malen Sie es sich aus: Sie machen nur noch das, was Sie gerne tun, und verdienen damit Ihren Lebensunterhalt. Wow!

> Stellen Sie sich vor, Sie machen nur noch das, was Sie gerne tun, und verdienen damit Ihren Lebensunterhalt. Wow!

Zufälligerweise fragte Leone, einer unserer Söhne, mich heute Vormittag, was ich gerade täte. »Ich schreibe darüber, wie man sich seinen Lebensunterhalt mit dem verdient, was man gerne tut«, antwortete ich. »Oh«, meinte er.

»Weißt du, was das heißt – sich seinen Lebensunterhalt verdienen?«

»*Si, farsi una vita*«, gab er zurück. (Sie wissen ja, wir leben in Italien, und Leones erste Sprache ist Italienisch, auch wenn er sehr gut Englisch kann.) Wörtlich zurückübersetzt (wir drehen das Rad immer weiter, oder?) bedeutet das: »Ja, sich ein Leben machen.« Da haben wir es – vielleicht können Sie sich, wenn Sie mit dem, was Sie gerne tun, Ihren Lebensunterhalt verdienen, »ein Leben machen« ... ein ganz neues Leben. Danke, Leone, für diese Einsicht.

Wollen Sie wirklich von dem leben, was Sie gerne machen?

Ich weiß, das ist eine seltsame Frage, aber es lohnt sich, sich an dieser Stelle einmal Gedanken darüber zu machen (»an dieser Stelle« heißt, kurz bevor Sie sich kopfüber hineinstürzen und überlegen, wie genau Sie das, was Sie gerne tun, zu Geld machen können.)

Wenn ich an diese Frage denke, kommt mir mein Schwager Saul in den Sinn. Seitdem ich ihn kenne, hat er ein ausgeprägtes Faible für zwei Dinge: Fotografie und Autos. Und gerade während ich das schrieb, fiel mir ein weiterer, ziemlich offensichtlicher Weg auf, den er hätte einschlagen können: Autos zu fotografieren. Wie auch immer – er hat weder mit Autos noch mit dem Fotografieren je etwas verdient.

Im Lauf der Jahre machte ich ihm gelegentlich Vorschläge in diese Richtung (das »Mach nur noch, was du gerne tust«-Ding ist immer schon eine Leidenschaft von mir gewesen). Doch seine Antwort lautete immer gleich: *Ich will es gar nicht.*

»Wie meinst du das, du willst es gar nicht?«, frage ich dann stets. »Du hast einen Job, der dir keinen Spaß macht, du verbringst unzählige Stunden dort und auf dem Weg dorthin und zurück und behältst ihn nur, um Geld für deine Autos und Kameras zu verdienen, damit du das, was dir tatsächlich Freude bereitet, am Wochenende tun kannst. Du willst wirklich nicht?«

»Nein.« Mehr sagte er normalerweise nicht. Also hielt ich die Klappe. Doch einmal erklärte er mir den Gedankengang dahinter: Das Fotografieren mache ihm gerade deshalb so viel Spaß, WEIL es keine Arbeit ist. Wenn er plötzlich Geld damit verdienen müsste, würde es Arbeit werden, und dann könnte er es nicht mehr genießen.

Das verstand ich nicht, aber Saul erklärte mir, dass Arbeit etwas sei, was man einfach mache – man *müsse* keine Freude daran haben. Er wusste, wenn er von Fotografie lebte, würde sie ihm keinen Spaß mehr machen. Punkt.

Es mag logische Gründe für diese Denkweise geben – etwa dass der unvermeidliche Stress, den ein Leben als Fotograf mit sich bringt, da der Markt wahrscheinlich überlaufen und schwierig ist, das eigentliche Fotografieren »infizieren« könnte. Aber ich glaube, dass Saul gar nicht so weit denkt. Für ihn ist Arbeit Arbeit. Freizeit ist Vergnügen. Arbeit ist kein Vergnügen. Freizeit ist keine Arbeit. In seinen Augen verhalten sich die beiden Dinge wie Öl und Wasser – sie vermischen sich nicht.

Doch das ist eine Sichtweise, die ich ablehne. Ich »brate« oft Eier in Wasser, in das ich ein paar Tropfen Öl gegeben habe. Das Öl vermischt sich (ausreichend) mit dem Wasser, und man erhält ein gesünderes (als ein in Öl gebratenes) und ein schmackhafteres (als ein in Wasser gekochtes) Ei.

Und genauso glaube ich auch, dass es gesünder und schmackhafter sein kann, von dem zu leben, was man gerne tut. Ich habe mir noch nie etwas, das mir viel Freude bereitet, durch den Versuch, damit Geld zu verdienen, »ruiniert«. Eher im Gegenteil – der Gedanke daran, dass meine Musik den Leuten gefällt und sie mir als Dank dafür sogar ein paar Pfund geben, empfinde ich beim Musikmachen beispielsweise als Bereicherung.

Klar, was durchaus passieren kann, wenn Sie sich aufmachen, Ihren Lebensunterhalt mit dem zu bestreiten, was Sie gerne tun, ist, dass Sie letzten Endes doch nicht das machen, was Ihnen Freude bereitet (bedingt durch die Besonderheiten des Prozesses, der dorthin führt), oder dass sich das, was Sie gerne tun, verändert. Dazu kommen wir später, aber stellen Sie jetzt sicher, dass es Ihnen nicht wie Saul ergeht, dass Sie nicht der felsenfesten Überzeugung anhängen, Arbeit und Freude an etwas vertrügen sich nicht.

Ich kann (gut) von dem leben, was ich gerne mache

Das sage ich, da ich hoffe, dass Sie diese Kunst gerne von jemandem vermittelt bekommen wollen, der weiß, wovon er redet. Und dass ich Erfahrung damit habe, das zu machen, was ich gerne tue, und immer weiter daran arbeite, dürfte Ihnen an dieser Stelle des Buchs bereits klar sein. Schließlich haben Sie meine »Ich mache, was ich gerne tue (oder auch nicht)«-Autobiografie zu Beginn des Buchs gelesen.

Aber weiß ich auch, wie ich von dem, was mir Freude macht, (gut) leben kann? Ja, und das war schon immer so. Ich muss gestehen, dass meine Philosophie früher etwas anders lautete als heute. Zwischen meinem 20. und 30. Lebensjahr dachte ich: *Ich fühle mich frei, wenn ich das mache, was ich gerne tue, und wenn ich das mache, werde ich auch dafür belohnt werden.*

Das war im Grunde eine »*Fuck It*, das Geld wird schon kommen«-Philosophie. Was (zum Teil) auch stimmt. Außerdem ist es eine gesunde Einstellung. Ich machte mir wegen Geld weder Gedanken noch Sorgen (das war übrigens, bevor ich mich um eine Familie, einen Hauskredit und die Altersvorsorge zu kümmern hatte ...). Ich machte nur, was ich gerne tat, leistete entsprechend gute Arbeit und wurde dafür mit tollen Jobs und einer guten Bezahlung belohnt. Aber hätte ich auf diese Weise wirklich wohlhabend werden können? Wahrscheinlich nicht.

FUCK IT, DAS GELD WIRD SCHON KOMMEN.

Wird es. Vor allem, wenn Sie dieses Mantra
oft genug wiederholen. Es wirkt wie ein Magnet –
mysteriös, aber effektiv.

Als ich dann die 30 überschritten hatte, kam ein weiterer Gedanke hinzu: *Wirklich frei werde ich mich fühlen, wenn ich gar nicht mehr für Geld arbeiten muss.* Beachten Sie die Veränderung der Zeitform: Aus Präsens (*Ich fühle mich frei, wenn ...*) wurde Futur (*Ich werde mich frei fühlen, wenn ...*), also ein Belohnungsaufschub.

Aber es funktionierte: Meine Fokussierung darauf, mir durch passive Einnahmequellen, die ohne Anstrengungen meinerseits Geld einbrachten, finanzielle Freiheiten zu schaffen, führte zu Summen, die ich mir mit Mitte 20 am Schreibtisch meiner damaligen Stelle nicht erträumt hätte. Meine Tätigkeiten machten mich zwar nicht unbedingt glücklich, aber das bleibt beim Belohnungsaufschub eben nicht aus.

Jetzt bin ich über 40. Woran glaube ich nun? Ich glaube, dass meine frühere Überzeugung – »Mach nur, was du gerne tust, und das Geld wird schon kommen« – stimmen kann, obwohl das branchenabhängig ist … und es klappt am besten, wenn man irgendwo angestellt ist. Die Konzentration darauf, ein Vermögen anzuhäufen, die meine Dreißiger bestimmte, kann ebenfalls funktionieren, obwohl auch sie von vielen Dingen abhängt – und dafür ist es am besten, sein eigener Chef zu sein. Aber die Belohnung folgt oft erst später.

FUCK IT,
JETZT FANG AN ZU RECHNEN.

Ich brauche ein *Fuck It*, um mich zu einem Blick
auf die Zahlen zu zwingen. Das geht den meisten von uns so.
Aber tun Sie es, wenn Sie den Überblick behalten, mehr Geld verdienen und erfolgreich von dem leben wollen,
was Sie gerne tun. Es ist zwar langweilig,
zahlt sich letzten Endes aber wirklich aus.

Heute bemühe ich mich, das zu machen, was ich gerne tue, dabei aber mit einem Auge auf die Zahlen zu schielen (damit meine ich unsere finanziellen Verhältnisse, auch wenn beispielsweise hohe Verkaufszahlen diesen Zahlen sehr zugutekommen). Ich habe erkannt, dass wir zwar möglicherweise ganz gut auskommen, wenn wir unsere Arbeit von Herzen gerne machen, dass wir aber noch viel mehr verdienen, wenn wir dabei die Zahlen im Auge behalten.

Das ist – jetzt, wo ich darüber nachdenke – eine simple Synthese der Ansichten, die ich in meinen Zwanzigern und in meinen Dreißigern vertreten habe. Und sie funktioniert: Ich mache weiterhin das, was ich gerne tue, so wie in den Zwanzigern, bin dabei aber finanziell abgesichert wie in den Dreißigern.

Tun Sie Ihre Pflicht
(Gott und der Queen gegenüber)

Eigentlich geht es mir hier gar nicht um Gott und die Queen, aber ich konnte es einfach nicht lassen, diese Klammer anzufügen: Dieses Versprechen mussten wir bei den Pfadfindern ablegen, daher muss ich bei der Formulierung »seine Pflicht tun« immer gleich daran denken. Ich bin mir allerdings nicht ganz sicher, worin meine Pflicht Gott und der Queen gegenüber bestehen würde.

Das heißt, sollte es einen von beiden tatsächlich geben – ja, ich zweifle ebenso sehr an der Existenz der Queen wie an der Existenz Gottes. Sie ist ganz offensichtlich eine Erfindung, gespielt von einer Reihe Schauspielerinnen oder einem Roboter. Das mit den Schauspielerinnen macht die ganze »Helen Mirren spielt die Queen«-Sache ganz schön vielschichtig, oder?

Aber wie auch immer – da hier ständig davon die Rede ist, das zu machen, was man gerne tut, besteht die Gefahr, dass wir unsere Pflichten aus den Augen verlieren. Mir ist schon klar, dass das so gar nicht nach *Fuck It* klingt, und ich weiß auch, dass gerade die lange Liste der Pflichten, die Sie erfüllen müssen, Sie in die Lage gebracht hat, in der Sie sich befinden (das heißt, dazu, dass Sie nicht das machen, was Sie gerne tun).

Aber schütten Sie nicht das Kind mit dem Bade aus, denn es gibt natürlich ein paar Pflichten, denen wir uns nicht entziehen können, wie etwa die Pflicht, unsere Kinder zu versorgen, und die Pflicht, Rechnungen zu bezahlen oder eine wahrheitsgemäße Steuererklärung zu machen.

Ich hoffe, dass Ihre Pflichten mit der Zeit weniger werden. Entweder weil Sie ihnen nicht mehr nachkommen müssen (da Sie sich einfach dagegen entschieden haben oder da jemand anderes sich darum kümmert) oder weil Sie sie mittlerweile gerne machen, sodass es sich nicht mehr um »Pflichten« handelt, sondern um etwas, das Ihnen Freude bereitet. Lustig, oder? Sobald Sie Gefallen an einer Pflicht finden, hört sie auf, eine Pflicht zu sein. In dieser Hinsicht ist sie wie ein nervtötender und ziemlich gruseliger Geist, der, sobald Sie ihn zu mögen beginnen, für immer verschwindet. (Nicht dass ich an Geister glauben würde. Obwohl ich ihre Existenz für minimal wahrscheinlicher halte als die der Queen).

Es gibt eine Vielzahl von Pflichten, die Ihnen aus verschiedenen Gründen dabei helfen, das zu machen, was Sie gerne tun. Die Buchführung gehört ganz offensichtlich dazu. Tun Sie also bitte Ihre Pflicht, wenn es nötig ist – mit so viel Anmut, wie Sie nur aufbringen können.

Zwei Wörter, die aus dem Wörterbuch verbannt werden sollten

Normalerweise werden Wörter aus dem Wörterbuch gestrichen, weil sie nicht mehr in Gebrauch sind (genauso wie Wörter hinzugefügt werden, weil sie benutzt werden). Doch als ich diese Überschrift formulierte, spielte ich mit einem anderen Gedanken – ich überlegte, ob wir zwei bestimmte Wörter (ich nenne sie in Kürze) nicht ganz bewusst abschaffen könnten, weil ihr Gebrauch uns bremst. (Obwohl das ein ziemlich Orwell'scher, *1984*-mäßiger Gedanke ist – egal, wie gut meine Absichten sind, wir können nicht einfach Wörter aus unserer Sprache streichen, um Leuten zu »helfen«.)

Es geht mir um diese beiden Wörter:

- Karriere
- Lebenslauf

Gegen Ende des 20. Jahrhunderts war die Vorstellung, einen »Job fürs Leben« zu haben, aus der Mode gekommen, stattdessen wurde »Karriere« nun zum neuen Schlagwort. Heute klingt »Karriere« allerdings bereits wie ein Wort aus dem vergangenen Jahrhundert. Es bedeutet, dass man dauerhaft in der gleichen Branche tätig ist und dort (hoffentlich) die »Karriereleiter« erklimmt. Die Entwicklung dieser »Karriere« verläuft dabei nach gewissen Regeln im Zusammenhang mit der Qualifikation, den Posten, die man innehatte, den Aufsätzen, die man verfasst hat, oder den Preisen, die man gewonnen hat.

Und auch dafür, ob eine »Karriere« als »erfolgreich« gewertet wird, gibt es bestimmte Kriterien: Haben Sie mit 30 die entsprechenden Titel erworben? Haben Sie mit 40 eine gewisse Position erreicht?

Viele sagen **Fuck It** zu den Regeln rund um das Thema »Karriere«.

Doch viele von uns sagen heute *Fuck It* zu diesen Regeln und der Karriere.

Das Problem mit der Karriere ist, dass diese Vorstellung uns im Weg stehen kann, wenn es Zeit wäre, einen Schritt in eine bestimmte Richtung (oder den Absprung) zu wagen. Wenn jemals jemand zu Ihnen sagt: »Und was wird aus deiner Karriere?«, schlagen Sie dem Wörterbuchkomitee vor, das Wort zu streichen: Dann darf derjenige es nicht mehr benutzen. Oder Sie ignorieren ihn einfach.

FUCK IT,
ICH SCHEISS AUF DIE REGELN.

Regeln sind dazu da, gebrochen zu werden
(außer natürlich, wenn Menschen verletzt werden oder
Sie sich in der Folge mit einem Gerichtsverfahren herumschlagen
müssen – Sie wissen schon, welche Regeln ich meine).

Das Gleiche gilt für den Lebenslauf. Dieses Konzept ist schon so alt, dass es in vielen Sprachen einen lateinischen Namen trägt (»Curriculum vitae«) – obwohl schon seit 1.000 Jahren niemand mehr Latein spricht, abgesehen von den Leuten, die diese Sprache hauptberuflich jenen vermitteln, die sie nicht lernen wollen.

Ich habe noch nie einen Lebenslauf geschrieben und werde es auch niemals tun. Okay, ich gebe zu, es ist möglich, dass eine Verkettung seltsamer Umstände mich irgendwann dazu zwingen mag. Dann schreibe ich ihn auf Latein. Das wird mein letzter trotziger Versuch sein, *Fuck It* zu sagen – *Futuo id.*

Wenn jemand Sie fragt: »Und wie macht sich das in deinem Lebenslauf?«, antworten Sie: *Ponera tuus CV ubi sol non radiare:* »Steck dir den Lebenslauf dorthin, wo die Sonne nicht scheint!«

Von den Freuden, sein eigener Chef zu sein

Ich weiß, wie es ist, für jemand anderes zu arbeiten. Das habe ich von 1994 bis 2001 getan. In diesem Zeitraum hatte ich hauptsächlich einen einzigen Chef, und er war genial. Er glaubte an mich und räumte mir viele Freiheiten ein, damit ich mein eigenes Ding durchziehen konnte (lenkte mich aber in die richtige Richtung, sollte das einmal nötig sein). Hiermit baue ich dir eine große Statue, Axel Chaldecott.

Ich glaube, ich habe die allerbesten Erfahrungen gemacht, die man als Angestellter einer Firma machen kann, doch seit 2001 bin ich mein eigener Chef – erst als freier Selbstständiger und seit 2004 mit einem eigenen Unternehmen. Und das ist sehr speziell, das muss ich sagen. Wie es ist, weiß man erst, wenn man es gemacht hat. Und *Fuck It*, ich kann es nicht anders sagen: Es ist TOLL. Und zwar aus diesen Gründen:

- **Man bestimmt die Arbeitszeiten selbst.** Ich kann, wenn ich möchte, jeden Vormittag im Bett verbringen, ausgiebig zu Mittag essen und nachmittags an den Strand gehen.
- **Man hat sein Schicksal selbst in der Hand.** Gaia und ich entscheiden, was mit unserem Unternehmen passiert – ob wir eine neue Richtung einschlagen oder uns auf das konzentrieren, was wir kennen, ob wir neue Kunden suchen oder mit den bestehenden weiterarbeiten, ob wir Wachstum wollen oder uns lieber verkleinern und weniger arbeiten möchten. Das ist allein unsere Sache. Und wenn wir Erfolg haben, wissen wir, dass auch davon ein gehöriger Anteil auf uns zurückzuführen ist.
- **Niemand schreibt einem vor, was man zu tun hat.** Wir treffen alle Entscheidungen eigenständig. Klar, wir haben Kunden, Gäste, Leser, Projektpartner, und wir hören jedem zu ... aber niemand kann uns etwas vorschreiben. Und das ist viel wert.
- **Bei kleinen Unternehmen verbringt man viel Zeit für sich.** Keine Büropolitik, keine Rivalität, keine Ablenkungen, kein Kaffeemaschinengequatsche, keine albernen Büropartys, keine sinnlosen Präsentationen. Nichts.
- **Man erledigt ein breites Spektrum von Aufgaben und erkennt, dass man sie alle beherrscht.** Damit hatte ich nicht gerechnet, als ich mein eigener Chef wurde. Als Kreativer in einer Werbeagentur war ich nichts anderes als ein Kreativer in einer Werbeagentur. Ich musste keine Marktforschung betreiben, keinen

Kundenkontakt pflegen, mich nicht um die Abrechnungen kümmern, keine Fotoshootings organisieren, keine Spots drehen, keine Meetings anberaumen, kein Budget planen, keinen Werbe-
platz buchen, keine Leute einstellen, keine Leute feuern, nicht
mit den Geldgebern verhandeln und nicht mit der Presse reden ...

Stattdessen saß ich den ganzen Tag lang da und überlegte
mir Ideen für Werbespots. Der Rest wurde von anderen erledigt.
Doch seit 2001 habe ich gelernt, ungefähr alles selbst zu machen, was nötig ist, damit ein Unternehmen läuft: Ich mache
Tee, erarbeite Geschäftsstrategien, nehme Buchungen entgegen,
spreche mit den Medien, kümmere mich um die Buchhaltung,
schreibe E-Mails, Bücher, Homepage-Texte, ich verhandle, setze
Verträge auf, stelle Personal ein ... Und für jemanden wie mich –
der glaubte, er sei nur gut darin, Ideen zu haben – ist es toll,
festzustellen, dass ich all das kann.

● **Man profitiert vom Erfolg.** Wenn ein Unternehmen gut läuft,
kann die Belohnung großzügig ausfallen. Selbst bei kleinen Unternehmen kann ein mittlerer Gewinn Ihnen mehr Geld einbringen, als Sie als Angestellter in der gleichen Branche verdienen
würden.

Von den Qualen, sein eigener Chef zu sein

Manchmal, wenn ich zu viel gearbeitet habe und der Stress mir
zusetzt, träume ich davon, wie es wäre, wieder für jemand anderes
zu arbeiten: wenig Verantwortung, ein festes Gehalt, das an einem
festgelegten Tag im Monat auf dem Konto eingeht, die Steuern
schon abgezogen. Seufz.

Denn sein eigener Chef zu sein ist sehr speziell. Wie es ist, weiß
man erst, wenn man es gemacht hat. Und *Fuck It*, ich kann es nicht
anders sagen: Es ist MIST. Und zwar aus diesen Gründen:

● **Man bestimmt die Arbeitszeiten selbst.** Sie können den ganzen
Tag lang arbeiten, am Abend weitermachen (während Ihre Familie unten fernsieht) und dann noch das Wochenende hinzunehmen (während alle anderen am Strand sind). Sie können im Urlaub arbeiten und Ihre E-Mails durchgehen, bevor die Familie

aufsteht. Sie können sich davonstehlen und an Weihnachten und Ostern arbeiten, wenn die anderen spülen oder dösen.

Sie können im Bus, im Zug und im Flugzeug arbeiten. Sie können arbeiten, während Sie auf jemanden warten. Sie können arbeiten, während Sie mit jemandem über etwas anderes reden (ist es nicht lustig, wie ganz alltägliche Gespräche zu tollen Geschäftsideen inspirieren?) Und das werden Sie auch. Die Entscheidung liegt immer bei Ihnen. Es gibt stets etwas zu tun: Die Liste wird niemals kürzer und man hat nie alle Gelegenheiten ausgeschöpft.

● **Man hat sein Schicksal selbst in der Hand.** Das ist Ihnen klar, oder? Alles hängt von Ihnen ab. Sie sind dafür zuständig, dass alles läuft und genügend Geld reinkommt, um den Hauskredit abzubezahlen und für die Familie zu sorgen. Außerdem sind Sie auch für die Kredite und Familien Ihrer Angestellten verantwortlich. Jede Ihrer Entscheidungen wirkt sich auf andere Menschen aus. Es liegt allein in Ihrer Hand.

Sie sind zerrissen zwischen dem Bestreben, das Bestehende in Topqualität zu erhalten, und den Bemühungen, aus dem Alten auszubrechen und neue Wege zu erkunden. Sie sind immer zerrissen – sie löschen Feuer, eröffnen neue Geschäftsfelder, kämpfen stets an mehr als einer Front. Mit der Macht kommt die Verantwortung. Spüren Sie sie nicht – diese Last auf Ihren schmerzenden Schultern?

● **Niemand schreibt einem vor, was man zu tun hat.** Aber wäre es manchmal nicht toll, wenn Ihnen jemand sagen würde, was Sie als Nächstes tun sollen – wenn es hieße: »Okay, wenn du dieses Jahr mehr Gewinn machen willst, müsstest du einfach ...«? Klar, es mangelt nicht an Coaches, die sich genau das zur Aufgabe gemacht haben, aber das ist nicht das Gleiche wie ein Chef oder Kunde, der Ihnen klare Ansagen macht. In dem Fall ist auch die Verantwortung anders verteilt: Die anderen treffen die Entscheidung, Sie machen die Arbeit. Und wow, wäre es nicht ab und zu super, ein paar Stunden zu arbeiten und einfach dafür bezahlt zu werden?

● **Bei kleinen Unternehmen verbringt man viel Zeit für sich.** Gaia und ich lernten uns in einer Werbeagentur kennen, in der eine

Schar so kluger, lustiger, kreativer und radikaler Leute zusammentraf, wie ich sie vermutlich für lange Zeit nicht mehr um mich haben werde. Ich unterhielt mich jeden Tag mit vielleicht 40 Personen. Ich erlebte beflügelnde Gespräche, lernte neue Ideen kennen, bekam Bücher und Musik empfohlen, forderte und wurde von anderen gefordert. Jetzt verbringe ich meine Bürotage vor dem Bildschirm, unterbrochen von gelegentlichen Ausflügen runter in die Küche, wo ich mir einen Keks hole. Oder ich löse Probleme gemeinsam mit Gaia. Und viele meiner Tage sind Bürotage.

● **Man erledigt ein breites Spektrum von Aufgaben und erkennt, dass man sie alle beherrscht.** Oh ja, das Tausendsassa-Ding kann zum Problem werden. Und die Zeit: Sie haben nie genug Zeit, um etwas gründlich zu erledigen, wenn die Aufgaben von allen Seiten auf Sie einprasseln. Klar, Sie können Leute anstellen und Agenturen und freie Mitarbeiter ins Boot holen (zu dem Thema kommen wir noch), doch wenn man sein eigener Chef ist, meint man meistens, es sei am besten, sich mit allem selbst auszukennen. Das hat wohl wieder mit Verantwortung zu tun.

Wow, in wie vielen Dingen ich jetzt gut bin! Aber hey, einige wenige Dinge kann ich ganz ausgezeichnet (Musik zum Beispiel) – sollte ich nicht einen Großteil meiner wertvollen Zeit darauf verwenden? Das ist möglich, wenn man angestellt ist oder einen Agenten, einen Verlag oder eine Plattenfirma hat, der oder die sich um den Rest kümmert. Zumindest war es früher so. In vielen kreativen Branchen wird heute vorausgesetzt, dass man viele Aufgaben selbst erledigt, vor allem im Bereich Marketing und Öffentlichkeitsarbeit, selbst wenn man ein Label, einen Verlag oder einen Agenten hat. Gewöhnen Sie sich also ans Tausendsassa-Dasein.

● **Man profitiert vom Erfolg.** Ja, allerdings. Und alle Schwierigkeiten werden von Ihnen ausgebadet. Wenn Sie Ihr eigener Chef sind, schützt Sie niemand vor den Launen des Schicksals und Veränderungen. Wenn es gut läuft, kann es richtig traumhaft sein, aber wenn es schlecht läuft, ist die Lage schnell dramatisch. Wie bei den aufstrebenden Märkten gibt es auch hier nur extrem gut oder extrem schlecht.

Irgendetwas haben kleine Unternehmen an sich, was dazu führt, dass ihre Aussichten oft abrupt umschlagen. Man kann argumentieren, es sei immer möglich, Erfolg zu haben, unabhängig vom Markt und den Umständen. Doch es verlangt schon viel Gewandtheit, auf einen Marktkollaps zu reagieren. Wenn Sie Tee verkaufen und alle Leute plötzlich auf Kaffee stehen, dauert es vielleicht eine Weile, bis diese Nachricht bei Ihnen angekommen ist und Sie umschwenken oder etwas ändern können. Nutzen Sie die Gunst der Stunde, aber vergessen Sie dabei nicht, sich auf weniger günstige Zeiten vorzubereiten.

So sieht es also aus: Sein eigener Chef zu sein kann toll sein, aber auch total übel. Doch das hält diejenigen, die es wagen wollen, nicht davon ab. Auch wenn sie wissen, was sie erwartet. Es hat mich nicht abgehalten. Und ich bereue es nicht.

》 Ich sagte *Fuck It* zu dem Druck und der Verantwortung, die auf einer Betriebschefin mit viel zu viel Arbeit lasten. Eines Nachmittags beschloss ich, den Laden dichtzumachen, meinen Teilzeitjob als Dozentin aufzugeben und in Komposition zu promovieren.

Heute gebe ich in Teilzeit Musikunterricht und verbringe den Rest der Zeit damit zu komponieren. Dieses Jahr werde ich mein sechstes Buch mit Kompositionen herausbringen. *Fuck It* zu sagen kann riskant sein, doch mir hat es die Freiheit gegeben, meine Träume wahrzumachen! 《

Helen Madden – Yorkshire, Großbritannien

Warum jetzt der optimale Zeitpunkt ist, den geregelten Job aufzugeben

Wir kennen viele Menschen, die eines der *Fuck-It*-Bücher gelesen oder eines unserer *Fuck-It*-Retreats hier in Italien besucht haben und dann *Fuck It* sagten und ihren geregelten Job aufgaben. Manche von ihnen wussten, was sie stattdessen machen wollten, andere nicht. Manche reisten durch die Welt, andere

> Viele Menschen haben **Fuck It** gesagt und ihren geregelten Beruf aufgegeben.

gründeten eigene Unternehmen. Sicher ist, dass es nie einen besseren Zeitpunkt gab als jetzt, das eigene Ding durchzuziehen und sein eigener Chef zu sein.

Das liegt vor allem an den technologischen Entwicklungen. Während uns die Maschinen der industriellen Revolution aus den Hütten des 18. Jahrhunderts holten und uns der Plackerei in den Fabriken und der Welt der Massenproduktion aussetzten, bedeutet die heutige Technologie Freiheit, sie erlaubt uns, wieder in die Hütten zurückzukehren und online kleine Mikrowelten zu erschaffen.

Und das gilt nicht nur für Jobs, die einen direkten Bezug zum Internet haben (wie Onlineshops): Die meisten Bereiche des Markts werden auf die eine oder andere Weise von Technologien umgekrempelt. Was auch immer Sie im Angebot haben – seien es Ihre Fähigkeiten, ein Produkt, das Sie herstellen, eine Idee, die Sie umsetzen, oder ein Buch, das Sie schreiben wollen –, die heutigen Technologien erleichtern es Ihnen. Vor allem, weil Sie einfacher und günstiger als je zuvor eine Vielzahl von Leuten erreichen und ihnen Ihre Ware oder Ihre Dienste anbieten können. Es ist wirklich ein optimaler Zeitpunkt, *Fuck It* zu sagen, den geregelten Job zu kündigen und etwas Eigenes auf die Beine zu stellen.

FUCK IT,
ICH BIN RAUS.

Knapp und auf den Punkt.
Dieses Mantra bewahrt Ihnen diesen Impuls.

Warum jetzt ein sehr schlechter Zeitpunkt ist, den geregelten Job aufzugeben

Zumindest, wenn Sie es sofort tun wollen. Es ist nicht einfach, Ideen zu entwickeln, wie mit dem, was Sie gerne tun, Geld zu verdienen ist, wenn Sie in blinder Panik sind, ob Sie Ihre Rechnungen bezahlen können.

Allgemein betrachtet passt es gerade perfekt, *Fuck It* zu sagen und zu kündigen. Das globale Timing ist gut, sozusagen. Doch auf lokaler Ebene müssen Sie den richtigen Zeitpunkt sorgfältig bestimmen. Und meistens ist es nicht gut, eine sichere Stelle aufzugeben und sich gleich den rauen Gesetzen des Marktes auszuliefern. Das empfehlen wir niemandem. Der richtige Zeitpunkt wird schon kommen – aber nicht jetzt. Denn Sie haben zwei Hände, nicht nur eine.

Sie haben zwei Hände, also nutzen Sie sie

Das können Sie wörtlich verstehen, wenn Sie möchten – wenn Sie mit Ihren Händen arbeiten, sollten Sie tatsächlich darüber nachdenken, beide einzusetzen. Sind Sie etwa Künstler, kann es zu interessanten Ergebnissen führen, auch einmal mit der nicht dominanten Hand zu malen. Bedienen Sie allerdings Maschinen, sollten Sie besser beim Altbewährten bleiben – wir wollen doch keine Unfälle. Sind Sie ein Pornostar, nutzen Sie gelegentlich die andere Hand für das, was auch immer Sie mit Ihren Händen so machen.

Doch eigentlich soll es hier gar nicht um Hände gehen. Betrachten Sie die Überschrift als Metapher, als Ansatz dafür, wie Sie mit dem, was Sie gerne tun, Geld verdienen können. Gemeint ist, dass Sie noch weitere Vorlieben, Fähigkeiten und Talente haben, die Sie wahrscheinlich gar nicht nutzen, die aber beim Entwickeln von einträglichen Ideen nützlich sein können.

Außerdem soll diese Metapher als Bild dafür dienen, wie Sie diese Ideen umsetzen können, ohne Ihren derzeitigen Job aufzugeben. Stellen Sie sich vor, dass eine Ihrer Hände weiterhin die Arbeit macht, für die Sie bezahlt werden, während die andere (bisher untätige) Hand langsam die Finger dehnt und überlegt, was sie tun könnte.

Halten Sie beide Hände aktiv. Dann können Sie Ihrer dominanten Hand (Ihrem Arbeits-Ich) langsam zugestehen, weniger zu tun, während die nicht dominante Hand ihre Tätigkeit ausbaut. Das könnte zum Beispiel bedeuten, dass Sie in Betracht ziehen, auf Teilzeit zu reduzieren, wodurch Sie mehr Zeit für die neuen Beschäftigungen hätten. Teilzeitarbeit ist ein toller Zwischenschritt auf dem Weg in die Selbstständigkeit – obwohl Sie vielleicht auch herausfinden, dass Ihnen die reduzierte Anstellung gut gefällt und Sie dabei bleiben wollen.

So vereinen Sie möglicherweise »das Beste beider Welten«, die ich weiter oben beschrieben habe, im Abschnitt über die Freuden und Qualen, sein eigener Chef zu sein. Es kann aber auch bedeuten, dass Sie – sollten Sie bereits selbstständig sein, aber Ihre Aktivitäten ausweiten wollen – eine neue Einkommensquelle auftun, um so den Druck von der bestehenden (ungeliebten) Arbeit zu nehmen.

Was fangen Sie mit Ihrer nicht dominanten Hand an, jetzt, da sie erwacht und bereit ist?

FUCK IT,
ICH KRIEGE DAS HIN.

Sie schaffen es. Sagen Sie sich das immer wieder.
Und geben Sie nicht auf.

Wie aus dem, was Sie gerne tun, eine Idee wird (die Ihnen Geld einbringen könnte)

Wenn Sie bereit sind, ist es jetzt Zeit, sich zu überlegen (ein, zwei oder zehn Eingebungen wären gut), wie Sie das, was Ihnen Freude bereitet, in eine lukrative Geschäftsidee verwandeln können. Ich sage: »Wenn Sie bereit sind«, doch vielleicht werden Sie sich nie bereit dazu fühlen. Vielleicht erschreckt Sie der Gedanke zu Tode – dann gilt: *Fuck It*, legen Sie einfach los.

> **Fuck It**, legen Sie einfach los.

Ideen, Ideen, Ideen (mal zehn)

Fangen Sie einfach an. Machen Sie sich keine Gedanken über die Qualität Ihrer Einfälle – die können Sie später beurteilen und überprüfen. In dieser Phase geht es nur um Ideen. Ich würde mir einfach ein festes Ziel setzen, auf wie viele ich kommen will. Es geht nur um Quantität. Fangen Sie mit zehn Stück an, wenn Sie wollen – bringen

Sie so schnell wie möglich zehn Ideen aufs Papier. Oder 100, wenn Sie besonders produktiv sind.

Ich bin ein wahrer Experte für Ideen, daher habe ich immer viel zu viele. Das ist eines meiner großen Probleme. Doch eine Beschränkung auf wenige Ideen könnte Sie unter Druck setzen, lassen Sie daher jegliche Bewertung außen vor: Machen Sie sich locker und legen Sie los. Und nur damit Sie es wissen: Die Zahlenvorgabe funktioniert tatsächlich – so bin ich immer vorgegangen, um die kritischen Stimmen in meinem Kopf zum Schweigen zu bringen.

Mein erster Auftrag bei meiner ersten Arbeitsstelle bestand darin, ein Plakat für Sky zu entwerfen, eine Werbung für die Fernsehserie *Melrose Place*, als sie in Großbritannien neu ins Programm aufgenommen wurde. Einige der Kreativen in der Agentur hätten dem Kreativdirektor (das war übrigens John Hegarty) ein halbes Dutzend Entwürfe zur Ansicht vorgelegt. Doch mein Projektpartner und ich beschlossen, 100 Vorschläge zu gestalten und sie alle einzureichen.

Der Kreativdirektor warf einen Blick auf den Turm von Vorschlägen und ließ ihn auf den Boden fallen. Dann beugte er sich vor und teilte die Entwürfe in zwei Stapel auf (wir wussten nicht, welcher Stapel welcher war). Dann griff er nach einem der beiden Stapel und nahm eine erneute Sortierung vor. Heraus kam ein sehr kleiner Stapel aus nur vier oder fünf Plakaten. Die breitete er auf dem Boden aus, betrachtete sie ein paar Minuten lang und deutete schließlich mit dem Fuß auf eines: »Das da«, sagte er und kehrte uns wieder den Rücken zu, um sich einer anderen Aufgabe zuzuwenden.

»Das da« bestand aus der Überschrift »Eat More Beef« über den stattlichen Darstellern der Figuren in *Melrose Place*. Und »das da« wurde schon bald präsentiert, angenommen, fotografiert, bearbeitet und gedruckt, sodass kurze Zeit später riesige Werbeplakate in London und ganz Großbritannien hingen. Unter einem von ihnen stand ich

> Sagen Sie (für den Moment) praktisch **Fuck It** zur Qualität.

spätabends auf einer Londoner Straße und sagte leise: »Das ist mein Werk, mein Werk!«

Quantität statt Qualität funktioniert, um Sie in Schwung zu bringen. Sagen Sie (für den Moment) praktisch *Fuck It* zur Qualität. So verschaffen Sie Ihrem Gehirn eine Pause, und im Ruhezustand ist es kreativer.

Wenn ich auf diese Weise vor mich hintippe, völlig entspannt und (vorläufig) ohne mir über den Qualitätsaspekt Gedanken zu machen, kommen mir die besonderen Ideen. Die albernen Einfälle, die lustigen Sachen, die abseitigen Beobachtungen: all die blitzen auf, wenn ich in diesem Zustand bin. Wer entspannt ist, lädt die Feen ein. Und ich mag Feen. Selbst in einem derart praktischen Kapitel wie diesem möchte ich nicht auf die Feen verzichten. Wenn Sie etwas gegen sie haben, wenn sie feenfreie, pragmatische Texte bevorzugen, tut es mir leid. Für Sie. *Fuck It*. So ist es eben.

FUCK IT, WEN INTERESSIERT ES, WIE GUT DAS HIER IST?

So öffnen Sie der Kreativität Tür und Tor.
Toben Sie sich aus. Drehen Sie völlig durch. Aufräumen
können Sie später (oder jemand anderes macht es).

Jetzt werde ich Ihnen ein paar Vorschläge machen, die Sie zu mehr Ideen anregen sollen. Bleiben Sie locker, bleiben Sie produktiv. Und denken Sie dran: Quantität statt Qualität.

Halten Sie das, was Ihnen Spaß macht, auf einem großen Blatt Papier fest

Wenn Sie für die vorherigen Übungen ein Notizbuch verwendet oder sie in Ihr Tablet getippt haben, lohnt es sich jetzt vielleicht, Ihre Listen mit Dingen, die Sie gerne tun, auf ein großes Blatt Papier zu übertragen (ich nutze dafür gerne festes Papier im Format A2).

Schauen Sie sich die Punkte dann an und lassen Sie den Ideen freien Lauf. *Fuck It*, es muss gar nicht schwer sein.

Fuck It, es muss gar nicht schwer sein.

Vielleicht steht bei Ihnen »ICH BE-STELLE GERNE ESSEN BEIM CHINA-IMBISS« neben »MIR GEFÄLLT MEIN TEILZEITJOB, IN DEM ICH WERBEFLÄCHEN VERMARKTE«, und dabei fällt Ihnen auf, dass die weißen Flächen auf den Verpackungen des China-Essens als interessante neue Werbefläche genutzt werden könnten. Das ist eine IDEE, die Ihnen Geld einbringen könnte.

Halten Sie das, was Sie richtig gut können, auf einem großen Blatt Papier fest

In diesem Buch und in diesen Übungen liegt unser Fokus auf dem, was Sie gerne tun. Aber wir sollten nicht vernachlässigen, worin Sie richtig *gut* sind, oder? Schnappen Sie sich daher einen weiteren Bogen Papier und notieren Sie darauf alles, was Sie wirklich gut können (einschließlich der Dinge, die Ihnen keine große Freude bereiten, denn oft gibt es Möglichkeiten, sie abzuwandeln).

Betrachten Sie jetzt beide Blätter nebeneinander (das mit der Liste, was Sie gerne tun, und das mit dem, was Sie gut können) und schauen Sie, was Ihnen durch den Kopf schießt. Ein Beispiel: In Ihrem aktuellen Beruf als Wirtschaftsprüfer sind Sie Experte für Tabellenkalkulation, während Sie eigentlich am liebsten kleine Stickereien mit Texten wie »Home, sweet home« anfertige.

Also gehen Sie zu einer Kundin und bieten ihr an, ihre ziemlich guten, durch Tabellenkalkulation ermittelten Quartalszahlen in Form eines gestickten Kurvendiagramms festzuhalten, das sie im Foyer ihres Betriebs aufhängen kann. Die Kundin ist begeistert. Und Sie haben sich einen (Neben-)Job erschaffen. So sieht es aus, beide Hände zu benutzen.

Übrigens würde ein logisch veranlagter Mensch beim Blick auf die beiden Blätter erkennen, dass der produktivste nächste Schritt die Erstellung eines Venn-Diagramms wäre – mit dem, was Sie gut können, in einem Kreis, und dem, was Sie gerne machen, im anderen. Dann könnte man sich auf den Überschneidungsbereich beider Kreise konzentrieren und so neue Ideen generieren.

Das können Sie tun. Wir haben hier sogar ein Beispiel erstellt, damit Sie sehen, wie es funktioniert.

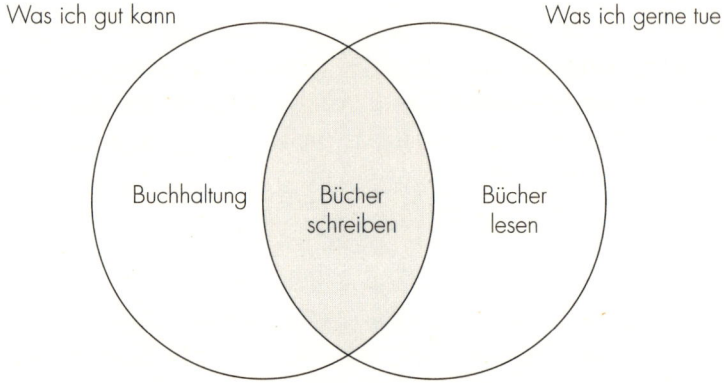

Das ist ein Venn-Diagramm, sogar ein ziemlich gutes.

Doch ich finde Kompetenz extrem schwer einzuschätzen – vor allem, wenn man die Bewertung selbst vornehmen muss. Ein Beispiel: Kann ich singen? Was haben die Leute über Bob Dylan gesagt, als er mit dem Singen anfing? Oder über Lou Reed? Bei den beiden meinten bestimmt viele, sie könnten nicht singen. Sie seien nicht kompetent in diesem Bereich. Wie so viele andere Dinge auch, kann Kompetenz von der Mode abhängen.

FUCK IT,
WEN INTERESSIERT ES,
WIE GUT ICH BIN?

Wenn Sie etwas machen, das Sie gerne tun,
ist es egal, wie gut Sie darin sind – ignorieren Sie die Normen,
die die Welt vorgibt, und folgen Sie nur Ihren eigenen.

Ich möchte damit übrigens nicht andeuten, dass ich Ihre Meinung über meine Sangeskünste, sollten Sie sie je zu hören bekommen, als nicht der Mode entsprechend abtun würde. Ich singe nicht wie Bob Dylan oder Lou Reed. Doch das hat mich nicht davon abgehalten, vor drei Jahren vor 300 Leuten zu singen. Es hat mich nicht davon abgehalten, *Only Love*, das erste Lied, das ich je produziert habe, einzusingen (wenn Sie es hören wollen, besuchen Sie einfach unsere Homepage, www.thefuckitlife.com/dowhatyoulove – und wenn es Ihnen nicht gefällt, haben Sie einfach keine Ahnung, was modern ist, ey!) Für den Moment können Sie die Kompetenz genauso außer Acht lassen wie die Qualität, wenn Sie wollen.

> Für den Moment können Sie die Kompetenz genauso außer Acht lassen wie die Qualität.

Formulieren Sie eine naheliegende Idee

Übersehen Sie nicht die Idee oder Ideen, die am offensichtlichsten ist oder sind. Übersehen Sie nicht die ersten Ideen. Die ersten und offensichtlichsten Ideen sind oft die besten. Und für andere Leute sind sie möglicherweise nicht so klar erkennbar. Als die »Ich bin gut in Tabellenkalkulation«-Zeile plötzlich neben der »Ich fertige gerne Stickereien an«-Zeile stand, lag die IDEE auf der Hand. Gehen Sie davon aus, dass Ihnen Ihre Idee gerade mitten ins Gesicht starrt.

Formulieren Sie eine abwegige Idee

Die meisten Erfolge zeichnen sich durch etwas aus, das herausragt, und was herausragt, muss sich vom Rest unterscheiden, was häufig bedeutet, dass das, was Sie erschaffen, eine gewisse Dissonanz erzeugen sollte: Es muss mit den Meinungen und Erwartungen der Menschen kollidieren.

Unsere Gesellschaft hat, was das Erschaffen von Unterschieden angeht, offensichtlich bereits ein fortgeschrittenes, stark durch Wettbewerb geprägtes Stadium erreicht. Wir werden jeden Tag mit Tausenden Informationen überschüttet. Um sich gegen diese Kakofonie von Informationen abzusetzen, ist ein Unterscheidungsmerkmal nötig.

Das lässt sich relativ einfach erreichen, indem Sie willkürlich zwei oder mehr Punkte von Ihren Listen verbinden. Am besten funktioniert es, wenn diese zwei Dinge nicht zueinanderpassen. Ich gehe oft so vor, bewusst oder unbewusst: Mein erstes Buch, *Fuck It! – Loslassen, Entspannen, Glücklich sein* unterschied (und unterscheidet) sich klar und deutlich von den anderen Werken dieser Richtung und ragt somit aus der Menge heraus.

Nun ist dieses Buch nicht durch einen solchen Schritt-für-Schritt-Prozess entstanden, wie wir ihn hier durchlaufen, aber es ergab sich aus einer Verbindung meiner zwei Seiten: meiner eher ernsthaften, seriösen, spirituell-suchenden Seite und meiner respektlosen, unbeschwerten »Ist doch ganz egal«-Seite.

Der Titel (wie auch das Buch selbst) enthält einen Gegensatz, fast ein Oxymoron, das – durchaus beabsichtigt – Aufmerksamkeit erregt. Doch weil ich ihn aus einer inneren Überzeugung heraus formuliert habe, spricht er viele Leute an – wir alle haben verschiedene Seiten. Ich bin von Natur aus ein lebender Widerspruch, und Sie wahrscheinlich ebenso – wenn ich das so sagen darf.

Also, versuchen Sie es: Klatschen Sie zwei Sachen zusammen, die sich eigentlich nicht verbinden lassen. Während ich das schrieb, kam mir ein seltsames Bild in den Sinn, das ich Ihnen nicht vorenthalten will: Ich sah vor mir, wie Ken es mit Barbie treibt. Eigentlich ist das natürlich nicht denkbar (da Ken eindeutig schwul ist). Es wäre deutlich passender, wenn der kräftige, raubeinige Action Man sich Barbie vornehmen würde, oder wenn Barbie und Barbie es täten. Aber Ken und Barbie zusammen wirken irgendwie FALSCH, und genau deshalb lässt mich der Gedanke nicht mehr los. (Nachricht ans Lektorat: Können wir hier bitte ein Bild von einem sehr gut gekleideten und frisierten Ken einfügen, wie er es mit Barbie auf einem Miniatur-Designertisch treibt? Antwort des Lektorats: Nein.)

» Drei Jahre nach meiner Ausbildung zur Hypnotherapeutin zögerte ich immer noch, das zu meinem Beruf zu machen. Es wäre zwar sinnvoll gewesen, doch irgendetwas passte nicht. Da sagte ich *Fuck It* und fing an, stattdessen Meditation und Achtsamkeit zu lehren. Ich bin begeistert! **«**

Liz Smalley – in der Nähe von Leicester, Großbritannien

Finden Sie etwas, das eine Lücke füllt

Obwohl der Markt, der Sie interessiert oder auf dem Sie tätig sind – egal ob es um Gitarrenunterricht oder Babyprodukte, um Webdesign oder Day-Trading-Beratung geht –, Ihnen möglicherweise voll und übersättigt vorkommt, gibt es überall Löcher. Wenn Sie eine solche Lücke finden, können Sie damit Geld verdienen. So leicht kann es sein.

> Finden Sie eine Lücke, verdienen Sie Geld damit: So leicht kann es sein.

Am einfachsten lassen sich diese Lücken entdecken, wenn man von persönlichen Erfahrungen ausgeht: Was hätten Sie gerne, was es noch nicht gibt? Lassen Sie mich als Beispiel einen Blick auf einen beliebigen Bereich meines Lebens werfen. Ähhh ... Kleidung. Ich hätte gerne eine Jacke mit eingebautem Heizsystem, ich hätte gerne Handschuhe mit einer Piepfunktion, die ich aktivieren kann, wenn ich sie verlegt habe, ich hätte gerne Socken mit unterschiedlichen Symbolen, damit ich sie nach dem Waschen ganz leicht wieder zu Paaren sortieren kann, ich hätte gerne ... Oh, ich könnte ewig weitermachen, glauben Sie mir, aber für einen ersten Eindruck sollte das reichen ...

Oder – und auch das basiert auf meinen persönlichen Erfahrungen – Sie konzentrieren sich auf ein Produkt, das es bereits gibt, das aber verbesserungsfähig ist. Bei mir fangen diese Überlegungen immer mit »Es macht mich wahnsinnig, dass ...« an. Ganz spontan fällt mir Folgendes ein:

- »Es macht mich wahnsinnig, dass Läden und Kneipen in der Nähe von Parkhäusern nie Kleingeld für die Parkautomaten herausgeben wollen.« (Der Laden oder die Kneipe, der oder die dazu bereit wäre, bekäme dadurch viel mehr Kundschaft ... Vielleicht wäre eine Kette denkbar, mit lauter Filialen in der Nähe von Parkhäusern. Als Name böte sich »Kleingeld-Zentrale« an, und das könnte sogar im doppelten Sinn gemeint sein: Man würde dort Kleingeld für den Parkautomaten bekommen, aber gleichzeitig könnten diese Läden ihre Waren, welche auch immer das sein mögen, zu tollen Preisen verkaufen, sodass man immer Kleingeld zurückerhielte, wenn man etwas kauft. Sogar eine dritte Bedeutungsebene wäre denkbar: Durch die günstigen Preise bekäme man in diesen Geschäften immer etwas für wenig, also »kleines« Geld.
- »Es macht mich wahnsinnig, dass ich niemals ein sauberes Sieb finde, um die Nudeln abzugießen.« (Wie wäre es daher mit einem Kochtopf mit einem Einsatz, der auf der Unterseite Löcher hat, sodass das Nudelwasser gleich ablaufen kann? Topf und Sieb in einem.)
- »Es macht mich wahnsinnig, dass ich ständig von Versorgungsunternehmen angerufen werde, die mich als Kunden werben wollen.« (Wie wäre es mit einem Telefon mit einer eingebauten Hupe, die man drücken kann, wenn so ein Anruf eingeht – was dem nervigen Werbefuzzi die Ohren wegpusten würde? Eine Art Pfefferspray für die Ohren sozusagen.)

Finden Sie etwas, das anderen nützlich ist

Bezahlung ist im Grunde der Austausch von etwas, das man als wertvoll empfindet: Wenn Sie über etwas verfügen, das für jemanden wertvoll ist (ein Produkt, eine Fähigkeit etc.), drückt derjenige seine Wertschätzung dadurch aus, dass er das, was Sie ihm bieten, gegen etwas eintauscht, das für Sie wertvoll ist. Das geschieht normalerweise in Form der kleinen Zettel, die wir »Geld« nennen und die Sie wiederum gegen etwas eintauschen können, das für Sie von Wert ist, etwa einen neuen Fernseher.

Was haben Sie oder was könnten Sie erschaffen, das andere wirklich nützlich fänden? Vielleicht haben Sie eine bestimmte Fähigkeit, die oft von anderen in Anspruch genommen wird (Sie können Fernbedienungen reparieren), oder Sie haben etwas Seltsames, aber Praktisches erfunden (etwa einen kleinen Videomonitor, über den man vom Büro aus seine Kinder überwachen können – »Leg das sofort wieder hin, Billy, ich habe es gesehen«).

Diese Frage führt uns zudem näher an die Markttestfragen heran, die im nächsten Abschnitt folgen: Statt sich einfach etwas auszudenken, es zu entwickeln und zu produzieren, in der Hoffnung, dass es schon jemand kaufen wird, fragen Sie lieber: Was brauchen die Leute eigentlich?

Finden Sie etwas, mit dem Sie leicht Geld verdienen können

Wie können Sie sich AUF EINFACHE WEISE etwas dazuverdienen? Überlegen Sie mal.

Meine Schwester und ihr Mann (der bereits erwähnte Saul) führen heute ein Unternehmen namens »Soul Trading«, das genau auf diese Weise entstanden ist. Als die beiden einmal knapp bei Kasse waren, stellten sie sich ebenjene Frage: Wie können wir schnell und einfach ein bisschen Geld verdienen? Da fiel ihnen auf, dass sie zu Hause eine Reihe Dinge herumliegen hatten, die sie nicht brauchten, also verkauften sie sie über eBay.

Dort bemerkten sie, dass einige der Waren, die sie anbieten wollten, ziemlich gute Preise erzielten, etwa ein bestimmtes Kameraobjektiv, des mittlerweile sehr gefragt war, oder eine Levi's-Jacke, von der nur eine bestimmte Stückzahl produziert worden war und die Saul im Winterschlussverkauf ergattert hatte.

Besonders im Bereich Kleidung ließen sich bestimmte Marken und Produkte über eBay für viel mehr Geld verkaufen, als sie in Outlets oder bei Rabattaktionen kosteten. So verdienen sich die beiden jetzt ihren Lebensunterhalt: Sie wissen, wo und wann sie einkaufen und mit wem sie sprechen müssen, um die besten Schnäppchen zu machen. Die kaufen sie dann in möglichst hoher Stückzahl und veräußern sie gewinnträchtig über eBay.

Und all das – das ganze Unternehmen – begann mit der Frage »Was wäre am einfachsten?«.

Sollte ich je in Geldnöte geraten und mir diese Frage stellen, würde ich mich wahrscheinlich dazu entschließen, Tai-Chi-Kurse zu geben. Später würde ich dann erneut überlegen und vielleicht eine kurze Tai-Chi-Stunde auf Video aufnehmen (leicht) und sie online stellen (relativ leicht).

> Der **Fuck-It**-mäßigste Weg, mit dem, was Ihnen Freude bereitet, Geld zu verdienen, kann der »einfache Weg« sein.

Wie können Sie sich durch das, was Sie gerne tun, etwas dazuverdienen? Was ließe sich ganz EINFACH umsetzen? Denn vielleicht ist das für Sie der *Fuck-It*-mäßigste Weg, mit dem, was Ihnen so viel Freude bereitet, Geld zu verdienen.

FUCK IT,
ES KANN GANZ LEICHT SEIN.

Vor allem, wenn Sie daran glauben.
Dieses Mantra ist wie eine Wasserpistole der Leichtigkeit,
mit der Sie großzügig alles nass spritzen können,
was vor Ihnen liegt.

Finden Sie etwas, das auf dem aufbaut, womit Sie heute schon Geld verdienen

Vielleicht müssen Sie gar nicht den großen Sprung ins Ungewisse wagen. Vielleicht brauchen Sie gar keine tolle neue Idee. Vielleicht müssen Sie gar nichts erfinden. Vielleicht können Sie das, was Sie bereits tun, einfach anpassen.

Sie könnten Ihre bisherige Arbeit abwandeln – wenn Sie beispielsweise Ihren Lebensunterhalt mit Porträts in Ölfarben verdienen, steigen Sie auf Glasmalerei um. Oder Sie könnten Ihren jetzigen Beruf in einem anderen Kontext fortführen – wenn Sie als Anwalt bei einer großen Bank angestellt sind, das aber nicht länger machen wollen, suchen Sie sich einen Arbeitgeber, für den Sie gerne tätig wären, etwa eine Wohltätigkeitsorganisation.

Oder vielleicht ist es das Richtige, wenn Sie einfach weiterhin genau das machen, was Sie bisher auch tun, aber als Berater oder freier Mitarbeiter. Ich kenne viele Leute, die ihre Jobs gekündigt haben und später als Berater zur selben Firma zurückgekehrt sind, sie machen so ziemlich das Gleiche wie zuvor, aber zu ihren eigenen Bedingungen. Und »Bedingungen« bedeutet in diesem Fall Arbeitszeiten (das heißt, sie arbeiten mehr, wenn sie wollen) und Geld (sie nehmen viel mehr als zuvor).

» Ich sagte *Fuck It* zur Karriere in der Firma und machte mich stattdessen selbstständig. Das löste mehrere spannende Dinge aus: Ich entdeckte, dass ich meine Arbeit echt interessant finde (ohne den ganzen firmeninternen Mist), ich hatte den Freiraum, zu erkunden, was mir wirklich am Herzen liegt, und jetzt baue ich mir eine Nebentätigkeit auf.

Mir haben bereits mehrere Menschen gesagt, dass mein Vorgehen sie dazu inspiriert habe, ebenfalls etwas zu verändern – das fühlt sich toll an. **«**

Charlotte Evanson – London, Großbritannien

Ermitteln Sie die »eine« unter den zehn (oder 100) Ideen

Mittlerweile haben Sie (hoffentlich) eine lange Liste mit interessanten, potenziell gewinnbringenden Ideen angesammelt. Sticht Ihnen eine davon besonders ins Auge? Wenn ja, *Fuck It*, schmeißen Sie den Rest weg und gehen Sie mit dem Gewinner in die nächste Phase.

Wenn nicht, wenn Ihnen vier oder fünf Ihrer Ideen gleich gut gefallen, behalten Sie alle und nehmen Sie alle mit in die nächste Phase – schließlich wollen Sie mit diesen Ideen Geld verdienen, daher lohnt es sich, eingehend zu erforschen, welche in dieser Hinsicht wirklich etwas taugen.

Wie aus der Idee ein einträgliches Projekt wird

»Das Geheimnis des Lebens besteht darin,
Leute zu finden, die Ihnen Geld für das geben,
für das Sie bezahlen würden –
wenn Sie genügend Geld hätten.«

Sarah Caldwell –
Operndirigentin und Gründerin
der Boston Opera Group

Das Häkchenspiel

Erfüllt Ihre Idee (beziehungsweise erfüllen Ihre Ideen) alle Kriterien? Ich bin ein Fan davon, Punkte abzuhaken. Wenn ich etwas plane, versehe ich alle Aufgaben mit kleinen Kästchen zum Abhaken, genauso wie auch auf meinen handgeschriebenen To-do-Listen. Sobald ich diesen »Häkchenspiel«-Abschnitt geschrieben habe, nehme ich meine Kapitelliste zur Hand und setze ein Häkchen in das Kästchen neben diesem Punkt.

Stellen Sie eine Liste mit den Dingen zusammen, die Ihnen wichtig sind (zu diesem Zeitpunkt, meine ich – Sie können später weitere hinzufügen). Hier ein paar Vorschläge:

Bin ich sicher, dass das hier etwas ist, das ich gerne tue?   ⊘

Bin ich gut genug darin?   ○

Ist es wahrscheinlich, dass es einen Markt dafür gibt?   ○

Unterscheide ich mich ausreichend von der Konkurrenz?   ○

Bin ich jetzt am Ende der Liste angekommen?   ○

Suchen Sie den Schmerz

Wir sind einfach gestrickte Wesen, wir Menschen: Wir wollen Vergnügen, Schmerzen meiden wir lieber. Und genau betrachtet geht vieles von dem, was wir als Vergnügen betrachten, mit einer Form der Schmerzreduzierung einher. Ein Beispiel: Die Freude am Essen (wenn Ihnen Essen Freude bereitet) – ich nehme eine Mahlzeit zu mir, um dem »Schmerz« des Hungers entgegenzuwirken. Gelegentlich ziehe ich mir einen Schokoriegel rein, um den »Schmerz« der Niedergeschlagenheit zu bekämpfen (der Serotoninschub, den er auslöst, richtet mich wieder auf).

Möglicherweise esse ich auch ganz allgemein, um den Daseinsschmerz zu lindern: indem ich die bildliche Leere in meinem Inneren buchstäblich auffülle. Oh John, du Sonnenschein. Aber jetzt habe ich schon beim Schreiben Hunger bekommen. Wann ist es Zeit fürs Mittagessen? Ooooh, noch zwei Stunden. Mist.

Da die meisten von uns ständig darauf aus sind, Schmerzen zu stillen, zu lindern oder sie von vornherein zu vermeiden, lohnt sich die Überlegung, wie Sie dazu beitragen können. Wie können Sie Menschen beim Kampf gegen die Schmerzen behilflich sein?

Bleiben wir erst einmal beim Thema Nahrungsmittel: Die großen Firmen setzen immer noch auf simple Schmerzstill-Elemente, um uns zum Kauf ihrer Produkte zu verführen. Auf Coca-Cola-Automaten prangt ein einziges Wort: DURSTIG? Der Konzern fragt uns also: »Leiden Sie? Wenn ja, haben wir genau das Richtige für Sie.« Ganz ähnlich fragen auch Burger-Ketten, ob wir HUNGRIG sind.

Das hat keinerlei Raffinesse – es zielt einfach auf unsere animalischen Reflexe ab. Und passenderweise scheint die animalische Antwort auf den animalischen Drang, der sich beim Anblick der animalischen Aufforderung »HUNGRIG?« einstellt, darin zu bestehen, ein Stück von einem Tier zu essen (zwischen zwei mit Zucker und Salz versetzten und aufwendig verarbeiteten Stücken Weizenbrötchen).

Also, suchen Sie den Schmerz. Fragen Sie sich, für welche Schmerzen Sie eine Lösung bieten. Ist es irgendwie möglich, den schmerzlindernden Effekt Ihres Produkts durch Verstärkungen, Fokussierung oder Übertreibungen dessen, was es bewirkt, zu steigern? So wie ich es gerade tue – hier und jetzt. Ich schreibe dieses Buch, um Ihnen dabei zu helfen, die Schmerzen zu stillen, die Sie dabei empfinden, Ihre wertvolle Zeit nicht mit dem zu verbringen, was Sie gerne tun.

Ein hinzugefügtes Fuck It steigert den schmerzlindernden Effekt.

Um den schmerzlindernden Effekt des Buches zu steigern, habe ich das *Fuck It* hinzugefügt. Das Buch heißt nicht *Komm schon, mach nur noch, was du gerne tust, und es ist egal, welchen Job du hast*, sondern trägt den Titel *Fuck It – Mach nur noch, was du gerne tust, und es ist egal, welchen Job du hast*, was die Wirkung zweifelsohne verstärkt.

Außerdem unterstütze ich den schmerzlindernden Effekt, indem ich die Aufmerksamkeit auf die einzelnen Schritte fokussiere, die Sie befolgen müssen, um das machen zu können, was Sie gerne tun. Und zu guter Letzt »übertreibe« ich bei meinen Vorschlägen (»Wie Sie 1.000 Dollar am Tag mit dem verdienen können, was Sie gerne tun«), um Ihnen zu zeigen, dass es möglich ist, die Schmerzen im großen Stil zu besiegen.

Die Erkenntnis, welchen Schmerz das, was Sie zu bieten haben, lindert, ist sehr wichtig für den gesamten Prozess. Sie können mit der Information spielen (gegebenenfalls ziemlich zynisch, wenn Sie darauf stehen), indem Sie die Schmerzen des Kunden in kleine Teile zerlegen und diese Stück für Stück lindern. Oder Sie können das Leiden sogar VERSCHLIMMERN, damit Ihr Produkt oder Ihre Dienste eine noch größere Erleichterung darstellen.

Letztens habe ich die US-amerikanische Fernsehserie *Fargo* geschaut. Darin spielt Martin Freeman einen Versicherungsverkäufer, Lester Nygaard, und zu Beginn der Serie ist er ziemlich erfolglos in seinem Job. In einer Szene sitzt ein frisch verheiratetes Paar in seinem Büro, potenzielle Kunden.

Versicherungen basieren ganz offensichtlich auf einem schmerzlindernden Konzept: Wenn etwas Schlimmes passiert, springt die Versicherung ein und hilft (normalerweise in Form von Geld). Beim Versuch, dem Paar eine Lebensversicherung zu verkaufen – das heißt: »Wenn es bei einem von Ihnen zum Allerschlimmsten kommt, helfen wir Ihnen« –, setzt Nygaard auf die Taktik, den Schmerz dieses Szenarios zu »verschlimmern«, indem er ausführt, dass uns allen jederzeit eine Tragödie widerfahren kann ... und ein paar schreckliche Dinge beschreibt, die dem Mann an jenem Tag passieren könnten. Das Paar wird ganz bleich, murmelt etwas vor sich hin und geht.

Ich habe diese Strategie noch nie bewusst angewendet, doch jetzt werfe ich einen Blick zurück auf den Anfang dieses Kapitels und sehe, dass ich Sie dort gebeten habe, zu überlegen, wie viel Zeit Sie jeden Tag tatsächlich für das haben, was Sie gerne tun, wenn Sie die Stunden abziehen, die Ihr Job kostet, der Ihnen keinen Spaß macht, und das Pendeln zur Arbeit, das Sie verabscheuen, und all die Arbeiten im Haushalt, die Sie nicht mögen. Dann schrieb ich: *Das ist Ihr Leben. Es verstreicht Stunde um Stunde, Tag um Tag, Quartal um Quartal. Bis der Sand in der Sanduhr durchgelaufen ist.*

Mist. Tut mir leid. Das fällt unter Schmerzverschlimmerung. Eindeutig. Vielleicht ist Ihnen normalerweise gar nicht richtig bewusst, dass Sie so wenig Zeit für das haben, was Sie gerne tun. Hey, so ist das Leben eben. »Sorry, kann grad nicht – muss zur Arbeit.«

»Nein, warte mal: *Überleg* doch mal, wie wenig Zeit du für das hast, was du gerne tust.«

»Oh ja, meine Güte, du hast ja recht – wie schrecklich! Daran muss ich etwas ändern. Mein Leben ist echt erbärmlich, oder? Weißt du, was ich da machen kann?«

»Ja, schon, da du fragst ...«

Der elende Kreislauf des Elend verringernden Marketings. Ich wollte das nicht, ganz ehrlich. Aber sehen Sie, wie es funktioniert?

Man kann das Ganze auch weniger zynisch betrachten: Wir leiden allesamt Qualen und sind auf der Suche nach Möglichkeiten, diese Qualen zu lindern und zu stillen, und alles, was Sie und ich dazu beitragen können, ist ein enormer Dienst an der Menschheit, oder?

Wenn ich es schaffe, Sie dazu zu bewegen, mehr Zeit mit dem zu verbringen, was Sie gerne tun, indem Sie dieses Buch lesen, wenn ich Ihre »Glücksquote« um zehn Prozent erhöhe, nur indem ich diese 70.000 Wörter für Sie schreibe, während ich ganz zufrieden hier sitze (abgesehen von einem leichten Hungergefühl, bis zum Mittagessen dauert es immer noch etwas länger als eine Stunde), dann mehrt das die Freude, die ich bei dem verspüre, was ich ohnehin gerne tue.

Und woher will ich wissen, dass ich das schaffe? Weil viele von Ihnen mir schreiben. Das war immer schon so und wird auch hoffentlich so bleiben. Und ich antworte stets. Denn mich bei Leuten zu bedanken, die mir für meine Arbeit danken – vor allem, wenn es darum geht, öfter das zu machen, was man gerne tut –, gehört zu den Dingen, die ich sehr gerne tue.

Suchen Sie eine Schmerznische

Es gibt große, generelle Leidensbereiche, wie wir gesehen haben – »Ich bin hungrig« und »Ich bin durstig« –, und sie ziehen natürlich ein großes Publikum an. Wahrscheinlich das größtmögliche Publikum. Es ist in etwa so, als würde man sagen: »Sie sind ein MENSCH? Na, dann haben wir genau das Richtige für Sie: ESSEN und GETRÄNKE.« Das führt zu Massenprodukten (Coca-Cola und McDonald's), die in Massenproduktion für den billigen Massenkonsum hergestellt werden – wahrscheinlich mit massiven Auswirkungen auf die geistige und körperliche Gesundheit der Massen.

»Hunger?«
»Ja, aber den Mist will ich nicht essen.«
»Aber ich bin überall und erinnere dich nicht nur an dein Hungergefühl, sondern kriege dich auch dazu, das Erlebnis des Essens zu überhöhen, indem ich dir den Spruch ›Ich liebe es‹ in den Mund lege, noch bevor du überhaupt probiert hast.«

»Verzieh dich.«
»Hunger?« Schweigen.
»Durst?« Grrrrrrrrrrrr.

Ein großes Publikum wirkt toll. Was könnte besser sein, als etwas Großartiges im Angebot zu haben, das absolut jeder Mensch auf Erden schätzt? Na ja, eines der Probleme (um den Anfang zu machen) besteht darin, dass es teuer ist, alle anzusprechen. Es kostet Unmengen. Klar, dass ist das, woran die meisten von uns in Bezug auf Marketing und Werbung gewöhnt sind – die großflächig ausgesendeten Botschaften, die Produkte für die Massen bewerben. Deshalb wimmelt es auf den Werbeplätzen und -flächen der Medien nur so von an die Allgemeinheit gerichteten Angeboten (jeder muss essen und trinken, Auto fahren, telefonieren und wissen, wo er im Fall eines Arbeitsunfalls anzurufen hat!)

Aber haben Sie eine Ahnung, was es kostet, im Fernsehen Werbung zu machen, wenn eine Sendung läuft, bei der viele Menschen einschalten? Viel, glauben Sie mir. Und ich befürchte, diese Summe werden Sie in nächster Zeit wohl nicht verdienen. Also müssen Sie die Kosten reduzieren, die entstehen, wenn man Menschen erreichen will. Und das heißt nicht, dass Sie trotzdem auf die Allgemeinheit abzielen, sich aber auf 30 Wörter im Anzeigenteil der Lokalzeitung beschränken. Es bedeutet, Ihre Zielgruppe zu verkleinern, und das nennt sich: »eine Nische finden«.

Richten Sie sich nicht an Menschen, die einfach durstig sind – richten Sie sich an Menschen, die Durst auf etwas ganz Bestimmtes haben. Vor ein paar Jahren nahmen Gaia und ich beispielsweise einen sehr teuren chinesischen Tee in unser Angebot auf. Richten Sie sich nicht an Menschen, die einfach hungrig sind – richten Sie sich an

> **Fuck-It**-Schokolade war unsere Nische auf dem »Ich bin hungrig«-Markt.

Menschen, die Hunger auf etwas ganz Besonderes haben. Auch der Markt für Schokolade ist noch zu groß, daher konzipierten wir die *Fuck-It*-Schokolade für diejenigen, die zwar Schokolade essen wollen, aber das Gefühl haben, sie sollten es besser lassen, schließlich aber *Fuck It* sagen und es einfach tun – und die kein Problem damit haben, mit einem Schokoriegel in der Hand herumzulaufen, auf dem das Wort »Fuck« steht.

Ganz egal, ob Sie einen Magneten finden, der Ihre Zielgruppe ganz von selbst anzieht, oder ob Sie dafür zahlen, sie zu erreichen, Sie wollen ein ganz bestimmtes Publikum ansprechen, sich eine Nische schaffen. Wenden Sie sich nicht an alle Übergewichtigen, sondern konzentrieren Sie sich auf Männer, die sich immer noch für schlank halten, oder auf Frauen nach einer Entbindung oder auf Schokoladensüchtige oder auf Menschen, die ein erhöhtes Risiko für bestimmte Erkrankungen haben, oder auf Leute, die beim Essen auf Lieferdienste schwören ... oder auf irgendeinen anderen Typ Mensch, sodass von allen Abnehmwilligen auf der Welt nur eine kleine Anzahl übrig bleibt.

Wenn Sie Ihr Zielpublikum auf eine ganz bestimmte Gruppe reduzieren können und dieser etwas anbieten, das sie wirklich anspricht, ist es ganz leicht, Ihre Botschaft rüberzubringen. Wirklich. Sagen wir einmal, Sie erschaffen – inspiriert von Kevin Spaceys Figur im Film *American Beauty*, die anfängt, Sport zu treiben, weil sie »nackt gut aussehen will« – eine Reihe von Diätprodukten unter dem Namen »Nackt gut aussehen«. Dieses Konzept wird JEDEN ansprechen, der ein paar Pfunde zu viel auf den Rippen hat. Aber Sie wissen, dass es auf diejenigen, die die Anspielung verstehen, einen noch größeren Reiz ausüben wird.

Also gehen Sie auf Facebook und geben als Zielgruppe für Ihre Werbung »alle, die sagen, sie mögen den Film *American Beauty*« an (das ist möglich). Und schon haben wir den Adressatenkreis eingeschränkt, von allen Facebook-Nutzern auf die, die den Film kennen, der Sie zu Ihrem Produkt inspiriert hat.

Aber es gibt doch viele Menschen, werden Sie sagen, die *American Beauty* gesehen, aber keine Diät nötig haben. Das wäre Geldverschwendung Ihrerseits. Nun ja, abgesehen davon, dass diese Leute Ihre Anzeige wohl nicht anklicken und Sie daher nichts kosten würden, haben Sie recht – es ist am besten, die Nische möglichst klein zu halten.

Also fügen Sie »abnehmen« als Interesse hinzu – schon passt es. Daraufhin werden Sie einwenden: Wer gibt schon an, dass er

Interesse am Abnehmen hat? Gut, das mögen nicht allzu viele sein. Vielleicht nur die, die sich selbst nicht zu ernst nehmen – die wissen, dass sie zu dick sind, sich aber gerne ein bisschen über sich selbst lustig machen, indem sie »abnehmen« wie ein cooles, lustiges Hobby neben »Ski laufen«, »wandern« und »tanzen« angeben.

Sehen Sie, was ich da geschrieben habe? »Nicht allzu viele«? Das ist genau das, worauf Sie aus sind: Nicht allzu viele Leute. Aber eben nicht allzu viele Leute, die genau Ihre Leute sind. Und ich vermute, wenn Sie tatsächlich Diätprodukte unter dem Namen »Nackt gut aussehen« herausbrächten, wäre der relativ kleine Personenkreis, der a) *American Beauty* gesehen hat und die Anspielung versteht und b) derart unbeschwert, selbstironisch und auf gewisse Weise cool daherkommt, vermutlich genau das Richtige für Sie.

Und diese nicht allzu vielen Leute, die genau Ihre Leute sind, mit einem Angebot, das ganz Sie selbst sind (und auf dem basiert, was Sie gerne machen), zu erreichen, wird viel günstiger, kosteneffizienter und letztendlich viel PROFITABLER sein als alles andere, was Sie probieren.

>> Ich sagte *Fuck It*. Laut und deutlich. Ich schlug beruflich eine ganz neue Richtung ein und verließ die strukturierte, konzerngeprägte Welt der Forschung, um abstrakte Kunst zu malen. Es war ein Riesenwagnis: Ich musste alles von Grund auf neu lernen und zudem auch noch mit den Grauzonen Berufswechsel und Selbstständigkeit zurechtkommen.

Wie es läuft? Es fühlt sich ganz natürlich an. Es fühlt sich richtig an. Warum? Weil ich nicht das Gefühl habe, zu arbeiten, ich verbringe meine Zeit einfach mit dem, was ich liebe – und ich verwende das Wort »Liebe« nicht leichthin. <<

Mahlia Amatina – Reading, Berkshire, Großbritannien

Suchen Sie einen Angelhaken

Sagen wir einmal, Sie haben die Schmerzen entdeckt, die Sie lindern wollen. Und Sie haben den Personenkreis identifiziert, der diese Schmerzen verspürt. Womit kann Ihre Idee, Ihr Produkt oder Ihre Dienstleistung diese Gruppe nun anziehen? Stellen Sie es sich wie einen Angelhaken vor – was für einen Köder müssen Sie ins Wasser hängen, damit Ihre Fische anbeißen?

Bleiben wir im Bereich Ernährung und Diäten. Sagen wir einmal, Sie sind ein Mann, der ordentlich abgespeckt hat und ein Abnehm-Buch für andere Männer schreiben will. Ihnen ist bewusst, dass es dort draußen eine große Gruppe Männer gibt, die wissen, dass sie mittlerweile zu dick sind, das aber eigentlich nicht zugeben wollen – sie sehen sogar eine dünnere Version ihrer selbst, wenn sie in den Spiegel schauen.

Was ist Ihr Angelhaken? Wie wäre es mit: »Männer, meint ihr immer noch, ihr seid schlank?« Das ist ein interessanter Ansatz – der Glaube daran, immer noch dünn zu sein, obwohl man es offensichtlich nicht mehr ist. Außerdem begrenzt diese Idee automatisch die Zielgruppe auf a) Männer, b) mit Übergewicht (aber nicht übermäßig) und c) mit einer gewissen Reflexionsgabe (auch wenn Sie in Ihrer Frage mit einem Mangel an Selbstreflexion spielen, sprechen Sie doch eigentlich Männer an, die selbstkritisch und offen für Neues sind).

Auf diese Frage könnten Sie ein paar Fakten folgen lassen. Zum Beispiel: Im Gegensatz zu Frauen, deren körperliche Fehleinschätzung meist in die andere Richtung geht (das heißt, sie halten sich für zu dick, obwohl sie schlank sind), glauben 30 Prozent der übergewichtigen Männer, sie hätten Normalgewicht. Man könnte auch schließen, dass Männer, die sich nicht der Tatsache stellen wollen, dass sie zu viel auf die Waage bringen, auch keine Diät machen wollen.

Also könnten Sie Ihr Abnehm-Buch für Männer *Dies ist kein Abnehm-Buch für Männer* nennen. Und zudem könnten Sie Alternativ-Cover für das Buch entwerfen, sodass es von außen so aussähe, als handle es sich um ein Buch über Panzer, Klettern oder Holzschuppen – falls man einmal in der Öffentlichkeit darin liest.

Fuck It, ich würde auch ein Buch kaufen, das *Dies ist kein Abnehm-Buch für Männer* heißt.

Ich würde eine Werbeanzeige anschauen, in der es heißt: »Meinen Sie immer noch, Sie sind schlank?«, weil ich weiß, dass ich mich im Spiegel tatsächlich dünner wahrnehme, als ich eigentlich bin. *Fuck It*, ich würde auch ein Buch kaufen, das *Dies ist kein*

Abnehm-Buch für Männer heißt. Bitte mit dem Panzer-Cover, da Sie schon fragen.

Sehen Sie? In diesem Fall ergab die Suche nach einem Angelhaken automatisch (oder praktisch) eine tolle Nische, die sich kosteneffizient erreichen lässt UND uns auf eine Idee für das eigentliche Produkt brachte.

Toll. ⊘

Suchen Sie ein Medium

Nein, nicht so ein Medium – obwohl ein bisschen Hilfe aus der Geisterwelt sicher nicht schaden kann, wenn Sie sich von der Konkurrenz absetzen wollen. Nein, es geht mir um die andere Art Medium: Wie können Sie eine Verbindung zwischen sich selbst, Ihrem Produkt und Ihrer Zielgruppe schaffen? Klar, Sie haben den Angelhaken, aber welches Medium bietet sich an? Mund-zu-Mund-Propaganda? Netzwerke? Traditionelle Werbung?

In welcher Form Sie Ihre Ware an den Mann bringen, ist bei der Auswahl der Medien, über die Sie die Kundschaft anlocken wollen, sicher ein Faktor. Wenn Ihre Idee eine Onlinepartnervermittlung ist, bieten sich sicherlich eine Bandbreite von Onlinemedien zur Vermarktung an – Suchmaschinen, soziale Medien und dann verschiedene Formen bezahlter Nachrichten.

Das ist die logische Wahl, aber vielleicht führt die Überlegung, was Singles machen und wo sie sich aufhalten, zu einer ungewöhnlicheren und daher günstigeren Form, Werbung zu machen. Vielleicht gibt es beispielsweise eine Single-Bar, in der Sie in irgendeiner Form auf Ihr Angebot aufmerksam machen dürfen.

Als wir vor zehn Jahren unser vegetarisches Retreat-Zentrum eröffneten, warben wir an den offensichtlichen Stellen dafür (Yogamagazine, holistische Magazine etc.). Doch ich hatte auch eine Idee, die ich nie ausführte, die aber sicherlich gut funktioniert hätte: Ich erstellte eine Liste aller vegetarischen Restaurants in London und anderen Großstädten.

Ich wusste, dass ich in diesen Restaurants meine Zielgruppe erreichen könnte – Vegetarier, die sich die Mühe machen, ein gesundes, vegetarisches Restaurant zu finden, sind potenziell an einem Urlaub in Italien interessiert, in dem gesundes, vegetarisches Essen und weitere gesunde holistische Aktivitäten angeboten werden.

Aber wie sollten wir die Restaurantbesitzer davon überzeugen, unsere Broschüren oder Karten auszulegen? Quasi unmöglich, würde ich sagen. Also bestand meine Idee darin, unser Logo auf Papierservietten zu drucken, zusammen mit einer Botschaft nach dem Motto: »Wenn Ihnen dieses Essen geschmeckt hat, würden Sie sicher auch Gefallen an diesem Urlaub finden. The Hill That Breathes – Retreats mit köstlichem vegetarischen italienischen Essen.«

Dann hätten wir jedem der Restaurants auf der Liste einen Karton mit diesen Servietten zugeschickt – nicht nur ein paar als Muster, sondern genügend, dass sie niemals einfach im Müll gelandet wären (solche Läden sind ja umweltbewusst). Außerdem wäre dieses Geschenk für die Restaurants ja wirklich nützlich gewesen – ein paar Tausend KOSTENLOSE Servietten. Normalerweise müssen sie die kaufen, also sparen sie Geld damit. Daher hätten sie sicher gesagt: »*Fuck It*, benutzen wir sie einfach.«

Und zu welchem Preis? Ein bisschen Werbung für ein ansprechendes Retreat-Zentrum in Italien. Kann ja nicht so schlimm sein. Und um den Anreiz noch zu vergrößern, hätten wir anbieten können, das Restaurant in einen kleinen Veggie-Restaurantführer aufzunehmen, den wir bei uns im Speisesaal ausgelegt hätten.

Das Medium stellt die Verbindung zwischen Ihnen und Ihrem Produkt einerseits und Ihrer Zielgruppe andererseits her. Ja, Sie denken gleich an die Kosten (interessant sind da heute oft die »Pay-per Click«-Angebote in den digitalen Medien), aber überlegen Sie auch, wodurch Sie sich von anderen Anbietern unterscheiden könnten. Wodurch Sie hervorstechen können. Nicht nur durch Ihr Produkt und Ihren Angelhaken, sondern auch durch die *Art und Weise*, wie Sie es anbieten.

> Das Medium stellt die Verbindung zwischen Ihnen und Ihrem Produkt einerseits und Ihrer Zielgruppe andererseits her.

Das beste Beispiel für eine ungewöhnliche Werbestrategie, das ich je erlebt habe, ersannen unsere Kollegen Jim und Chas bei der britischen Werbeagentur HHCL, für die wir alle in den 1990ern arbeiteten. Sie waren in die Kampagne für die neue Geschmacksrichtung »schwarze Johannisbeere« der beliebten Limonade Tango involviert. Im Rahmen dieser Kampagne schufen sie eine der besten TV-Werbungen, die es je gab.

Das neue Getränk verkaufte sich gut, aber es gab ein Problem mit der Herstellung, sodass das Unternehmen es kurzzeitig vom Markt nehmen musste. Sobald dieses Problem ausgeräumt war, wollte die Firma der Welt mitteilen: »Tango Schwarze Johannisbeere ist zurück«, auf eine auffällige Art und Weise, die Läden und Verkäufer dazu bewegen würde, große Mengen zu ordern.

Jims und Chas' Vorhaben war ganz und gar nicht auffällig, aber erstaunlich effektiv. Zufälligerweise fand ein paar Wochen, bevor das Getränk wieder in den Verkauf (und die Regale) zurückkehrte, das riesige und berühmte, fünf Tage dauernde Glastonbury-Festival statt. Bitte sehr – der gesamte Zielmarkt an einem Ort versammelt. Jetzt hätten die meisten Werbeagenturen das Festivalgelände vermutlich mit Plakaten, Bannern und Werbeständen für Tango Schwarze Johannisbeere zugepflastert.

Doch nicht so Jim und Chas ... ihre Idee bestand darin, das Festivalgelände mit leeren Tango-Schwarze-Johannisbeere-Dosen zu übersäen. Also besorgten sie sich massenweise leere Dosen vom Kunden, quetschten ein bisschen darauf herum (damit sie gebraucht aussahen) und engagierten ein Team, das sie auf dem Gelände verteilte, in den Bereichen, wo alle Leute ihren Müll fallen ließen.

Die Idee dahinter war, dass die Festivalbesucher die Dosen sehen und später in Läden und Kiosken nach Tango Schwarze Johannisbeere fragen würden. Dann müssten die Läden antworten: »Nein, die Sorte gibt es noch nicht, aber bald haben wir sie im Angebot.« Genial. Die Leute bekamen Durst auf etwas, ohne direkter Werbung ausgesetzt zu sein, und bei den Händlern schuf diese Aktion einen enormen Anreiz, viel Tango Schwarze Johannisbeere einzukaufen – die Kunden fragten ja schon danach. Und natürlich erregte diese extrem innovative »Mediennutzung« (die gar keine Mediennutzung war) die Aufmerksamkeit der Presse und wurde ein großes Thema (sobald durchgesickert war, was eigentlich passiert war).

Streben Sie nach Vergnügen

Ihrem eigenen, nicht dem von anderen. Mittlerweile sollten einige Ihrer Einfälle wie ein Puzzle langsam ein Bild ergeben, da Sie die Teile »Grundidee«, »unwiderstehlicher Köder«, »interessante Mediennutzung« und »stark reduzierte Zielgruppe« ja schon gelegt haben.

Prüfen Sie jetzt, wie viel Vergnügen Ihnen das, was in Ihrem Kopf heranreift, bereiten könnte. Und verlieren Sie diesen Gedanken nicht aus den Augen, während wir uns eingehend damit beschäftigen, wie man Geld mit Ihren Ideen verdienen könnte ... denn es ist durchaus möglich, dass es leicht anzapfbare Einnahmequellen gibt, auf die Sie aber gar keine Lust haben – und das ist wohl nicht der *Fuck-It*-Weg, den Sie einschlagen wollen, oder?

> Wenn Sie keine Lust darauf haben, ist es wohl nicht der **Fuck It**-Weg, den Sie einschlagen wollen.

Wenn Sie beispielsweise auf Boote abfahren, wäre es vielleicht genau Ihr Ding, stinknormale aus China importierte Schlauchboote nach den Wünschen der Kunden mit außergewöhnlichen, wunderschönen Mustern zu bemalen. Cynthia zum Beispiel findet Meerjungfrauen toll, also fertigen Sie ihr ein traumhaftes Cynthia-als-Nixe-Gemälde für ihr neues seetaugliches Gummigefährt an. Und schon kommen viele Leute aus der Umgebung zu Ihnen, hauptsächlich, weil sie von Ihnen gehört haben.

Der naheliegende nächste Schritt wäre es, eine Homepage einzurichten und über das Internet zu werben und zu verkaufen. Doch das ganze Webseiten-Online-Ding bereitet Ihnen Übelkeit, als säßen Sie in einem kleinen Boot auf stürmischer See. Also ist es das Letzte, was Sie tun sollten. Stattdessen wäre es sinnvoll, nach weiteren Offline-Verkaufsmöglichkeiten Ausschau zu halten, wenn Sie gerne Geld mit solchen Booten verdienen wollen.

Und dieser Fokus (das heißt, Ihre eigene Vorliebe) führt Sie möglicherweise in (markttechnisch betrachtet) höchst interessante Bereiche, die sogar noch besser sein mögen als die offensichtlichen Wege, mit denen Sie sich überhaupt nicht anfreunden können. Vielleicht spenden Sie ein paar Ihrer Bootkreationen (schick und topmodern bemalt, sodass sie Jugendliche ansprechen) an das örtliche Schwimmbad, damit sie dort von Schulklassen verwendet werden können, und dürfen im Gegenzug im Foyer des Schwimmbads für Ihr Produkt werben (mit Fotos und Details: Dort kommen schließlich viele Wasserratten vorbei, also erreichen Sie zumindest die Wasser-Zielgruppe). Bingo.

Als jemand, der lange, lange Zeit (kommerziell) mit Ideen zu tun hatte, kann ich sagen, dass Hindernisse – Ihnen fehlt das Geld, um zu werben, Ihre Werbung wird verboten, der Materialpreis steigt, der Wechselkurs der Währung Ihres größten Marktes im Ausland schwankt stark etc. – oft nur noch kreativere Ideen erzeugen. Not ist die Mutter der Erfindung, wie man auf Englisch sagt (was mich natürlich zu der Frage führt, wer der Vater ist ... Wurde die Erfindung bei einem betrunkenen One-Night-Stand gezeugt?).

FUCK IT,
ICH MACHE DAS FÜR MICH
UND NIEMANDEN ANDERS.

Gut so.

Wenn Sie daher »Ich muss Spaß an der Sache haben« zu einem entscheidenden Kriterium erklären, finden Sie mit großer Wahrscheinlichkeit trotzdem einen Weg, Geld zu verdienen ... und außerdem (und das gibt Bonuspunkte) profitieren Ihre Idee und die Art und Weise, wie Sie sie anbieten, sogar von der »Erfindung«, die aus der Not heraus geboren wurde, um das genannte Kriterium zu erfüllen.

Bonuspunkte ⊘

Machen Sie kleine Schritte

Wie können Sie möglichst kleinschrittig anfangen, mit dieser Idee Geld zu verdienen? Beginnen Sie jetzt, ganz klein, mit Tippelschritten: Sagen Sie *Fuck It* und tun Sie IRGENDETWAS. Erzählen Sie überall herum, was Sie vorhaben, legen Sie los – Sie müssen nicht alles bis ins Detail durchgeplant haben, um zu starten.

Im Augenblick boomen digitale Informationsprodukte – E-Books, Onlinekurse etc. –, die in verschiedenen Preisbereichen online erhältlich sind. Sie könnten ein solches Informationsprodukt über ein Thema erstellen, mit dem Sie sich richtig gut auskennen, und es im Internet verkaufen. Der Vorteil (gegenüber traditionellen Veröffentlichungen) ist, dass Sie kein physisches Produkt anfertigen müssen. Die Kosten sind gering, und Sie können das Geschäft leicht lukrativer machen (dazu kommen wir später), ohne dass die Ausgaben steigen.

> Beginnen Sie jetzt, ganz klein, mit Tippelschritten: Sagen Sie **Fuck It** und tun Sie IRGENDETWAS.

Mag sein, dass sich das schwierig anhört. Mag sein, dass es sich kompliziert anhört. Mag sein, dass es sich sogar einschüchternd anhört. Aber Sie müssen einfach nur wissen, wie es geht, und können loslegen. Ich habe viele solche digitalen Produkte erzeugt, und irgendjemand ersteht in diesem Augenblick eines davon und überweist uns einen Betrag zwischen sieben und 700 Euro auf unser PayPal-Konto.

Falls Sie mehr darüber erfahren wollen: Ich habe eine kostenlose Einführung in diese Welt der digitalen Informationsprodukte verfasst – zu finden wie immer unter www.thefuckitlife.com/dowhatyoulove. Detaillierte Informationen erhalten Sie dann für sieben Euro (und noch ausführlichere zu einem höheren Preis). So kann es laufen. Wie metamäßig ist das denn bitte?

FUCK IT, ICH SCHAFFE DAS, SCHRITT FÜR SCHRITT.

Oooooooh, dieses Mantra wirkt
auf ganz unterschiedliche Weise und in den
verschiedensten Zusammenhängen. Egal, womit Sie gerade zu
kämpfen haben, gehen Sie es Schritt für Schritt an.

Machen Sie Moneten

Wagen Sie es und legen Sie los. Geben Sie sich eine sehr kurze Frist vor und halten Sie sie ein. Setzen Sie sich außerdem ein realistisches finanzielles Ziel – sagen wir mal Einnahmen von 500 Euro (oder das entsprechende Äquivalent in Ihrer Währung). Natürlich hängt die Höhe dieses Betrages voll und ganz von der Branche ab, in der Sie tätig sind, und auch von Ihrem Produkt.

>> Ich sagte *Fuck It* und investierte in ein Rennpferd. Und dann in ein weiteres, und dann in noch eines. Jetzt findet man mich an der Rennbahn, wo ich sie anfeuere. <<

Katie Wharton – Hampshire, Großbritannien

Der Preis, den Sie von Teenagern für Ihre tolle Idee nehmen können, unterscheidet sich von dem, was Sie von Bankchefs für ein anderes Produkt verlangen können. Das ist klar. Also, bringen Sie alles zusammen, was Sie bisher haben, und – *Fuck It* – starten Sie durch.

Stellen Sie sich vor, Sie haben festgestellt, dass Sie gerne samstags durch den IKEA-Markt spazieren und Möbel kaufen, die zusammengebaut werden müssen. Es macht Ihnen Spaß, sich zu Hause damit auseinanderzusetzen. Ihre Freunde wissen, wie gerne Sie das machen, und bitten Sie daher, ihnen die Möbelstücke aufzubauen, die sie bei IKEA gekauft haben. Dafür geben sie Ihnen ein bisschen Geld oder laden Sie zum Essen ein (oft gibt es Fleischbällchen, aber italienische, nicht schwedische).

Und so fällt Ihnen auf, dass Sie damit ja auch Geld verdienen könnten. Sie kennen Ihre Zielgruppe (Leute, die mit Vorliebe bei IKEA einkaufen, das Gekaufte aber ungerne zusammenbauen, Menschen wie ich beispielsweise) und haben ein paar Ideen, wie Sie sie ansprechen könnten. Sie wissen, wie viel Sie für Ihre Dienste verlangen wollen. Jetzt *könnten* Sie anfangen, Großes zu planen – sich einen tollen Namen für das Vorhaben einfallen lassen, ein schickes Logo und ein ausgefeiltes Design entwerfen. Sie könnten eine

Homepage einrichten, Visitenkarten drucken lassen, sich Anzeigen mit Ihrem »Angelhaken« ausdenken und überlegen, wo sie erscheinen sollen.

ODER ... Sie schicken einfache eine E-Mail an Ihre Freunde und teilen ihnen mit, dass Sie von nun an diesen Dienst anbieten und wie Ihre Preise sind. Außerdem könnten Sie ihnen etwas anbieten, wenn sie Sie weiterempfehlen. (Fragen Sie nicht direkt nach Aufträgen – nichts führt schneller zu Ablehnung, als wenn sich jemand verpflichtet fühlt.) *Fuck It*, legen Sie los, versuchen Sie es einfach und schauen Sie, was passiert.

Das Problem der bis ins letzte Detail ausgefeilten Planung ist, dass sie Sie davon abhält voranzukommen ... und es außerdem unmöglich macht, auf Veränderungen zu reagieren. Und die werden auftreten. Fangen Sie einfach an und verschieben Sie das Planen auf später.

Machen Sie Pläne

Oh, ist es schon so weit? Ist es schon *später*? Ja, ich weiß, was ich gerade über das Planen geschrieben habe, aber sagen wir mal, Ihr Projekt ist inzwischen ins Rollen gekommen und Sie wollen nun die nächste Phase einläuten. Unter Berücksichtigung der unzähligen, potenziell unendlichen Möglichkeiten, die Ihnen, meine lieben Leserinnen und Leser, offenstehen, sollten Sie jetzt über Folgendes verfügen:

- **Eine Idee für Ihr Ding** (etwas, das Ihnen Spaß macht – ein Produkt, eine Dienstleistung, ein Buch, ein Geschäft, ein Talent, ein Blog, ein Kunsthandwerk, etwas, das Sie unterrichten können – und das irgendwie die Schmerzen derer dort draußen lindern oder ihr Vergnügen steigern wird).
- **Eine Idee bezüglich des Zielmarktes** (eine Gruppe – oder sogar eine einzelne Person –, die spezifisch genug ist, dass sie sich kostengünstig erreichen lässt, und die Sie klar vor Augen haben und leicht ansprechen können).
- **Eine Idee, wie Sie das Ding und die Zielgruppe zusammenbringen können** (das kann, zu diesem Zeitpunkt, einfach Ihr »Angel-

haken« sein, es kann aber auch der Ort sein, wo Ihr Produkt angeboten wird – wie ein Laden – oder wo Sie werben möchten).

Jetzt können Sie mit der genauen Planung anfangen:

Planen Sie die Finanzierung

Als Erstes nehme ich mir oft die Budgetplanung für ein Projekt vor. Was will ich innerhalb eines Jahres damit verdienen? Wie schaffe ich das – wie viele Einheiten muss ich verkaufen, zu welchem Preis und wie viel Geld ist für Werbung da?

Das hängt natürlich von Ihrem Markt ab, aber Sie können versuchen, das Marketing »für sich selbst zahlen zu lassen« – das heißt, Sie finanzieren die Werbung durch die kleinen Einführungsprodukte, die Sie Ihren Kunden verkaufen, und machen erst später mit größeren Produkten Gewinn.

Machen Sie sich ein konkretes Bild von Ihrer Zielgruppe

Erschaffen Sie »Avatare« Ihres Zielmarktes. Stellen Sie sich einzelne Personen aus dieser Gruppe vor und umreißen Sie sie in groben Zügen:

- Wie sähe Ihr idealer Kunde aus?
- Wie heißt er, wo wohnt er, ist er Single oder in einer Beziehung?
- Was ist der größte »Schmerz« in seinem Leben? Wie würde er sich fühlen, wenn es ein Mittel dagegen gäbe?
- Inwiefern kann das, was Sie anbieten, diesen Schmerz lindern? Wie viel würde der Kunde dafür bezahlen?

Gehen Sie beim Ausmalen dieser Avatare ruhig ins Detail. Schreiben Sie meinetwegen ein Buch über sie. Je besser Sie sie kennen, desto wahrscheinlicher ist es, dass Ihr Angebot tatsächlich echte Menschen anspricht. Denn Ihre Avatare sind, wenn auch frei erfunden, aus realen Stückchen Ihrer selbst und anderer Personen in Ihrem Leben zusammengesetzt und stellen einen sehr spezifischen »Jedermann« dar (ich bin nicht blöd – ich erkenne meine Widersprüche, das wissen Sie ja bereits), den Sie in der Folge – und das ist wirklich etwas Besonderes – in der Realität manifestieren werden.

Also ja, stellen Sie sich Ihren Kunden vor, gestalten Sie Ihr Angebot entsprechend und machen Sie sich dann daran, Hunderte oder Tausende solcher Kunden aus dem Hut zu zaubern.

Die industrielle Revolution begann mit der Erkenntnis, dass man wie von Zauberhand eine Vielzahl von gleichen Dingen produzieren und sie an die Massen verkaufen konnte. Die gegenwärtige digitale Revolution bedeutet, dass wir wie von Zauberhand ähnliche Konsumenten erzeugen und ihnen dann massenweise das verkaufen können, was sie wollen.

Gestalten Sie Ihr Angebot so reizvoll wie irgendwie möglich

Setzen Sie alles daran. Machen Sie das Produkt qualitativ hochwertiger als andere. Erweitern Sie es um Merkmale, die andere nicht haben. Achten Sie auf die kleinsten Details. Sagen Sie: »*Fuck It*, ich sorge dafür, dass es GENIAL wird.« Je reizvoller das Angebot ist, desto mehr ist es den Menschen wert. Und je mehr es ihnen wert ist, desto mehr sind sie bereit zu zahlen (in der Wirtschaft ist »Preis« definiert als das, »was Leute zu zahlen bereit sind«, und je größer der Wert Ihres Angebots für die Kunden ist, desto mehr werden sie zahlen).

Gliedern Sie den Prozess in kleine Teile auf und nehmen Sie dann die Zeitplanung vor

Fangen Sie hinten an, wenn Sie möchten: Wann wollen Sie Ihr Angebot auf den Markt bringen? Und was müssen Sie bis dahin tun? Gliedern Sie die Arbeit in immer kleinere Teile und Aufgaben auf und überlegen Sie dann, wie lange Sie wofür brauchen. Oder Sie fangen vorn an – schätzen Sie ein, welcher Schritt wie viel Zeit benötigt, und ermitteln Sie so einen realistischen Termin für den Markteintritt. Ich arbeite immer mit der ersten Methode, da mich nichts konzentrierter arbeiten lässt als eine feste Frist. Dieses Vorgehen sorgt, ähnlich wie die Hindernisse, von denen zuvor die Rede war, für einen besonderen Kreativitätsschub.

Für die Planung nehme ich mir stets Zeit. VIEL Zeit. Das macht es für mich einfacher. Dann lege ich los und arbeite den Plan einfach ab, und dabei kann ich auch meine geliebten Häkchen setzen.

Doch es gibt eines, worin ich wirklich gut bin, und das ist entscheidend, wenn es um Pläne geht – ich passe sie im Laufe des Prozesses an. Jedes Konzept, jeder Zeitplan, jedes Budget muss flexibel sein. Ich weiche ständig von meinen Plänen und Vorgaben ab, je nachdem, wie die Dinge laufen: Wenn ich für eine Aufgabe mehr Zeit brauche, wenn sich unvorhersehbare Umstände ergeben, wenn mir etwas ganz besonders viel Spaß macht etc. Und das ist mal wieder *Fuck It* in Aktion: den sorgfältig ausgearbeiteten Plan mittendrin einfach abzuändern.

> Das ist **Fuck It** in Aktion: den sorgfältig ausgearbeiteten Plan mittendrin einfach abzuändern.

Lassen Sie sich von Leidenschaft leiten, nicht von Plänen

Ein Plan kann sehr wichtig sein, um uns auf Kurs zu halten und die schwierige Aufgabe der Umsetzung zu bewältigen, aber sein Nutzen (das Auf-Kurs-Halten) kann auch zum Problem werden (wenn der Kurs nicht der richtige für uns ist).

Lernen Sie daher, sich von Leidenschaft leiten zu lassen. Wenn Leidenschaft und Plan in verschiedene Richtungen streben, sollte die Leidenschaft gewinnen. Klar, sobald das passiert ist, können Sie einen neuen Plan erstellen, um diese Leidenschaft zu einem Teil Ihres Lebens zu machen, aber sobald die Leidenschaft »weiterzieht« (und es liegt in der Natur der Leidenschaft, ständig weiterzuziehen, also wird das passieren), schmeißen Sie den Plan um und machen Sie später einen neuen.

Setzen Sie Ihre Idee um

*»Ein guter Plan, der heute gewaltsam durch-
gedrückt wird, ist besser als ein perfekter Plan,
der erst nächste Woche ausgeführt wird.«*

George Patton – General der US Army

General Patton, ein Anführer der US-Truppen im Ersten und im Zweiten Weltkrieg, zählt zu den frühen »Fuckitären«.

Verschwenden Sie nicht Ihr gesamtes Leben aufs Planen, ohne je aktiv zu werden. Setzen Sie Ihren Plan um, auch wenn er noch nicht perfekt ist. Auch wenn er noch nicht ganz fertig ist. Auch wenn Sie sich noch nicht völlig sicher sind. Es ist Zeit loszulegen. Zugegeben, das umzusetzen, was man sich erträumt hat, was man geplant hat, ist sehr schwierig (so empfinden es zumindest viele Menschen einschließlich mir selbst, manch einer findet es allerdings ganz einfach).

Das hat verschiedene Gründe. Ein bedeutender ist Angst: Schließlich steht nun der ultimative Test an. Wir können von wunderbaren Ideen träumen, so viel wir wollen (welch ein Genuss!), aber unverbindlich ausprobieren kann man sie nicht.

FUCK IT,
ICH WERDE ES TUN.

Ja, bitte tun Sie das. Die Welt braucht es.

Doch dann folgt die Umsetzung (welch eine Qual!), die wie ein großer Test funktioniert. Sie bringen Ihre geliebte Idee auf den Markt. Die Leute können Sie begeistert aufnehmen (also: kaufen) oder sie ablehnen (also: nicht kaufen). Und niemand mag solche Prüfungen. Korrekturen allerdings auch nicht. Schlechtes Bild.

Doch die Sache ist folgende: Selbst wenn Sie die Umsetzungsphase schwierig finden, versuchen Sie, einfach *Fuck It* zu sagen und sie durchzustehen, denn wenn alles klappt, fühlt es sich wunderbar an. Bei einer Prüfung erfolgreich abgeschnitten zu haben ist besser, als ohne Prüfung nicht zu wissen, woran man ist.

Holen Sie sich Unterstützung, wenn nötig

Ich halte also die Umsetzung für den schwierigsten Abschnitt, so wie viele andere Leute auch. Gehen Sie kurz in sich und überlegen Sie, welche Phasen des Prozesses Sie am einfachsten fanden (und finden) und welche am beschwerlichsten. Es ist sehr wichtig zu verstehen, was Ihnen ganz natürlich von der Hand geht und wo die Dinge einfach fließen. So können Sie bei den Elementen, die Ihnen nicht so leichtfallen, etwas Nachsicht sich selbst gegenüber walten lassen – oder Unterstützung hinzuziehen.

Ich finde die Ideenphase und die Planung am einfachsten. Doch da mir die Umsetzung eher schwerfällt, ist das der erste Bereich, in dem ich erwägen sollte, mir helfen zu lassen. Und das tue ich auch. Nehmen Sie etwa dieses Buch: Obwohl ich die Ideen recht erfolgreich und mühelos in ein Manuskript voller Wörter »umsetze«, habe ich mit den folgenden Schritten – wenn aus dem Manuskript ein Buch entsteht, das dann in Buchhandlungen auf der ganzen Welt zum Verkauf angeboten wird – nichts mehr zu tun. Darum kümmert sich mein Verlag. Gott sei Dank. Ich wäre wirklich nicht gut darin. Und ich habe keine Lust darauf.

FUCK IT,
ICH BRAUCHE HILFE.

Wir alle brauchen Hilfe.
Dieses Mantra hilft ihnen, das zuzugeben,
und ist daher der erste Schritt auf dem Weg zu dieser Hilfe.

Herauszufinden, welcher Teil dieses Prozesses – wie man sich ein Leben erschafft, in dem man das macht, was man gerne tut – Ihnen von Natur aus liegt, ist also von großer Bedeutung. Wenn Sie das erkannt haben, können Sie sich entweder noch aufmerksamer den

> Das verlangt eine Menge **Fuck-It**-Mut: sich auf das zu beschränken, was sich richtig anfühlt.

Bereichen zuwenden, die Ihnen Probleme bereiten, sie einfach weglassen (falls Sie damit irgendwie durchkommen) oder sie jemand anderem übertragen. Das verlangt eine Menge *Fuck-It*-Mut: sich auf das zu beschränken, was sich richtig anfühlt, und den Rest rigoros zu delegieren oder zu streichen.

Wenn Sie Hilfe benötigen, um zu ermitteln, was Ihnen am meisten liegt, empfehle ich Ihnen einen wunderbaren Test: »Wealth Dynamics«, entwickelt von Roger Hamilton. Einen Link zu einem Onlinetest finden Sie auf unserer Homepage www.thefuckitlife.com/dowhatyoulove.

Wie aus dem einträglichen Projekt ein Erfolg wird

Erfolg stellt sich nicht ohne Weiteres ein, und wenn doch, gilt: a) Seien Sie dankbar und b) nutzen Sie es aus. Der kleine Ratgeber, der folgt, sollte Ihre Chancen, Ihr Projekt zum Erfolg zu führen, jedoch ein wenig oder sogar ganz beträchtlich steigern.

Wählen Sie das richtige Schlachtfeld aus

Es gibt offensichtlich eine Vielzahl von Wegen, beruflich Erfolg zu haben, doch vereinfacht lässt sich sagen:

- **Sie können versuchen, besser zu sein als die anderen.** Die Leute kauften japanische Autos, weil sie diese für zuverlässiger hielten. Sie kauften schwedische Autos (Volvos), weil sie die für sicherer hielten. Ob das stimmt oder nicht, ist eine andere Frage. Letzten Endes zählt nur die Wahrnehmung.

  Stella Artois war wahrscheinlich kein besseres Lagerbier als andere, aber es war teurer, was uns den beruhigenden *Eindruck* vermittelte, dass es besser sei. Sie können die überlegene Qualität Ihres Produkts andeuten, indem Sie mehr Geld dafür verlangen (dabei schlagen Sie mindestens zwei Fliegen mit einer

Klappe, da sowohl Ihre Gewinnspanne als auch das Vertrauen in Ihre Marke steigen).

- **Oder Sie können billiger verkaufen als die anderen.** Dafür gibt es Millionen Beispiele, aber schauen Sie sich an, was der Sportartikelhersteller SportsDirect in Großbritannien geschafft hat. Obwohl ich in Italien lebe, warte ich trotzdem immer, bis ich das nächste Mal in England bin, um Laufschuhe, Trainingsanzüge und Rucksäcke zu kaufen, weil diese Waren in einer SportsDirect-Filiale einfach so günstig sind.

  Das Konzept besteht in diesem Fall darin, sich eine Branche auszusuchen und die Konkurrenz preislich zu unterbieten. Diese Schlachtfelder sind blutgetränkt: Das macht schon ein Blick auf den Supermarktsektor in Europa deutlich. Die deutschen Discounter LIDL und ALDI breiten sich in vielen Ländern aus, weil sie ein eingeschränktes Sortiment zu viel niedrigeren Preisen anbieten als der Rest. Wenn Sie nicht bereit sind, sich die Hände schmutzig zu machen, sollten Sie nicht in den Preiskampf einsteigen.

- **Oder Sie unterscheiden sich von den anderen.** Schaffen Sie sich einen eigenen Markt. Oder machen Sie etwas Vertrautes auf ganz neue Weise. Einige der größten Unternehmen der Welt haben Dinge einfach anders gemacht. Das gilt beispielsweise für Richard Branson und seine Virgin-Marken. Branson drückte diesen Marken stets seinen eigenen Stempel auf, um sie anders erscheinen zu lassen – sei es in Form eines David-gegen-Goliath-Kampfes (wie bei Virgin Airlines gegen British Airways), durch Transparenz und Authentizität (wie bei Virgin Money) oder durch »volksnahes« Auftreten (wie Branson es bei seinem Lotterie-Projekt in Großbritannien versuchte).

Und da hier gerade von Schlachtfeldern die Rede ist: Richard Branson hat sich stets im Wettstreit mit jemandem gesehen. Man kann sich gut vorstellen, wie er sich jedes Mal fragte: Wer ist der Feind hier? Gegen wen kämpfen wir? Er wollte anders sein als die großen Konzerne oder die geldgierigen Banken oder das ineffiziente staatliche Glücksspielmonopol. Ich könnte mir vorstellen, dass er sich nicht nur fragte: Wie sind wir?, sondern auch: Wie sind wir *nicht*?

Und dann ist da noch die größte Marke der Erde – Apple. Apple unterscheidet sich in vielerlei Hinsicht von der Konkurrenz. Der Kern dieser Marke – die einzigartige »Apple«-Artigkeit – entstand über viele Jahre auf verschiedenen Wegen, aber schauen Sie sich an, wie wir heute dazu neigen, Apple-Geräte als Anti-Establishment-Produkte zu betrachten (obwohl der Konzern zu den größten und profitabelsten der Welt gehört und Marktführer ist ... er IST das Establishment).

Oder wie wir Apple für die coole, die »alternative« Wahl halten, für die Marke der Technikbegeisterten (obwohl heute jeder ein iPhone hat – wie kann es dann eine coole, alternative Wahl sein?) Oder wie wir meinen, Apple sei irgendwie egalitärer, offener und aufgeschlossener als andere Unternehmen (auch wenn Apple-Produkte von einer Mauer umgeben sind, sodass sie sich nicht mit anderen Systemen oder Geräten verbinden lassen, und das Unternehmen sich peinlich berührt abwenden würde, sollte man ihm gegenüber die Worte »open source« in den Mund nehmen).

Das Erscheinungsbild der Marke Apple hat in vielerlei Hinsicht nichts mit der Realität zu tun. Ein Teil der Technik mag besser sein als die der Konkurrenz, doch selbst wenn das nicht der Fall ist, kostet sie doppelt so viel. Nicht nur das, viele Leute stehen eine ganze Nacht lang Schlange, nur um eine leicht abgewandelte, neuere Version von etwas zu kaufen, das sie ohnehin schon in

> **Fuck It** unterscheidet sich von allen anderen Angeboten im Bereich Spiritualität und Therapie.

der Tasche haben. Das ist die Macht des Unterschieds. Und die Macht der Marke. Sie können also Ihre eigenen Regeln vorgeben, eigene Mythen erschaffen, selbst Ihre eigenen Preise festsetzen. Schließlich gibt es ein paar gigantische Beispiele dafür, wie gut das funktionieren kann. Die *Fuck-It*-Philosophie unterscheidet sich von allen anderen Angeboten im Bereich Spiritualität und Therapie. Wir haben uns schon immer vom Rest abgesetzt. Darauf verschwenden wir nicht allzu viele Gedanken, aber wir sind so anders, dass kaum ersichtlich ist, mit wem wir eigentlich in Konkurrenz stehen (und die Erkenntnis,

wer die Konkurrenz ist, gehört zu den Schlüsselelementen auf dem
Weg zum Geschäftserfolg). Daher neigen wir dazu, einfach weiterzumachen und unser eigenes Ding auf unsere Weise durchzuziehen.

FUCK IT,
ICH BIN GERNE ANDERS.

Anders ist besser als besser.
Sie können sich also ruhig freuen.

Wählen Sie Ihr System

Wählen Sie das System aus, mit dem Sie den angestrebten Erfolg
erreichen wollen. Das bedeutet normalerweise, sich ein *einträgli-
ches* System zu schaffen. Entscheiden Sie sich, wie Sie Ihre Gewinnspanne steigern wollen:

- Durch höhere Preise als die Konkurrenz aufgrund von Überle-
  genheit oder Anderssein (wahr oder empfunden)?
- Durch niedrigere Kosten (vielleicht, weil Sie günstigere Arbeitskräfte haben, den Skaleneffekt nutzen können oder eine Technologie finden, die Kosten reduziert)?
- Oder schlicht deshalb, weil Sie auf einem bisher unbesetzten
  Markt unterwegs sind und daher tun können, was Sie wollen?

Sobald Sie ein System geschaffen haben, das funktioniert, können
Sie es wachsen lassen, sei es dadurch, dass Sie Leute einstellen,
anderen die Geschäftsführung überlassen oder Vorgänge automatisieren. Warum? Weil Sie Ihr Unternehmen, um (vor allem finanziell)
erfolgreicher zu sein, normalerweise LUKRATIVER machen müssen.

Stellen Sie sich diesen Geldfluss wie einen echten Fluss vor:
Damit mehr Wasser/Geld fließen kann, müssen Sie entweder die
Breite oder die Tiefe des Flusses vergrößern. Die Breite könnte der
Preis sein: Vielleicht sind Sie in einem Bereich aktiv, in dem Ihr
wachsender Erfolg bedeutet, dass Sie mehr Geld verlangen kön-
nen – als Coach beispielsweise.

Wenn Ihr Unternehmen ganz allein von Ihrer Zeit abhängt (was Ihre Einkünfte entsprechend einschränkt), ist das Ihre einzige Möglichkeit, den Fluss zu erweitern. Das ist der Grund, warum gute Anwälte, Ärzte und Berater hohe Preise nehmen – und sie immer weiter erhöhen ... nur so kann der Geldfluss in ihrem System zunehmen.

An der Tiefe des Flusses können Sie hingegen arbeiten, indem Sie mehr Einheiten produzieren, ohne dafür mehr Zeit zu brauchen. Eine offensichtliche Möglichkeit ist es, Leute einzustellen, die weniger kosten als Sie und die Arbeit übernehmen, die Sie gemacht haben. Oder Sie können ganz traditionell Maschinen dafür anschaffen. Darum ging es schließlich auch in der industriellen Revolution: den Übergang von der Heimindustrie (Einzelpersonen in ihren Hütten, die über je einen Webstuhl verfügten) zu Fabriken voller günstiger Arbeitskräfte und Webmaschinen. Die Stückkosten sanken, die Gewinnspanne stieg. Und das Resultat war ein gefundenes Fressen für Marx und Engels.

Das heutige System der britischen Banken, den Kundenservice nach Indien auszulagern, funktioniert nach dem gleichen Prinzip: einer Kombination aus billiger Arbeitskraft und Maschinen (das automatisierte »Drücken Sie die Eins für ...«-System, die kostengünstige Weiterleitung von Anrufen, der unmittelbare Zugriff auf riesige Mengen an Informationen online – über Sie, Ihr Kundenkonto und den Service, den Sie wollen).

»Maschinen« ermöglichen die Automatisierung in allen denkbaren Formen. Ich hätte heute einen Reiseführer für Paris über Amazon kaufen können, wo ich nicht ohne Weiteres mit einem Menschen in Kontakt gekommen wäre, ich buchte einen Flug und ein Hotel mit meinem Smartphone, über Ryanair und Booking.com, wo es wiederum schwierig ist, echte Menschen aufzuspüren. Und ich prüfte meinen Kontostand online, da Wochenende ist und die Bankmitarbeiter nicht einmal mit mir sprechen würden, wenn sie es könnten.

Die Automatisierung spart Kosten, erhöht die Gewinnspanne und vergrößert durch diese »Vertiefung« den Geldfluss. Sie kann allerdings auch den Frust all derer steigern, die von automatisierten Sprachdialogsystemen in den Wahnsinn getrieben werden. (Und das erzeugt selbstverständlich eine weitere Marktlücke – für Unternehmen, die sehr gerne mit ihren Kunden sprechen. Diese Lücke macht sich die britische Bank »First Direct« seit Jahren zunutze.)

Natürlich wäre es möglich, auch große Teile unserer *Fuck-It*-Welt zu automatisieren. Ein Beispiel für ein solches Produkt, das es bereits gibt, ist das »*Fuck It* Everyday«-Angebot. Dabei handelt es sich um inspirierende *Fuck-It*-Botschaften, von denen Sie ein Jahr lang jeden Tag eine zugeschickt bekommen (Details siehe www.thefuckitlife.com/dowhatyoulove).

Aber glauben Sie, ich verfasse jeden Tag einen neuen Spruch und schicke ihn Ihnen persönlich? Nein, natürlich nicht. Ich habe viel Zeit darauf verwendet, die 365 Sätze zu formulieren und zu bearbeiten, und dann noch länger dafür gebraucht, das automatisierte System einzurichten, das diese Nachrichten verschickt. Ja, das hat viel Zeit gekostet. Aber sobald die Arbeit erledigt war, musste ich nichts mehr tun. Jetzt läuft der ganze Prozess automatisch ab.

Persönlich verfasst werden nur die (oft bezaubernden) E-Mails, in denen mir Leute mitteilen, wie gut Ihnen die Botschaft des Tages gefallen hat und wie erstaunlich treffend die Sprüche seien – ein Beweis für die Magie der Maschine.

Bei einem automatisierten System wie diesem ist anfangs ein bisschen Arbeit nötig, dann aber nie wieder. Sie können ins Bett gehen und trotzdem Geld verdienen. Ist das nicht ein toller Gedanke? Ins Bett zu gehen und Geld zu verdienen (ohne sich prostituieren zu müssen)?

> Mit einem automatisierten System können Sie ins Bett gehen und trotzdem Geld verdienen.

Das ist ein Einblick in die wundervolle Welt des »passiven« Einkommens (obwohl, wie ich bereits an anderer Stelle erwähnt habe, die wenigsten Einnahmequellen tatsächlich ganz und gar passiv sind). Passive Einkommen gab es schon immer. Schon bevor der größte Bestseller aller Zeiten – die Bibel – geschrieben wurde. Haben Sie sich je gewundert, warum Gott Ihnen so selten über den

Weg läuft? Das liegt daran, dass er schon seit langer Zeit seinen Ruhestand in der geschlossenen Wohnanlage namens Himmel verlebt, finanziert durch die unaufhörlich fließenden Tantiemen für sein Meisterwerk.

Wählen Sie also Ihr System und entwickeln Sie es so, dass die Gewinnspanne beträchtlich ist – und wenn Sie wollen, auch so, dass es nicht von den Arbeitsstunden abhängt, die Sie leisten. Zu den großartigsten Systemen, die je konzipiert wurden, gehört das Franchising, das hauptsächlich Ray Kroc und seinem Unternehmen McDonald's zugeschrieben wird – im Grunde wendete Kroc den Gedanken der Massenproduktion in Firmen einfach auf Restaurants an: McDonald's ist das Ford Modell T der Gastronomie.

Bestimmen Sie die Messkriterien

Wenn Sie am Erfolg Ihres Unternehmens interessiert sind, wie messen Sie diesen? Und was messen Sie auf dem Weg zu diesem Erfolg?

Erinnern Sie sich noch an das Retreat-Zentrum, das wir geführt haben, »The Hill That Breathes«?

Es legte den Grundstein für die ganze *Fuck-It*-Sache. Ich werde Ihnen nun ein paar Werte nennen, auf denen unser Augenmerk bei diesem Projekt lag. Entscheidend für unseren generellen Umsatz war natürlich die Anzahl der Personen, die einen solchen Retreat buchten. Also führten wir darüber sorgfältig Buch. Wir wussten, dass wir für eine optimale Auslastung x Buchungen im Januar, y im Februar und so weiter brauchten. Wenn wir das Ziel in einem Monat verfehlten, mussten wir uns im nächsten mehr anstrengen.

> »The Hill« legte den Grundstein für die ganze **Fuck-It**-Sache.

Und was hieß das, »mehr anstrengen«? Ein eindeutiger Wert dafür war das Verhältnis von Anfragen und Buchungen: Wie viele der Interessenten, die uns kontaktierten, kamen dann tatsächlich zu uns? Wie viel Prozent? Das war ein entscheidender Wert, da wir, wenn wir es schafften, diesen Prozentsatz zu steigern, die Anzahl der Buchungen erhöhen konnten, ohne extra Werbung zu schalten, Mails zu verschicken oder in den sozialen Medien aktiv zu werden. Das erreichten wir, indem wir den Umgang mit Anfragen verbesserten und bei den Leuten, die nicht direkt einen Aufenthalt buchten, noch einmal nachfragten oder ihnen ein Sonderangebot machten.

Doch selbst ein hoher Prozentsatz (in den besten Zeiten lag er stets bei 75 Prozent, das heißt, drei von vier Interessenten buchten die Teilnahme an einem Retreat) änderte nichts daran, dass wir nicht genügend Buchungen hatten, wenn die Anzahl der Anfragen zu niedrig war. Wir mussten die Aufmerksamkeit der Menschen erregen und sie auf unsere Homepage locken. Google Analytics bietet eine Vielzahl von Informationen darüber, wer eine Seite besucht, woher die Leute kommen, wie lange sie bleiben etc.

Für uns war es interessant, zu wissen, wie viele der Leute, die bei uns anfragten, einen Blick auf den Retreats-»Kalender« warfen, und welchen Anteil die »Kalendergucker« unter allen Besuchern unserer Homepage ausmachten. Dann konnten wir überprüfen, welche Auswirkungen Veränderungen auf der Homepage auf diese Zahlen hatten. Und es war gut, verfolgen zu können, wie sich Werbemaßnahmen auf die Anzahl der Seitenbesucher auswirkten.

Ähnliches galt für die sozialen Medien: Neben der Gesamtanzahl derer, die »Gefällt mir« geklickt hatten, behielten wir auch die Seitenaufrufe und die »Gefällt mir«-Zahlen der jeweiligen Beiträge etc. im Blick. So konnten wir ganz einfach verfolgen, was geschah, wenn wir einen Beitrag posteten. Oder wie sich ein Retreat-Sonderangebot auf die Besucherzahlen der Homepage, des Kalenders und die Anfragen auswirkte. Wenn wir also die absolute Zahl der Retreat-Teilnehmer als entscheidenden Messwert für unseren »Erfolg« betrachteten, hatten wir eine ganze Reihe von Kriterien, die uns dabei halfen, diese Zahl möglichst hoch zu halten.

Doch natürlich geht es bei Unternehmen nicht nur um den Umsatz, sondern vor allem um Profit.

Daher benötigen Sie eine Bandbreite von Messwerten, die dazu beitragen, dass Sie möglichst viel Gewinn machen. Selbstverständlich müssen Sie die Kosten im Auge behalten. Und es lohnt sich außerdem, zu wissen, in welchem Bereich der Gewinn eigentlich entsteht.

> Sie benötigen eine ganze Bandbreite von Messwerten, die dazu beitragen, dass Sie möglichst viel Gewinn machen.

In Restaurants kommt es beispielsweise vor, dass ein Großteil des Gewinns über den Wein gemacht wird. Leute ganz allgemein ins Restaurant zu locken ist daher wichtig (das entspricht der Zahl der Buchungen bei uns), aber entscheidend für den Profit ist die Frage, ob sie Wein trinken und wenn ja, für welchen sie sich entscheiden. Wenn meine Familie und ich essen gehen, trinken wir oft nur Wasser (und teilen uns vielleicht noch eine Limonade), daher haben wir uns an die kaum verhüllte Enttäuschung der Kellner gewöhnt, wenn sie die Weingläser vom Tisch abräumen.

Nun fragen Sie sich sicher, welche Messgrößen es rund um den Weinkonsum gibt und wie man diese beeinflussen kann. Abgesehen davon, dass sich messen lässt, wie groß der Anteil der Gäste ist, die Wein bestellen, und wie viel Wein sie bestellen, können Sie auch verfolgen, wie viel sie durchschnittlich pro Flasche ausgeben und so weiter. Wenn Sie über all diese Zahlen verfügen, können Sie herumprobieren:

- Bestellen mehr Leute Wein, wenn Sie Ihr Fenster zur Straße mit Weinflaschen dekorieren? (So denken die Passanten: *Ah, das hier ist ein Restaurant, in dem Wein getrunken wird.*)
- Bestellen mehr Leute Wein, wenn Sie die Weinkarte vor der Speisekarte an den Tisch bringen?
- Hat die Art des Essens, das Sie anbieten, Einfluss darauf, ob Wein bestellt wird? Warum fügen Sie den wichtigsten Gerichten auf der Karte nicht gleich eine Weinempfehlung hinzu?
- Wie wirkt es sich aus, eine (nicht geöffnete) Flasche Wein vorab auf den Tisch zu stellen? Wie wäre es, die Gäste als Aperitif einen Wein probieren zu lassen?
- Wie sehen die Gewinnspannen bei den einzelnen Weinen aus?

Die Preissetzung ist eine Kunst (und eine Wissenschaft) für sich. Viele große Firmen wissen das – Supermärkte sind Meister in diesem Fach –, aber kleine Unternehmen haben oft keine Ahnung davon. So stellt ein Luxusmodelabel wie Prada etwa eine Handtasche für 3.000 Pfund im Schaufenster der Läden aus, hat drinnen aber auch Taschen für 2.000 Pfund im Angebot.

Wenn Ihr Blick nun auf diese wunderschöne Tasche für 2.000 Pfund fällt, nachdem Sie zuvor die Tasche für 3.000 Pfund gesehen haben, nehmen Sie den Preis anders wahr. So verrückt es für jemanden wie mich, der niemals so viel Geld für eine Handtasche ausgeben würde, auch klingen mag – wenn ich erst die noch teurere Tasche gesehen habe, ist die zweite trotz des Preises »billiger«.

So kann man durch Preise und Platzierungen steuern, was die Leute kaufen. Supermärkte achten sorgfältig darauf, in welcher Preisspanne ein Produkt angeboten wird, da sie wissen, dass die meisten Leute weder zur teuersten Marke (Geizhälse!) noch zur günstigsten greifen: Sie nehmen das, was dazwischenliegt.

Zurück zum Wein. Auf die gleiche Weise lässt sich auch hier beeinflussen, wofür sich die Gäste entscheiden. Die meisten wählen eine Flasche Wein aus dem mittleren Preissegment aus. Daher könnten Sie dafür sorgen, dass Ihre Gewinnspanne bei diesen Weinen höher ist. Natürlich müssen sie »besser« sein als die günstigsten (wer weiß allerdings schon, wie der Großhändler seine Preise festsetzt?). Aber vielleicht zahlen Sie nur zwei Pfund mehr pro Flasche, verlangen aber fünf Pfund mehr.

Wenn Ihnen das alles zu manipulativ ist, *Fuck It*, dann lassen Sie einfach die Finger davon. Schlagen Sie einfach das auf den Einkaufspreis des Weines auf, was Sie für fair halten. So machen es die meisten. Doch diejenigen, die wirklich auf Gewinn aus sind, spielen das Preisspiel, das ich gerade beschrieben habe.

> Wenn Ihnen das alles zu manipulativ ist, **Fuck It**, dann lassen Sie einfach die Finger davon.

FUCK IT,
ICH WERDE NICHTS TUN,
WAS ICH NICHT TUN WILL.

Das ist genauso wichtig, wie das zu tun,
was Sie tun wollen.

Eine Besonderheit kleiner Unternehmen ist, dass es meist nicht viel braucht, um von dem Punkt, an dem alle Kosten gedeckt sind, zu einem netten kleinen Profit zu gelangen. Jemand hat mir einmal von den Besitzern einer Frittenbude erzählt, die jeder Portion, die sie einpackten (vermutlich nicht mehr in die Zeitung des Vortags, wie es üblich war, als ich Kind war) im letzten Augenblick eine Pommes entnahmen und sie wieder ins heiße Öl warfen.

Diese Pommes, sagten sie immer, sei ihr Sommerurlaub. Verstehen Sie? Der Unterschied zwischen dem Punkt, an dem alle Kosten gedeckt sind, aber kein Urlaub möglich ist, und genügend Gewinn, um wegfahren zu können, ist ... eine Pommes! Denken Sie immer an diese Pommes.

Dank der Messkriterien, die Sie auswählen, können Sie einschätzen, ob Sie auf der Erfolgsspur sind, UND sie eröffnen Ihnen Ideen, wie sich dieser Erfolg noch steigern lässt. Allein schon die Tatsache, dass Sie bestimmte Werte im Blick behalten, wird sich auszahlen. Und ich habe errechnet – auf der Grundlage einer Vielzahl von Messungen und Erhebungen – dass diese Aussage in 96 Prozent der Fälle zutrifft.

Wählen Sie Ihre Rolle

Das klassische Problem derer, die das, woran sie viel Freude haben, zum Beruf machen, ist, dass sie früher oder später eine Vielzahl von Aufgaben übernehmen müssen, die sie nicht sonderlich mögen. Ironischerweise vor allem, wenn sich Erfolg einstellt.

Sagen wir einmal, es gibt zwei Dinge, die Ihnen ganz besonders am Herzen liegen: Das Backen von Cupcakes und Louise Hays Affirmationen – Sie finden es toll, jeden Morgen einen dieser erbaulichen Sprüche zu lesen und ihn den ganzen Tag über im Kopf zu behalten, damit seine positive Ausstrahlung sich auf Ihren Alltag übertragen kann.

Also kommt Ihnen eine Idee. Sie wollen Cupcakes herstellen, auf die Sie kunstvoll mit Zuckerglasur eine Affirmation schreiben. Dann können sich die Leute den Cupcake mit dem Spruch aussuchen, der ihnen am meisten zusagt. Was für eine tolle Idee.

Also legen Sie los. Sie genießen es, Cupcakes zu backen, Affirmationen auszuwählen und dabei zu sein, wenn Ihre Freunde (denn

Ihre ersten Kunden sind hauptsächlich Ihre Freunde) sich ein Tört-
chen aussuchen. Dann hört ein Café in der Nähe von Ihren Produkten und gibt eine dauerhafte Bestellung auf. Und schon bald verdienen Sie genug, um Ihren Brotberuf an den Nagel zu hängen. Sie
könnten nicht glücklicher sein: Sie tun, was Ihnen Spaß macht, und
leben davon.

Es dauert nicht lange, bis das Geschäft richtig, richtig gut läuft.
Ein Artikel über Ihre Cupcakes in einer großen Zeitschrift führt zu
60 zusätzlichen E-Mails an nur einem Tag. Ständig gehen neue
Bestellungen ein. Für regelmäßige Lieferungen. Und sie haben Probleme, hinterherzukommen: Sie müssen die Cupcakes backen, sie
ausliefern, neue Bestellungen entgegennehmen, E-Mails beantworten und Rechnungen schreiben. Mittlerweile ist es so weit, dass
sie tagsüber das Geschäftliche regeln und nachts backen. Manchmal sind Sie bis drei Uhr auf und schreiben Affirmationen auf Cupcakes.

Sie sind erschöpft. Das Ganze macht Ihnen keinen großen Spaß
mehr und Ihnen wird klar, dass Sie Unterstützung brauchen. Da
auch Ihre Schwester ein riesiger Cupcake-Fan ist, bitten Sie sie,
Ihnen zu helfen. Sie backt die Cupcakes, während Sie für die stetig
wachsende Kundenliste zuständig sind. Klar, die Affirmationen für
die Cupcakes wählen weiterhin Sie selbst aus, doch für die mühse-
lige Zubereitung und Verzierung der Cupcakes ist nun Ihre Schwester zuständig.

Das verringert für eine Weile den Druck, der auf Ihnen lastet, Sie
können befreit aufatmen. Außerdem haben Sie so genügend Zeit,
auf die Kunden einzugehen. Ja, auch auf die Einzelkunden und
Freunde, aber vor allem auf die größeren Restaurants und Geschäfte, die inzwischen beträchtliche Mengen bestellen. Nun können Sie
sich mit deren Anforderungen auseinandersetzen, und die sind
wirklich nicht ohne! Die Auftraggeber regen sich über jede kleine
Unregelmäßigkeit auf und schlagen eige-
ne (ganz furchtbare) Affirmationen vor –
und wenn Sie zu spät liefern, werden sie
unfreundlich und drohen, den Auftrag zu
kündigen.

> Ein kleines Unter-
> nehmen ist wie ein
> Von-Zahl-zu-Zahl-
> Bild – vorhersehbar.

Ich könnte noch weitermachen. Ein kleines Unternehmen ist wie ein Von-Zahl-zu-Zahl-Bild«.

Wo die nächsten Zahlen liegen, können Sie sich wahrscheinlich selbst vorstellen. Bei den meisten dieser Zeichnungen erkennt man das Motiv sogar, ohne die Zahlen zu verbinden, oder? Mit anderen Worten: Das Ergebnis ist vorhersehbar. Den meisten kleinen Unternehmen ergeht es so. Na ja, wenn sie erfolgreich sind. Die traurige Wahrheit ist, dass viele kleine Unternehmen früh scheitern und gar nicht erst die Möglichkeit erhalten, diese vorhersehbare Entwicklung zu durchlaufen.

Wenn Sie gerne davon leben wollen, Cupcakes mit Affirmationen darauf zu backen, und das Geschäft gut läuft, müssen Sie wissen, wann Sie Nein zu sagen haben. Sie werden Aufträge ablehnen müssen. Es sei denn, Sie kümmern sich gerne um die organisatorische Seite des Geschäfts. Vielleicht sind Sie zufrieden, wenn jemand anderes die Cupcakes herstellt, während Sie sich mit solchen Dingen befassen.

Sie müssen sich entscheiden, welche Ihre Rolle ist. Was wollen Sie wirklich gerne machen? Was sind Sie bereit zu tun? Wären Sie damit zufrieden, wenn sich Ihre Rolle im Lauf der Entwicklung verändert? Oder wollen Sie gerne bei Ihrem Ding bleiben? Es ist extrem wichtig, dass Sie wissen, wo Sie hinwollen, denn wenn Ihnen das nicht klar ist, werden andere Leute versuchen, es Ihnen vorzuschreiben. Und damit wären Sie wieder am Ausgangspunkt angelangt, oder?

Die meisten von uns sind in eine Lage geraten, in der sie nicht das machen, was sie gerne tun, weil sie sich danach gerichtet haben, was andere Leute für richtig, sinnvoll oder passend hielten. Wie viele talentierte Leute werden so weit befördert, bis ihre Arbeit nichts mehr mit dem zu tun hat, was sie gut können (und gerne machen), und sie ihre Tage (elendig) mit Managementaufgaben verbringen? Lassen Sie nicht zu, dass Ihnen so etwas noch einmal passiert. Wenn Sie nicht sicher wissen, was Sie wollen und wo die Grenzen liegen, wird Ihnen die Welt Ihre Rolle und Ihre Grenzen zuweisen.

Ich möchte nicht, dass Sie in zwei oder drei Jahren erneut dieses Buch zur Hand nehmen, erschöpft und niedergeschlagen, und – wieder – versuchen, *Fuck It* zu sagen und zu dem zurückzukehren, was Sie gerne tun.

Legen Sie die Grenzen für Ihren Erfolg fest

Da der Erfolg Ihres Unternehmens einen enormen Einfluss auf Ihre Rolle hat, lohnt es sich, im Voraus zu durchdenken, wie sich unterschiedliche Stufen des Erfolgs auswirken würden.

Die meisten von uns wollen eine Sache einfach so erfolgreich durchziehen wie irgend möglich. Das scheint ein sehr positiver und ergiebiger Ansatz zu sein. Es gilt in unserer Gesellschaft mittlerweile als gesetzt, dass wir alle nach den Sternen greifen sollten. Denn wer stellt schon in Frage, wie die Sterne so sind? Sie sind der Traum, wunderschön und golden schimmernd.

Und wenn Sie wirklich auf maximalen Erfolg aus sind – und bereit, neben den Vorteilen auch die Nachteile hinzunehmen –, wird diese unerschütterliche Zielstrebigkeit Sie weit führen. Doch wenn Ihnen ein ausgeglichenes Leben wichtiger ist oder Sie bei Ihrem »Ding« bleiben wollen, das Sie gerne tun, sollten Sie für Ihren Erfolg Grenzen festsetzen. Denn es wird einen Punkt geben, an dem die Nachteile des Erfolgs die Vorteile überwiegen.

》 Ich sagte *Fuck It* zu meinem gut bezahlten Job als Anwältin und tauschte den Schreibtisch gegen die Bühne und meine Hosenanzüge gegen Yogakleidung ein. Jetzt bin ich Yogalehrerin und Künstlerin. Im Moment verdiene ich nicht viel, aber es fühlt sich so an, als würde ich nicht mehr »arbeiten«.

Stattdessen verbringe ich meine Tage damit, gemeinsam mit wunderbaren Menschen meine Leidenschaft auszuleben, und das ist einfach toll. Ich werde das weiterhin tun, solange es sich richtig anfühlt! 《
Sabine Harbich – Wien, Österreich

Und da wir schon von Geld reden: *Fuck It*, wie viel brauchen Sie denn eigentlich *wirklich*? Nehmen Sie sich vor der »Immer mehr«-Falle in Acht. Es ist in meinem Leben gelegentlich vorgekommen, dass

Fuck It, wie viel brauchen Sie denn eigentlich *wirklich*?

ich eine Tätigkeit hätte weiterverfolgen können, die zu immer mehr Geld und immer mehr Erfolg geführt hätte, aber der (nichtmonetäre) Preis für diesen (monetären) Gewinn war zu hoch, daher sagte ich Nein. Und hörte auf. Passen Sie auf, wann solche Momente eintreten.

Genug ist genug!

Ich erinnere mich daran, wie der Finanzchef einer Firma, für die ich arbeitete, einmal eine Präsentation mit dem Titel »Wachsen oder vergehen« hielt. Während ich dort saß, fragte ich mich, ob diese Behauptung tatsächlich zutraf. Der Vortragende glaubte ganz sicher daran, und das Unternehmen investierte massiv in Wachstum. Doch es wuchs zu schnell, und während die Lohnkosten ins Unermessliche stiegen, liefen die Kunden davon, einer nach dem anderen. Ein paar Jahre später musste das Unternehmen dichtmachen.

Ich bin der Überzeugung, dass das rapide Wachstum der Firma zu ihrem Untergang beigetragen hat. Und das war ein großer Betrieb ... In diesem Buch ist von solchen Firmen ja gar nicht die Rede, oder? Wir sprechen über Sie als Selbstständiger. Oder als Betreiber eines kleinen Unternehmens. Aber der Sog des ständigen Wachstums ist trotzdem deutlich spürbar: Wenn Sie wachsen können, warum nicht? Wenn sich eine Gelegenheit ergibt, warum sollten Sie sie nicht ergreifen?

Doch entscheidend ist, dass Sie erkennen, wann Sie »genug« haben. Vor allem, wenn Sie ein gewisses Gleichgewicht in Ihrem Leben anstreben und weiterhin das machen wollen, was Sie gerne tun. Wann verdienen Sie »genug«? Wann haben Sie »genügend« Kunden? Wie viele Arbeitsstunden pro Woche sind »genug«? Wie viele Mitarbeiter »genügen«? Wann haben Sie »genug« Erfolg? Wann sind Sie bekannt »genug«?

All die Dinge, die für uns in irgendeinem Sinne Erfolg bedeuten, können wie Drogen wirken. Wir wollen immer mehr, und auch »mehr« ist nie genug. Daher gefällt mir der Ausdruck »Genug ist genug« so gut. Er bedeutet: »Das reicht jetzt.« Sie können ihn verwenden, um gedanklich den Punkt und Augenblick zu markieren, an dem Sie genug haben (wovon auch immer) und nichts mehr zu unternehmen brauchen. Wenn Ihnen natürlich nichts mehr Freude bereiten würde, als weiterzumachen, tun Sie das. Aber lernen Sie, den »Genug ist genug«-Punkt zu erkennen.

Für mich ist dieser Punkt erreicht, wenn die Gewinne nach Steuern, die unser Unternehmen einbringt, für ein bequemes Leben ausreichen (das heißt: Restaurantbesuche, Urlaub, Kinobesuche, ordentliche Kleidung etc.) und noch ein bisschen übrig bleibt, das wir für schlechte Zeiten auf die hohe Kante legen können. Wenn sich mir eine Möglichkeit bietet, mehr zu verdienen, muss die Antwort auf die Frage »Macht mir das wirklich Freude?« ganz besonders aussagekräftig ausfallen, etwa: »Oh ja, und wie!«

Wählen Sie Ihre Möglichkeit, das Geschäft lukrativer zu machen

Sobald Sie sich darüber im Klaren sind, was Sie zu tun bereit sind und was nicht – und welchen Preis Sie für gewisse Dinge zahlen würden –, können Sie bestimmte Gelegenheiten einfach verstreichen lassen und nicht expandieren. Oder Sie entscheiden sich für andere Möglichkeiten, das Geschäft lukrativer zu machen (und so Ihr Einkommen zu steigern).

Sie könnten die Preise erhöhen. Wenn Sie den Preis der Cupcakes mit den Affirmationen verdoppeln, werden Sie sicher ein paar Aufträge verlieren und die Nachfrage wird sinken. Vielleicht verlieren Sie die Hälfte Ihrer Kunden. Dann müssen Sie nur noch halb so viele Cupcakes backen, bekommen aber die gleiche Summe dafür. Sie nehmen also mit halb so viel Arbeit das Gleiche ein. Vielleicht können Sie jetzt wieder dazu zurückkehren, die Cupcakes selbst zu backen – wie Sie es immer wollten – und viel Geld mit dieser Tätigkeit zu verdienen. Sie sind zufrieden. Alles gut.

Doch die meisten Leute scheuen sich sehr, die Preise zu erhöhen. Der Grund dafür mag Angst sein (davor, dass niemand mehr das Produkt kauft) oder das Gefühl, man habe so viel Geld nicht

»verdient«. Wenn ich Einzelpersonen und kleine Unternehmen berate (ich habe gerade noch einmal einen Blick auf diesen ersten Satzteil geworfen und gesehen, dass ich aus Versehen »kleine Einzelpersonen« geschrieben hatte – ja, ich berate nur kleine Leute ... Kinder und Erwachsene, die nicht größer sind als meine Mutter, so grenze ich meine Zielgruppe ein), ergeben sich bei diesem Thema oft die interessantesten Gespräche.

Ich habe einen Kunden, der als Berater für Onlinemarketing tätig ist. Er ist super in dem, was er macht: Er hat unheimlich viel Erfahrung und kann seinen Klienten ein Vermögen bescheren. Doch seine Preise lagen etwa im Bereich von dem, was Masseure nehmen. Nicht dass Masseure nicht auch manchmal hohe Stundensätze hätten, doch mein Kunde hätte das Drei- oder Vierfache seines aktuellen Honorars verlangen können, ohne dass seine Klienten (die neuen zumindest) mit der Wimper gezuckt hätten.

Ich glaube sogar, dass seine Ratschläge ernster genommen und schneller umgesetzt worden wären (und deshalb auch mehr bewirkt hätten), wenn er einen höheren Preis angesetzt hätte. Und das hätte zu mehr Klienten geführt – bis zu dem Punkt, an dem er zu viel zu tun gehabt und deshalb seine Preise noch weiter in die Höhe geschraubt hätte. Doch er sträubte sich dagegen, den Stundensatz anzuziehen. Nach einiger Überzeugungsarbeit verdoppelte er ihn für Neukunden. Und immer noch sagten alle »Ja, okay«, ohne zu zögern. Wir überlegen gerade, wie er den Satz noch einmal verdoppeln könnte.

Andere Wege, das Geschäft lukrativer zu machen? Sie könnten bestimmte Arbeitsprozesse automatisieren. So geschah es auch zu Beginn der industriellen Revolution, als Maschinen die Arbeit übernahmen, die zuvor von Menschen erledigt worden war, und erneut vor Kurzem in der Autoindustrie, in der jetzt Roboter die früheren Tätigkeiten von Menschen ausführen. Heute kann die digitale Technologie vieles, was früher Menschen leisten mussten.

Ich habe den Boom der digitalen Informationsprodukte bereits erwähnt. Doch selbst bei materiellen Produkten verändert die digitale Automatisierung den Markt. Sie können jetzt alles von Ihrem Tablet oder Smartphone aus machen. Als wir *Fuck-It*-T-Shirts im Angebot hatten, entwarfen wir ein Design (nach einer Stunde Fahrt, um uns mit dem Designer zu treffen) und schickten dieses Design an einen T-Shirt-Hersteller, der ein paar Hundert T-Shirts in verschiedenen Größen bedruckte und sie uns zustellte. Wenn Bestellungen eingingen (das geschah allerdings übers Internet, genau wie die Bezahlung), verpackten wir die T-Shirts und brachten sie zur Post. Es war viel Arbeit.

Dieses Jahr habe ich es so gemacht: Ich entwickelte gemeinsam mit unserem Designer via Skype ein neues Design (was eine halbe Stunde dauerte), ging auf die Spreadshirt-Homepage, wählte eine Auswahl an T-Shirts und Tops aus, deren Schnitt mir gefiel, lud das JPG unseres Designs hoch und konnte sofort sehen, wie es sich auf diesen Shirts machte und wie sie aussehen würden, wenn sie fertig waren. Dann ließ ich unseren Webdesigner dieses »Shop-Fenster« in die Seite einbauen, lehnte mich zurück und wartete ab.

Wenn jemand den Shop auf unserer Seite anklickt und ein T-Shirt kauft, wird die Bestellung von Spreadshirt bearbeitet. Die Betreiber der Seite nehmen das Geld entgegen, bedrucken (auf die Bestellung hin) das T-Shirt, verpacken es und schicken es an den Käufer. Und am Ende des Monats überweisen sie mir das Geld für jedes Shirt auf mein PayPal-Konto. Toll. Ich muss gar nichts tun. Passives Einkommen auf die *Fuck-It*-T-Shirt-Weise.

Passives Einkommen auf die **Fuck-It**-T-Shirt-Weise.

Wie aus dem Erfolg etwas wird, das Sie gerne tun

Diese Überschrift mag Ihnen seltsam vorkommen. Basieren nicht alle unsere Überlegungen auf dem, das Sie gerne tun? Darum ging es doch die ganze Zeit, oder? Na ja, Sie wollen es jetzt gerade vielleicht nicht hören, doch meiner Erfahrung nach stehen wir, wenn wir mit etwas anfangen, das wir gerne tun, am Ende allzu oft mit etwas da, das uns keine Freude macht. Die Gründe dafür lauten:

- **Wir entfernen uns von dem, was wir gerne tun,** weil das Geschäft es so verlangt. Ich bin bereits auf Ihre Rolle und die

Grenzen des Erfolgs eingegangen, doch wenn das passiert ist, müssen Sie oft schwierige Entscheidungen treffen, um wieder das zu machen, was Sie gerne tun, oder das gerne zu machen, was Sie tun.

Auch ich habe in diesem Bereich einige Erkenntnisse gewonnen:

a) Da in Verbindung mit dem, was ich gerne tue, immer Dinge nötig sein werden, die mir keinen Spaß machen, habe ich gelernt, mir dieser Dinge bewusst zu sein (auf die eine oder andere Art und Weise zu lernen, sie gerne zu machen).

b) Bei mir besteht die Herausforderung oft in der Menge an Arbeit insgesamt. Wenn ich mir allgemein weniger vornehme, bin ich mit der Mischung viel zufriedener: Ja, ich tue Dinge, die mir eigentlich keinen Spaß machen, doch ich habe genügend Freiraum, um das zu genießen, was ich immer schon gerne getan habe.

c) Gelegentlich trete ich einfach einen Schritt zurück, lasse das, worauf ich keine Lust habe, einfach sein und ertrage die Konsequenzen.

● **Das, was wir gerne getan haben, macht uns keine Freude mehr.** Das kommt vor. Vielleicht langweilt es uns, wenn wir so viel Zeit damit verbringen – der Reiz der Tätigkeit bestand darin, dass es sich um ein »Hobby« handelte. Vielleicht macht uns der geschäftliche Aspekt das Ganze auch madig – das wäre dann der »Saul-Effekt«. Vielleicht ist die Sache für uns auch einfach abgeschlossen. Das ist mir in gewisser Weise mit der Musik passiert. Ich werde irgendwann wieder zur Musik zurückkehren, doch ich habe mir so viele Wünsche rund um dieses Thema erfüllt, dass der Drang, jeden Tag Musik zu machen, verschwunden ist. Das stört mich nicht. Dinge verändern sich. Jetzt treiben mich andere Projekte an (momentan dieses Buch).

Deshalb ist es am besten, nicht alles (Ihre Stimmung, Ihre Finanzen und Ihren Ruf) vollständig von Ihrem »Ding« abhängig zu machen. *Fuck It* zu sagen bedeutet, sich ein Herz zu fassen und den Absprung zu wagen. Aber es bedeutet auch, dauerhaft flexibel und offen in Bezug auf das zu bleiben, was man gerne tut, und, wenn nötig, loslassen zu können.

Vom Abenteuer, das zu machen, was wir gerne tun

In den vorausgehenden *Fuck-It*-Büchern habe ich von der Eigenschaft der Entspannung gesprochen. Es ging um die Erkenntnis, dass beim Thema Entspannung das Verb wichtiger ist als das Nomen ... wir können nicht einen dauerhaften Zustand der *Entspannung* erreichen, sondern befinden uns immer im Prozess des *Entspannens*. So weit der Grundgedanke.

Das Gleiche gilt auch hier, in Bezug auf das, was wir gerne tun. Es ist nicht so, dass wir uns bemühen, herauszufinden, was wir gerne machen, *Fuck It* sagen, es tun und so im Reich der ewigen Glückseligkeit ankommen. Auch wenn es toll wäre – so ist es einfach nicht. Genauso wie wir uns stets unseres Zustands und unserer Verspannungen bewusst sein müssen, um uns entspannen zu können, müssen wir uns ständig vor Augen führen, was uns Freude macht und was nicht, und dann die entsprechenden Anpassungen und Änderungen vornehmen.

Fuck It, Sie werden wohl nie im Reich der ewigen Glückseligkeit ankommen.

Durch die Verbindung von »Gerne machen, was wir tun« und »Machen, was wir gerne tun« verwandeln wir diese Suche nach dem »gelobten Land« in ein reales, gegenwärtiges und echtes Abenteuer. Das ist nicht leicht. Selbst (und manchmal sogar ganz besonders) wenn Sie erfolgreich sind.

In diesem *Fuck-It*-Buch war es Brauch, jedes Kapitel mit einem Zitat zu beginnen, doch jetzt möchte ich diese Seiten darüber, wie Sie mit dem, was Sie gerne tun, Geld verdienen können, mit den Worten eines Mannes abschließen, der wirklich etwas vom Geldverdienen versteht: Richard Branson.

»Ich bin nie ins Geschäft eingestiegen, um Geld zu verdienen – aber ich habe festgestellt, wenn ich Spaß habe, kommt es ganz von selbst.«

Fazit
Gehen Sie nicht ins Grab,
ohne Ihr Lied gesungen zu haben

»Die meisten Männer führen ein Leben
in stiller Verzweiflung und gehen ins Grab,
ohne ihr Lied gesungen zu haben.«

Nach Henry David Thoreau,
Walden

Als ich in Kapitel 4 – »Machen Sie nur noch, was Sie gerne tun« –
über das »Lebensziel« schrieb, habe ich erklärt, dass mein Empfinden, Erleben und Leben von etwas anderem angetrieben wird, nämlich von einem »Drang«. Ich habe jahrelang einen Drang verspürt,
dieses Buch zu schreiben, und die Planung und Entwürfe einzelner
Teile existieren schon länger als meine anderen Bücher.

Dieses Buch fühlt sich sehr wichtig an. Ich habe während der
letzten Monate, in denen ich die Details ausgearbeitet habe, eine
Verantwortung verspürt, und ich verspüre sie auch jetzt. Wenn ich ein »Lied« in meinem Leben habe – Dinge, die ich zu sagen habe, auf die Weise, wie ich sie sage –,
dann ist *Fuck It* ein toller Titel für dieses
Lied, wenn nicht sogar für das ganze Album. Dieses *Fuck-It*-Lied:
*Fuck It – Mach nur noch, was du gerne tust, und es ist egal, wel-
chen Job du hast*, ist eines, das ich unbedingt singen musste. Denn
mir ist bewusst, dass sehr viele Leute es brauchen.

> Wenn ich ein »Lied«
> in meinem Leben
> habe, ist **Fuck It**
> ein toller Titel dafür.

FUCK IT,
ICH WERDE MEIN LIED SINGEN.

Wenn uns der Sinn danach steht, werden wir aus einigen dieser
Mantras dekorative Kreuzstickbilder anfertigen lassen.
Und dieses wird eines der ersten sein. Meine Damen
und Herren, singen wir unser Lied.

Ich weiß nicht, warum das Thema »Mach nur noch, was du gerne
tust« im Moment so hoch im Kurs steht, aber so ist es. Ich habe es
bereits vor Jahren auf Retreats und Wochenendveranstaltungen an-
gesprochen und einige der Ideen aus diesem Buch vorgetragen.
Doch erst in letzter Zeit habe ich bei Retreat-Teilnehmern ein regel-
rechtes *Verlangen* danach gespürt. Anscheinend erkennen mehr und
mehr Menschen, dass sie ein Lied in sich tragen und es singen müssen. Bevor es zu spät ist.

» Ich sagte *Fuck It*, zog aus London weg, wo ich zuvor mein gesamtes
Leben verbracht hatte, und kaufte mir das Cottage meiner Träume auf
dem Land. Hier lebe ich nun seit acht Monaten und finde es WUNDER-
WUNDERbar.

Rückblickend hätte ich das schon vor Jahren tun sollen; ich weiß
nicht, was mich davon abgehalten hat. Jetzt habe ich auch *Fuck It* zu
meinem Job in London gesagt, den ich zwölf Jahre lang ausübte, der mir
die letzten vier Jahre über aber schon sinnlos vorkam. Nun werde ich
hier vor Ort eine neue Stelle antreten, darauf freue ich mich sehr. Ich
werde zwar weniger verdienen und mehr Stunden arbeiten müssen,
doch mein Seelenfrieden und mein Wohlergehen sind gesichert. Kein
Pendeln mehr, kein Stress mehr. Mein Auszug aus London ist hiermit abgeschlossen. *Fuck It*, was kommt als Nächstes? **«**

Tracy Lloyd-Evans – nicht London, Großbritannien

Folgen Sie dem inneren Drang

Zur Eigenart dieses Themas gehört es, dass mein gesteigertes Verant-
wortungsgefühl sich umgekehrt proportional zu meiner Fähigkeit

verhält, Ihnen ein Ergebnis zu garantieren. In meinen anderen Büchern konnte ich schreiben: »Wenn Sie diese Meditation machen, wird es Ihnen besser gehen.« Und das stimmte auch. Oder ich sagte: »*Fuck It*, machen Sie sich klar, dass das alles keine große Rolle spielt, und spüren Sie, wie die Beklemmung nachlässt.« Und so war es auch. »Machen Sie mir einfach alles nach, und Sie werden sich besser fühlen.« Und es stimmte. Ganz einfach.

Doch das Thema »Mach nur noch, was du gerne tust« ist individueller. Es gibt keine Formel, die lautet: »Wenn Sie nicht mit Ihrer Arbeit zufrieden sind, kündigen Sie und versuchen Sie, das zu machen, was Sie gerne tun.« Entspannung und tiefere Atemzüge erzeugen Zufriedenheit. A + B = C. Doch die Kündigung und der Versuch, das zu machen, was man gerne tut, können in viele Richtungen führen. A + B = X, wobei X eine unbekannte Variable ist.

Und das ist der Unterschied: Es gibt so viele Variablen. Jede Situation ist anders. Jeder von Ihnen ist anders. Selbst die Wirkungsweise von »dem, was Sie gerne tun« ist für Sie alle anders. Manche von Ihnen haben dauerhaft Freude an einer Sache, für den Rest ihres Lebens, egal, wie viel Zeit sie damit verbringen – sei es malen oder kochen oder Geld verdienen oder gärtnern oder eine fremde Sprache unterrichten. Andere werden, wenn sie endlich gefunden haben, was sie gerne tun, feststellen, dass es sie spätestens nach einer Stunde langweilt.

Deshalb ist es so wichtig, »das auszuleben, was Sie gerne tun«: Das Leben ist ein stetiger Fluss, wir sind konstant im Fluss, und das, was wir gerne tun, ist wahrscheinlich ebenso im Fluss. Daher brauchen wir eine Grundeinstellung, die das anerkennt. Eine Einstellung, die nachgiebig und flexibel und selbstständig im Fluss ist.

> Wenn Sie den Drang verspüren, nutzen Sie **Fuck It**, um ihm nachzugeben.

Wenn wir den *Drang* verspüren, uns zu bewegen, zu fließen und uns zu verändern, geben wir ihm nach. Sowohl körperlich (und energetisch) wie in der Übung, die wir erlernt haben, als auch im Leben. Genau genommen besteht dieser Drang aus einer Aneinanderreihung von Drängen: ein Drang geht in den nächsten über, so wie ein Moment in den folgenden übergeht.

Wie flexibel unser Körper und unser Lebensentwurf auf diesen Drang reagieren – der in beiden Fällen durch geistige Offenheit vorgegeben wird – ist der wichtigste Faktor, wenn es darum geht, wie viel Zeit wir letzten Endes mit dem verbringen, was wir gerne tun.

Und wenn wir diesem »Sich vom Drang leiten lassen«-Verhalten noch eine gewisse Präsenz und Achtsamkeit hinzufügen – die geheimen Zutaten –, entspinnt sich zwischen »Ich mache gern, was ich tue« und »Ich mache, was ich gerne tue« ein magischer Tanz.

Ich hoffe, dieses Buch gibt Ihnen ein gutes Stück der Landkarte an die Hand, die Ihnen bei der Suche nach dem Weg hilft, ganz egal, in welche Richtung es Sie drängt. Und ich hoffe außerdem, dass es befriedigende Antworten auf die Vielzahl der »Ja, aber«-Einwände enthält, die sich zu Wort melden, wenn wir uns unserem inneren Drang stellen.

Fuck It hilft Ihnen bei jedem Schritt des Weges. Sei es das *Fuck It* des Aufgebens und Loslassens (beispielsweise einer fruchtlosen beruflichen Laufbahn, an die Sie sich seit Ewigkeiten klammern) oder das *Fuck It* der gespannten Sehnen und des herbeigerufenen Blutes, das nötig ist, um Großes auf der Welt zu bewirken.

In *Die* Fuck-It-*Lösung* habe ich die Fähigkeit von *Fuck It* thematisiert, uns zu einem Perspektivenwechsel zu verhelfen, den sonst nur ein Schicksalsschlag auslösen kann (etwa der bevorstehende Tod eines lieben Menschen oder eine schwere Krankheit). Angesichts solcher Nachrichten fragen wir uns oft: »Warum zum Teufel habe ich mir so lange über *diese eine Sache* den Kopf zerbrochen? Sie ist doch völlig egal.«

> **Fuck It** sorgt sowohl für einen Perspektivenwechsel als auch für ein Gefühl der Dringlichkeit.

Fuck It kann uns dieses Bewusstsein und diese Perspektive täglich verschaffen, ganz ohne die schlimmen Nachrichten.

In diesem Buch hat *Fuck It* eine ähnliche Fähigkeit. Doch dieses Mal sorgt es nicht nur für einen Perspektivenwechsel, sondern auch für ein Gefühl der *Dringlichkeit*. Und deshalb mag ich das Wort »Drang« so sehr. Wenn wir mit diesem Drang in Verbindung treten, die Dringlichkeit spüren können, lässt sich *Fuck It* dazu benutzen, uns von diesem Drang leiten zu lassen.

Und auch hier gilt: Normalerweise stellen sich der Drang und das Dringlichkeitsgefühl nur bei der Konfrontation mit schlimmen Nachrichten ein.

Vor einem Jahr fiel mir eine Schlagzeile im *Guardian* ins Auge: »Mit aller Kraft leben, bis der Tod uns holt«. Im Artikel ging es um eine Gruppe unheilbar Kranker, die in einer Fernsehdokumentation des britischen Channel 4 mitgewirkt hatten. Sie alle hatten angesichts der Nachricht, dass ihnen nicht so viel Zeit blieb wie erwartet, radikale Entscheidungen getroffen.

Im Artikel äußerte Ann Munro, eine Psychotherapeutin, die mit tödlich Erkrankten arbeitet: »Die Nachricht, nur eine begrenzte Zukunft zu haben, sorgt stärker als alles andere für eine Konzentration auf das Wesentliche. Das Tragische ist, dass etwas derart Furchtbares notwendig ist, damit Menschen endlich das Leben leben, das sie sich wünschen.« Die Diagnose einer tödlichen Krankheit löst absolute Dringlichkeit aus und damit auch den Drang, zu handeln.

Wir haben die Gelegenheit – Sie und ich –, jeden Tag mit diesem Drang in Verbindung zu treten und ihm mit der gleichen Dringlichkeit nachzugehen, und zwar mithilfe von *Fuck It*. Lassen Sie uns öfter das machen, was wir gerne tun, jeden Tag. Lassen Sie uns das, was wir machen, öfter gerne tun, jeden Tag. Und lassen Sie uns den Tanz zwischen diesen beiden Polen eröffnen, der letzten Endes auf unser »Sein« einwirkt und es formt.

Eine Seite Anhang

Im Grunde würde hier auch nur eine Zeile reichen, da alle Links zu nützlichen Materialien auf einer Seite unserer Homepage zu finden sind, und zwar unter:

www.thefuckitlife.com/dowhatyoulove

Aber damit Sie Bescheid wissen – dort finden Sie Folgendes:

- Den »Wie *Fuck It* sind Sie?«-Test
- Einen Link zu »*Fuck It*-Everyday«, über den Sie zwei Wochen lang kostenlos unsere *Fuck-It*-E-Mails beziehen können
- Ein oder zwei »*Fuck It* Music«-Songs
- Einige tolle »*Fuck It* – Mach nur noch, was du gerne tust, und es ist egal, welchen Job du hast«-Videos und Informationen zu unserem siebenwöchigen Kurs
- Das E-Book *Fuck It, es spielt keine große Rolle*
- Den kostenlosen Ratgeber »*Fuck It*: Wie man ein digitales Produkt erzeugt«
- Den besten Hinweis, wie Sie herausfinden, was Sie gut können – einen Link zu Roger Hamiltons »Wealth Dynamics«
- Links zu den besten Experten für bestimmte Bereiche, die John kennt, darunter auch digitales Marketing

Über den Autor

John C. Parkin ist der britische Weisheitslehrer mit den meisten verkauften Büchern.

Der Sohn eines anglikanischen Priesters erkannte eines Tages, dass die Worte »Fuck It« genauso wirkungsvoll sind wie die spirituellen Praktiken des Ostens, die er 20 Jahre lang studiert hatte. Daraufhin sagte er »Fuck It« zu seinem Topjob in London und floh mit seiner Frau Gaia und den gemeinsamen Zwillingen nach Italien, wo sie heute an verschiedenen spektakulären Orten (zum Beispiel auf dem Vulkan Stromboli) ihre berühmten *Fuck-It*-Retreats veranstalten. John verbringt seine Tage damit, die *Fuck-It*-Botschaft zu verbreiten – auf den Retreats, über *Fuck-It*-Onlinekurse und sogar über *Fuck-It*-Musik – und dann sagt er »Fuck It« und hält ein Nickerchen am Pool.

www.thefuckitlife.com

Empfehlungen

Bücher

Abraham Maslow: Mitarbeitermotivation. Die Bedürfnispyramide nach Abraham H. Maslow. Grin Verlag (TB), 2010.

Brian Tracy: Thinking Big: Von der Vision zum Erfolg. Gabal Verlag, 1998.

Eckhart Tolle: Jetzt! Die Kraft der Gegenwart. Kamphausen Verlag, 2011.

George Bernard Shaw: Frau Warrens Beruf. Suhrkamp Verlag, 1986.

Henry David Thoreau: Über die Pflicht zum Ungehorsam gegen den Staat und andere Essays. Diogenes Verlag, 2010.

Jay Elliot; Wiliam L. Simon: Steve Jobs – iLeadership: Mit Charisma und Coolness an die Spitze. Ariston Verlag, 2011.

John Cleese: Wo war ich noch mal? Blessing Verlag, 2015.

John Williams: Mach, was dir gefällt! Und verdien Geld damit. Tipps und Ideen für den ganz persönlichen Traumjob. Goldmann Verlag, 2015.

Michael Ruhlman: Egg: A Culinary Exploration of the World's Most Versatile Ingredient. Little, Brown and Company, 2014.

Mihály Csíkszentmihályi: Flow. Das Geheimnis des Glücks. Klett-Cotta Verlag, 2015.

Ray Kroc: Grinding It Out: The Making of McDonald's. St. Martins Pr Inc., 1990.

Richard Bandler: Die ultimative Einführung in NLP: Werkzeuge für ein erfolgreiches Leben. Bookmark NLP, 2015.

Richard Branson: Like a Virgin: Erfolgsgeheimnisse eines Multimilliardärs. Books4Success, 2013.

Filme & Serien

Meine Braut, ihr Vater und ich

Il Postino (Der Postmann)

The Archers (BBC Radio 4 Soap Opera)

How I Met Your Mother (CBS Sitcom 2005)

Melrose Place (RTL Jugendserie 1992)

Starsky & Hutch (ABC 1975)

Magazine
Livingetc: www.housetohome.co.uk/livingetc
Forbes Magazine: www.forbes.com

Musik
Fedez
Billy Idol, Song: Eyes without a Face, Album: Rebell Yell
Depeche Mode, Song: It's a question of Time
Slade, Song: Merry X-mas Everybody
The Police/Sting, Song: Every breath you take
Chemical Brothers, Song: Another World
Agnes Obel, Song: Riverside
Pink Floyd, Song: Mother, Album The Wall

Anmerkungen

1 Benjamin Disraeli: *Coningsby oder die neue Generation*, S. 301. Aus dem Englischen von Peter Naujack, Manesse, Zürich 1992

2 Mihály Csíkszentmihályi: *Flow – Das Geheimnis des Glücks*, S. 15/16. Aus dem Amerikanischen von Annette Charpentier, Klett-Cotta, Stuttgart 2010, 15. Auflage

3 Erschienen im Goldmann-Verlag, München 2015

4 Textauszug aus: George Bernard Shaw, *Frau Warrens Beruf. Stück in vier Akten*. Aus dem Englischen von Martin Walser, S. 48. © Suhrkamp Verlag, Frankfurt am Main 1986. Alle Rechte bei und vorbehalten durch Suhrkamp Verlag Berlin.

5 Brian Tracy: *Ziele. Setzen. Verfolgen. Erreichen*, S. 63. Aus dem Englischen von Petra Pyka, Campus, Frankfurt/Main 2004

6 Johann Wolfgang von Goethe: *Faust, Der Tragödie erster und zweiter Teil, Urfaust*, Kommentiert von Erich Trunz, S. 14, C. H. Beck Verlag, München 1986

7 Franz Kafka: *Aphorismen – Zettelkonvolut*, in: Nachgelassene Schriften und Fragmente II, S. 140, Fischer, Frankfurt am Main 1992

MACHEN SIE NUR NOCH, WAS SIE GERNE TUN – MIT JOHNS HILFE

Dieses Buch ist nur der Anfang. Und John kann Ihnen auf dem langen Weg behilflich sein, auf einem »*Fuck It* – Mach nur noch, was du gerne tust, und es ist egal, welchen Job du hast«-Retreat in Italien, in regelmäßigen Onlinekursen und einer hochklassigen »Mastermind«-Gruppe, wo John und sein Team Ihnen persönliche Ratschläge erteilen.

TREFFEN SIE DIE *FUCK-IT*-AUTOREN – AUF EINEM *FUCK-IT*-RETREAT IN ITALIEN

Hier hat alles angefangen: John und Gaia haben ihren ersten *Fuck-It*-Retreat 2005 veranstaltet. Heute halten sie diese berühmten Retreats an spektakulären Orten in ganz Italien ab, am Vulkan Stromboli, am Strand von Pesaro und in einem Luxus-Spa in der Nähe von Urbino. John bietet jetzt zudem einen »*Fuck It* – Mach nur noch, was du gerne tust, und es ist egal, welchen Job du hast«-Retreat an. *Sagen Sie Fuck It und gönnen Sie sich einen Fuck-It-Retreat.*

»Alles, was Ihnen hilft, loszulassen, ist auf einem *Fuck-It*-Retreat okay.« – The Observer
»Ich bin auf meinem *Fuck-It*-Retreat Zeuge einiger bemerkenswerter Transformationen geworden.« – Kindred Spirit

TREFFEN SIE DIE *FUCK-IT*-AUTOREN ONLINE – BEI EINEM *FUCK-IT*-ONLINEKURS
John und Gaia bieten eine Reihe von *Fuck-It*-Onlinekursen an, darunter Johns neuen siebenwöchigen
»*Fuck It* – Mach nur noch, was du gerne tust, und es ist egal, welchen Job du hast«-Kurs.
Sie können also *Fuck It* sagen und die *Fuck-It*-Lehren eingehend von jedem Ort auf der Welt aus
erforschen.

Die schnellste Entspannungsübung der Welt

John C. Parkin | **Sag Fuck it!**
Kleines Buch, große Wirkung
224 Seiten · Pappband · ISBN 978-3-424-20048-5

Sag Fuck It ist Geschenkbuch und Gebrauchsanweisung in einem: Hier bringt John C. Parkin die *Fuck-It*-Philosophie auf den Punkt und liefert kluge, witzige und absurd-komische Sprüche und Illustrationen, von denen wir uns jeden Tag neu inspirieren lassen können. Garantiert ohne Räucherstäbchen und Lotossitz!

DAS PRAXISBUCH ZU DEN BEFREIENDSTEN ZWEI WORTEN DER WELT

John C. Parkin | DIE FUCK IT-LÖSUNG
Der praktische Weg zu innerer Freiheit
352 Seiten · Klappenbroschur · ISBN 978-3-424-20085-0

Da es nicht immer ganz einfach ist, Gelassenheit und Lebensfreude wirklich im Alltag zu leben, zeigt John C. Parkin in seinem Praxisbuch, wie wir lernen können, für immer loszulassen und innere Freiheit zu erlangen – durch die unkonventionelle, aber denkbar effiziente *Fuck-It*-Lösung!

INSPIRIERENDE WEISHEITEN FÜR JEDEN MOMENT

John C. Parkin | **Fuck it ist die Antwort**
Ein Blick ins Buch – Problem gelöst
240 Seiten · Pappband · ISBN 978-3-424-20126-0

Der Bestsellerautor John C. Parkin lädt dazu ein, eine Ja-/Nein-Frage zu stellen, dann eine willkürliche Seite aufzuschlagen und dort genau die richtige Antwort auf die Frage zu finden. Denn die magische Kraft der eigenen inneren Stimme führt genau zur richtigen Seite und damit zur richtigen Antwort. Wir müssen nur bereit dazu sein und es zulassen. Entspannen, sich dem Fluss des Lebens anvertrauen und den Zauber erleben, der sich daraufhin entfaltet.